Asmerom Ogbamichael
Das neue deutsche Geldwäscherecht

Juristische Zeitgeschichte
Abteilung 5, Band 19

Juristische Zeitgeschichte
Hrsg. von Prof. Dr. Dr. Thomas Vormbaum
(FernUniversität in Hagen)

Abteilung 5:
Juristisches Zeitgeschehen – Rechtspolitik und Justiz aus zeitgenössischer Perspektive
Hrsg. von Prof. Dr. Dr. Thomas Vormbaum
in Zusammenarbeit mit
Gisela Friedrich (Der Spiegel)
RA Prof. Dr. Franz Salditt

Band 19

Redaktion: Katharina Kühne, Dana Theil

De Gruyter

Asmerom Ogbamichael

Das neue deutsche Geldwäscherecht

De Gruyter

ISBN 978-3-11-026456-2
e-ISBN 978-3-11-026460-9

Bibliografische Information der Deutschen Nationalbibliothek

Die Deutsche Nationalbibliothek verzeichnet diese Publikation in der Deutschen Nationalbibliografie; detaillierte bibliografische Daten sind im Internet über http://dnb.d-nb.de abrufbar.

Druck: Hubert & Co. GmbH & Co. KG, Göttingen
∞ Gedruckt auf säurefreiem Papier

Printed in Germany

www.degruyter.com

Für Wibke und
meine Familie

Danksagung

Mein erster Dank gilt Frau Prof. Dr. Gabriele Zwiehoff, die das Thema der Arbeit angenommen und die Arbeit betreut hat. Ihre Anmerkungen und Hinweise sowie Ihre Bereitschaft, mir die notwendigen inhaltlichen Freiräume zu gewähren, waren äußerst hilfreich. Herrn Prof. Dr. Dr. Thomas Vormbaum danke ich für die zügige Erstellung des Zweitgutachtens und für die Aufnahme der Arbeit in die von ihm herausgegebene Schriftenreihe. Auch ihm möchte ich für seine hilfreichen Anmerkungen und Hinweise danken.

Mein besonderer Dank gilt den stets freundlichen und hilfsbereiten Mitarbeitern des Lehrstuhls für Strafrecht, Strafprozessrecht und Juristische Zeitgeschichte.

Inhaltsverzeichnis

Abkürzungsverzeichnis

ABl.	Amtsblatt
AEAO	Anwendungserlass zur Abgabenordnung
a.F.	alte Fassung
Alt.	Alternative
AML	Anti-Money-Laundering
AnwBl.	Anwaltsblatt
AO	Abgabenordnung
Art.	Artikel
AufenthG	Aufenthaltsgesetz
BaFin	Bundesanstalt für Finanzdienstleistungsaufsicht
BaKred	Bundesaufsichtsamt für Kreditwesen
BAV	Bundesaufsichtsamt für Versicherungswesen
BAWe	Bundesaufsichtsamt für Wertpapierhandel
BDSG	Bundesdatenschutzgesetz
BGB	Bürgerliches Gesetzbuch
BGBl.	Bundesgesetzblatt
BGH	Bundesgerichtshof
BKA	Bundeskriminalamt
BKR	Zeitschrift für Bank- und Kapitalmarktrecht
BR-Drs.	Bundesrat-Drucksache
BT-Drs.	Bundestag-Drucksache
BtMG	Betäubungsmittelgesetz
BVerfG	Bundesverfassungsgericht
CDD	Customer Due Diligence
DAV	Deutscher Anwaltverein
DRiZ	Deutsche Richterzeitung
DStR	Deutsches Steuerrecht
EuZW	Europäische Zeitschrift für Wirtschaftsrecht
EWGV	Vertrag über die Europäische Wirtschaftsgemeinschaft
EWiR	Entscheidungen zum Wirtschaftsrecht
EWR	Europäischer Wirtschaftsraum
FATF	Financial Action Task Force on Money Laundering

FinDAG	Gesetz über die Bundesanstalt für Finanzdienstleistungsaufsicht
FIU	Financial Intelligence Unit
FreizügG/EU	Gesetz über die allgemeine Freizügigkeit von Unionsbürgern
FRUG	Gesetz zur Umsetzung der Richtlinie über Märkte für Finanzinstrumente und der Durchführungsrichtlinie der Kommission
FSAP	Financial Services Action Plan
FSRBs	FATF Style Regional Bodies
GbR	Gesellschaft des bürgerlichen Rechts
GewO	Gewerbeordnung
GG	Grundgesetz
GmbH	Gesellschaft mit beschränkter Haftung
GmbHG	Gesetz betreffend die Gesellschaften mit beschränkter Haftung
GW	Geldwäsche
GwBekErgG	Geldwäschebekämpfungsergänzungsgesetz
GwG	Geldwäschegesetz
HGB	Handelsgesetzbuch
IDW	Institut der Wirtschaftsprüfer in Deutschland e.V.
InvG	Investmentgesetz
IWF	Internationaler Währungsfonds
JA	Juristische Arbeitsblätter
JR	Juristische Rundschau
JuS	Juristische Schulung
JZ	Juristenzeitung
KWG	Gesetz über das Kreditwesen
KYC	Know Your Customer
MaRisk	Mindestanforderungen an das Risikomanagement
MEP	mutual evaluation procedure
NBFI	Non-Banking Financial Institution
NCCTs	Non-cooperative Countries and Territories
NFI	Non-Financial Institution
NJ	Neue Justiz
NJW	Neue Juristische Wochenschrift
NStZ	Neue Zeitschrift für Strafrecht
OrgKG	Gesetz zur Bekämpfung des illegalen Rauschgifthandels und anderer Erscheinungsformen der organisierten Kriminalität
OWiG	Gesetz über Ordnungswidrigkeiten

PassG	Passgesetz
PeP	politisch exponierte Person
PersAuswG	Gesetz über Personalausweise
PfandBFEG	Gesetz zur Fortentwicklung des Pfandbriefrechts
StGB	Strafgesetzbuch
StPO	Strafprozessordnung
StV	Strafverteidiger
VAG	Gesetz über die Beaufsichtigung der Versicherungsunternehmen
VVG	Gesetz über den Versicherungsvertrag
wistra	Zeitschrift für Wirtschafts- und Steuerstrafrecht
WM	Wertpapapiermitteilungen
WpHG	Gesetz über den Wertpapierhandel
ZKA	Zentraler Kreditausschuss
ZollVG	Zollverwaltungsgesetz
ZStW	Zeitschrift für die gesamte Strafrechtswissenschaft

Erstes Kapitel: Einführung

A) Das Problem Geldwäsche

Trotz zunehmender Anstrengungen auf nationaler und internationaler Ebene konnten in den vergangenen Jahren keine signifikanten Erfolge in der Geldwäschebekämpfung erzielt werden. So steht beispielsweise den enormen Geldwäscheumsätzen[1] eine, gemessen am betriebenen Aufwand, vergleichsweise geringe Anzahl an Geldwäscheverdachtsanzeigen gegenüber. Die beim Bundeskriminalamt ansässige Financial Intelligence Unit (FIU) meldete für das Jahr 2009 lediglich 9.046 Geldwäscheverdachtsanzeigen.[2]

Der zunehmende Einsatz moderner und schwierig zu bekämpfender Geldwäschemethoden macht wenig Hoffnung darauf, dass sich an dieser Entwicklung kurzfristig etwas ändern könnte. Neue Technologien im Bereich der Informationsverarbeitung und der Telekommunikation haben zu einer Entpersonalisierung von Finanztransaktionen geführt und stellen die Geldwäschebekämpfung vor neue Herausforderungen.[3] So ist durch das *electronic banking* ein unmittelbarer persönlicher Kontakt zwischen Kunde und Bank entbehrlich geworden. Geldwäscher können Bareinzahlungen an Automaten vornehmen, ohne unbequeme Fragen des Schalterpersonals riskieren zu müssen. Dank des *online banking* kann das Geld anschließend von jedem Ort der Welt bewegt werden. Das Schaltergeschäft ist zu einer Ausnahme geworden und wird immer mehr durch *Service-Center* und das *home banking* verdrängt. Da ein Großteil der Geldwäscheverdachtsanzeigen aus dem Schalter- bzw. Barbereich stammt, droht hiermit ein effektives Instrument zur Erkennung verdachtsbehafteter Konstellationen verloren zu gehen. Angesichts dieser Umstände ist davon auszugehen, dass die für die Geldwäschebekämpfung wichtige Transpa-

---

1 Naturgemäß ist es äußerst schwierig belastbare Zahlen zu den Umsätzen krimineller und daher im hohen Maß verdeckt operierender Unternehmungen zu ermitteln. Die Financial Action Task Force (FATF) verweist auf ihrer Internetseite bezüglich des Umfangs des internationalen Geldwäschevolumens auf eine Schätzung des Internationalen Währungsfonds. Hiernach betrug das Geldwäschevolumen im Jahre 1996 zwischen 590 Milliarden und 1.5 Billionen US Dollar, abrufbar unter: www.fatf-gafi.org.

2 Financial Intelligence Unit (FIU) Deutschland, Jahresbericht 2009 (2005: 8.241; 2006: 10.051; 2007: 9.080; 2008: 7.349 Verdachtsanzeigen).

3 Zur technischen und organisatorischen Entwicklung moderner Bankgeschäfte unter dem Aspekt der Geldwäschebekämpfung vgl. *Findeisen*, Kriminalistik 1998, S. 107 ff.; zur Geldwäsche im Internet, insbesondere dem Cyber Crime vgl. *Hetzer*, Kriminalistik 2002, S. 123 ff.

renz und damit Kontrollierbarkeit von Zahlungsflüssen in Zukunft eher ab- als zunehmen wird.

Eine weitere Herausforderung für die Geldwäschebekämpfung ist die zunehmende Liberalisierung der Finanzmärkte.[4] Die zur Schaffung eines einheitlichen europäischen Finanzplatzes erlassenen EG-Richtlinien[5] ermöglichen nicht nur redlichen Marktteilnehmern den ungehinderten Austausch von Kredit- und Finanzdienstleistungen. Durch sie wird auch der Aktionsradius für Geldwäscher vergrößert.

B) Gang der Untersuchung

Der EG-Richtliniengeber und der deutsche Gesetzgeber versuchen, den Herausforderungen vor allem durch eine verstärkte Regulierung des Finanzsektors zu begegnen. Durch das am 21. August 2008 in Kraft getretene Geldwäschebekämpfungsergänzungsgesetz (*GwBekErgG*)[6] ist das deutsche Geldwäscherecht hierzu umfassend neu gefasst worden. Die Novellierung erfolgte in Umsetzung der EG-Richtlinie 2005/60/EG[7] (im folgenden: „Dritte EG-Geldwäscherichtlinie") sowie der EG-Richtlinie 2006/70/EG [8] (im folgenden: „Durchführungsrichtlinie").[9]

In der vorliegenden Arbeit sollen das neue deutsche Geldwäscherecht vorgestellt und die durch die Novellierung aufgeworfenen Problemkreise analysiert werden. Kapitel II wird den inhaltlichen Kontext der Arbeit darstellen und beinhaltet neben dem kriminologischen Hintergrund der Geldwäsche die

---

4 Vgl. hierzu *Findeisen*, wistra 1997, S. 122.

5 Vgl. hierzu die im Rahmen des Aktionsplans für Finanzdienstleistungen (FSAP) ergangen Richtlinien und Maßnahmen zur Schaffung eines einheitlichen europäischen Finanzplatzes, abrufbar unter: http://ec.europa.eu/internal_market/top_layer/index_24_de.htm.

6 Gesetz zur Ergänzung der Bekämpfung der Geldwäsche und der Terrorismusfinanzierung (Geldwäschebekämpfungsergänzungsgesetz – GwBekErgG) BGBl. I 2008, S. 1690 ff.

7 Richtlinie 2005/60/EG des Europäischen Parlaments und des Rates vom 26.10.2005 zur Verhinderung der Nutzung des Finanzsystems zum Zwecke der Geldwäsche und der Terrorismusfinanzierung (ABl. L 309/15).

8 Richtlinie 2006/70/EG der Kommission vom 1. August 2006 mit Durchführungsbestimmungen für die Richtlinie 2005/60/EG des Europäischen Parlaments und des Rates hinsichtlich der Begriffsbestimmungen von „politisch exponierten Personen" und der Festlegung der technischen Kriterien für vereinfachte Sorgfaltspflichten sowie für die Befreiung in Fällen, in denen nur gelegentlich oder in sehr eingeschränktem Umfang Finanzgeschäfte getätigt werden (ABl. L 214/29).

9 Die Umsetzungsfrist endete gem. Art. 45 der Dritten EG-Geldwäscherichtlinie am 15.12.2007 und wurde von der Bundesrepublik und einer Reihe weiterer Staaten klar verpasst.

nationale und internationale Entwicklung der Geldwäschebekämpfungsnormen bis zum heutigen Zeitpunkt.

In Kapitel III werden die einzelnen Neuerungen dann dargestellt und analysiert. Von der Novellierung besonders betroffen und Hauptgegenstand der vorliegenden Untersuchung[10] ist das *Gesetz über das Aufspüren von Gewinnen aus schweren Straftaten (Geldwäschegesetz – GwG).*[11] In der Erkenntnis, dass Geldwäsche nur dann effektiv bekämpft und verfolgt werden kann, wenn Transaktionen transparent und dokumentiert sind, belegt das Geldwäschegesetz Schlüsselgruppen bei der Geldwäschebekämpfung – also vor allem Banken und Finanzdienstleister – mit bußgeldbewehrten Prüfungs-, Identifikations-, Anzeige- und Aufbewahrungspflichten. Von der Erfüllung dieser so genannten Sorgfaltspflichten erhofft sich der Gesetzgeber neben dem Aufspüren von Gewinnen aus schweren Straftaten eine effektive Geldwäscheprävention.[12] Durch das *GwBekErgG* werden diese Sorgfaltspflichten erweitert und neue Pflichten eingeführt. Zu den in Kapitel III behandelten Problemfeldern zählt neben den erweiterten Bestimmungen zur Identifizierung des wirtschaftlich Berechtigten einer Transaktion, die Verpflichtung zur Beendigung der Geschäftsbeziehung bei Nichteinhaltung der Sorgfaltspflichten. Letztere stellt einen Eingriff in die Privatautonomie der Verpflichteten dar, dessen Rechtfertigung in bestimmten Fällen fraglich sein dürfte. Ein weiteres in Kapitel III behandeltes Problemfeld sind die neu eingefügten verstärkten Sorgfaltspflichten gegenüber politisch exponierten Personen (PEP). Fragestellungen im Zusammenhang mit der Einführung des risikobasierten Ansatzes werden ebenfalls diskutiert. Je nach Risikoträchtigkeit der entsprechenden Transaktion oder des Geschäfts gelten künftig entweder vereinfachte, allgemeine oder verstärkte Sorgfaltspflichten gegenüber einem Kunden. Die Flexibilisierung des Prüfungsmaßstabs bringt neben der gewünschten Effizienz allerdings auch einige rechtliche und praktische Probleme mit sich, die in diesem Kapitel aufgezeigt und analysiert werden.

Kapitel IV fasst die Ergebnisse der Arbeit zusammen und wird einen kleinen Ausblick zur künftigen Entwicklung der Geldwäschebekämpfungsnormen wagen.

---

10 Die Änderungen im § 261 StGB beschränken sich auf die Erweiterung des Vortatenkatalogs um zwei Delikte, der mittelbaren Falschbeurkundung (§ 271 StGB) und der Falschbeurkundung im Amt (§ 348 StGB), vgl. hierzu auch *Sotiriadis / Heimerdinger*, BKR 2009, S. 235. Da das Geldwäschegesetz als Begleitgesetz zu § 261 StGB betrachtet werden kann, wird § 261 StGB zum besseren Verständnis ebenfalls – wenn auch nur kurz – in Kapitel II behandelt.

11 BGBl. I, S. 1770.

12 BT-Drs. 12/2704, S. 10, 19; Ausführlich hierzu *Findeisen*, wistra 1997, S. 121 f.

Zweites Kapitel: Grundlagen

A) Kriminalpolitischer Hintergrund der Geldwäsche

Drogenhandel, Prostitution und viele weitere Kriminalitätsformen schaffen Vermögenswerte, die der Täter aus im wesentlichen zwei Gründen unbemerkt in den legalen Finanzkreislauf integrieren, also „waschen" muss. Einerseits gilt es zu verhindern, dass Ermittlungsbehörden dem Täter durch Zurückverfolgung des Vermögens „auf die Spur" kommen. Andererseits soll das Vermögen zur Reinvestition in legale oder illegale Geschäftsmodelle nutzbar gemacht werden.

Zum besseren Verständnis der Geldwäschebekämpfungsnormen wird im folgenden zunächst die „Geldwäsche"[1] definiert und ihre Funktionsweise erläutert. Aus kriminologischer Sicht handelt es sich bei Geldwäsche um einen rechtlichen oder tatsächlichen Vorgang, der dazu dient, die Spuren einer unrechtmäßigen Herkunft von Vermögenswerten wirksam zu verschleiern, um sie als scheinbar legales Vermögen in den regulären Wirtschafts- und Finanzkreislauf einführen zu können.[2] Kurz gesagt, geht es um die Einführung illegal erworbener Gegenstände in den legalen Finanzkreislauf unter Verschleierung ihrer illegitimen Herkunft.[3]

Die Funktionsweise der Geldwäsche wird anhand unterschiedlicher Modelle beschrieben (u.a. Kreislauf-, Zyklus-, Ziel- und 3-Phasenmodell).[4] Die Modelle können allerdings nicht darüber hinweg täuschen, dass es wohl nicht möglich ist, alle Formen der Geldwäsche anhand eines allgemeingültigen Schemas zu erfassen. Dazu ist schon die Zahl der möglichen Tatobjekte zu

---

1 Der Begriff geht zurück auf eine Geldwäschepraktik in den USA während der Prohibitionszeit. Die illegalen Einnahmen aus dem Alkoholgeschäft wurden damals unter Zuhilfenahme von Waschsalons in den legalen Finanzkreislauf integriert. Ausführlich zur Herkunft des Begriffs „Geldwäsche": *Peter W. Schroth*, Bank Confidentiality and the War on Money Laundering in the United States, in: Bernasconi, Paolo (Hrsg.), Money Laundering and Banking Secrecy, 1994, S. 291 zitiert nach *Jekewitz*, Gewinnabschöpfung in: Herzog / Mühlhausen: Geldwäschebekämpfung und Gewinnabschöpfung, § 8 Rn. 1 (Fn. 1).

2 *Suendorf*, Geldwäsche, S. 44.

3 *Fülbier* in: Fülbier / Aepfelbach / Langweg, GwG-Kommentar, Einl. Rn. 14; ähnlich *Häcker*, Wirtschaftsstrafrecht, § 51 Rn. 1.

4 Übersicht zu den einzelnen Techniken und Modellen bei *Schneider / Dreer / Riegler*, Geldwäsche, S. 31 ff.; *Vogt*, Phänomen, in: Herzog / Mühlhausen: Geldwäschebekämpfung und Gewinnabschöpfung, § 2 Rn.1 m.w.N. und *Hoyer / Klos*, Regelungen, S. 9 ff.

groß. Denn anders als es der Begriff *Geld*wäsche vermuten lässt, ist nicht nur „Geld“ ein mögliches Tatobjekt der Geldwäsche.[5] Erschwert wird die schematische Erfassung ferner durch die wachsende Zahl an Transaktionsmöglichkeiten. Die sich Geldwäschern bietenden technischen Alternativen, um kriminellem Vermögen einen legalen Anschein zu geben, nehmen fast täglich zu und erweitern damit das zur Verfügung stehende Geldwäscheinstrumentarium.[6] Eine allgemeinverbindliche schematische Strukturierung des Phänomens Geldwäsche ist daher sehr schwierig, wenn nicht gar unmöglich.[7]

Das am weitesten verbreitete und etablierte Geldwäscheschema ist das aus den USA stammende 3-Phasen Modell.[8] Es unterteilt, wie bereits aus dem Namen hervorgeht, den Geldwäscheprozess in 3 Phasen, dem *Placement*, *Layering* und der *Integration*. Das Modell ist anhand von Untersuchungen zur Drogengeldwäschebekämpfung entwickelt worden. Es eignet sich daher insbesondere zur Erläuterung bargeldintensiver Geldwäschedelikte wie dem Drogenhandel, der Prostitution und der Produktpiraterie. In der ersten Phase versucht der Geldwäscher, die aus der Tat herrührenden Mittel, also das inkriminierte Vermögen, transferierbar zu machen.[9] Hierzu muss er es möglichst unbemerkt im legalen Finanzkreislauf[10] „platzieren“, weshalb diese Phase auch als *Placement* bezeichnet wird. Das zu waschende Vermögen wird meist in unauffällige Beträge aufgeteilt (*smurfing*)[11] und anschließend auf eines oder mehrere

5 Geldwäsche ist beispielsweise auch durch den Erwerb von Sachwerten wie Edelsteinen und Edelmetallen möglich. Diese Formen der Geldwäsche setzen jedoch vertiefte Kenntnisse des entsprechenden Marktes und der Ware voraus und werden daher weniger bzw. nur in geringem Umfang praktiziert, vgl. im einzelnen hierzu *Suendorf*, Geldwäsche, S. 175.

6 *Findeisen*, Kriminalistik 1998, S.107.

7 Ebenso *Kaetzler*, Geldwäschebekämpfung, in: Andreas Insam, Verdacht auf Geldwäsche, S. 28.

8 *Schneider / Dreer / Riegler*, Geldwäsche, S. 42 ff.; *Vogt*, Phänomen in: Herzog / Mühlhausen: Geldwäschebekämpfung und Gewinnabschöpfung, § 2 Rn.1ff.; *Hoyer / Klos*, Regelungen, S. 9 ff.; *Werner*, Bekämpfung, S. 13 ff.; *Häcker*, Wirtschaftsstrafrecht, § 51 Rn. 4 ff.; *Kaetzler*, Geldwäschebekämpfung in: Andreas Insam, Verdacht auf Geldwäsche, S. 26 ff.; *Suendorf*, Geldwäsche, S. 162 ff.

9 Ausführlich zu dieser Phase *Schneider / Dreer / Riegler*, Geldwäsche, S. 49 ff.; *Suendorf*, Geldwäsche, S. 162 ff.; *Vogt*, Phänomen in: Herzog / Mühlhausen: Geldwäschebekämpfung und Gewinnabschöpfung, § 2 Rn. 2; *Hoyer / Klos*, Regelungen, S. 11 f.

10 Geldwäsche ist allerdings auch außerhalb des Zahlungsverkehrssystems, beispielsweise durch den Kauf von Sachwerten wie Edelsteinen und Edelmetallen, möglich. Vgl. die Ausführungen hierzu in oben in Fn. 5. Im einzelnen hierzu *Suendorf*, Geldwäsche, S. 175.

11 Durch das sogenannte smurfing sollen Schwellenwerte umgangen werden, die eine genauere Prüfung der Mittel initiieren. So sieht das Geldwäschegesetz beispielsweise eine Identifizierungspflicht vor, sofern der Transaktionsbetrag EUR 15.000 übersteigt, § 3 Abs. 2 Nr. 2 GwG; Beobachtungen hierzu bei *Suendorf*, Geldwäsche, S. 163 f.

Bankkonten eingezahlt. Befindet sich der Vermögensgegenstand bereits im Finanzsystem, ist die *Placement*-Phase entbehrlich. Dies ist beispielsweise oft bei Steuer-, Insider- und Untreuedelikten der Fall.[12] Die Platzierungsphase ist die für den Täter gefährlichste Stufe.[13] Der Täter ist gezwungen, mit Vermögenswerten, die noch keine Historie haben, auf einen unbeteiligten Dritten zuzugehen. Geldwäsche kann in dieser Phase am ehesten erkannt werden. Die Bekämpfungsbemühungen setzen daher insbesondere in dieser Phase an.[14] Durch Vermengung der Mittel mit Einnahmen aus Geschäftszweigen mit einem hohen Bargeldaufkommen, wie beispielsweise Taxiunternehmen, Spielhallen, Restaurants, *Money-Transmitter*[15] und Wechselstuben,[16] versuchen die Täter, das Entdeckungsrisiko zu minimieren.

Ist das inkriminierte Vermögen beispielsweise auf ein Bankkonto eingezahlt worden, kann mit der 2. Phase, dem so genannten *Layering*, begonnen werden. Hierzu werden die Mittel so lange hin- und her geschichtet bzw. transferiert, bis sich ihre Herkunft nicht mehr ohne weiteres nachvollziehen lässt. Die weltweit vernetzten Zahlungsverkehrsnetze ermöglichen es problemlos, große Mengen an Buchgeld, zum Teil gestückelt in kleine Überweisungen, mittels Kettentransaktionen um die Welt zu schicken.[17] Hierbei kommt es bewusst zu grenzüberschreitenden Transfers, da diese besonders schwer zurückzuverfolgen sind. Teilweise werden auch Konten von Berufsgeheimnisträgern[18] und Konten in *offshore* Finanzplätzen[19] einbezogen, um die Entdeckung und Zuordnung der Mittel zusätzlich zu erschweren.[20] Selbst ahnungslose Dritte wie Lebensmittelketten können involviert sein. Die Geldwäscher machen sich

12 *Kaetzler*, Geldwäschebekämpfung in: Andreas Insam, Verdacht auf Geldwäsche, S. 27.

13 *Fülbier* in: Fülbier / Aepfelbach / Langweg, GwG-Kommentar, Einl. Rn. 16; *Suendorf*, Geldwäsche, S. 162.

14 *Kaetzler*, Geldwäschebekämpfung in: Andreas Insam, Verdacht auf Geldwäsche, S. 28.

15 Money-Transmitter sind auf den schnellen Geldtransfer spezialisierte Finanzdienstleister, Geldwäschefälle hierzu bei *Suendorf*, Geldwäsche, S. 174 f.

16 Für prominente Geldwäschefälle im Zusammenhang mit Wechselstuben (z.B. die Fälle „Bosporus" und „Mozart") vgl. *Suendorf*, Geldwäsche, S. 170 ff.

17 Beispiele hierzu bei *Suendorf*, Geldwäsche, S. 185 ff. Ausführlich zum illegalen Zahlungsverkehr *Findeisen*, WM 2000, 2125 ff.

18 Beobachtungen zur Einbeziehung von Rechtsanwälten und Notaren bei Geldwäscheaktivitäten in der Schweiz und Lichtenstein bei *Suendorf*, Geldwäsche, S. 166 und 188 f.

19 Der Umweg über Offshore Finanzplätze wie die Kanalinseln oder Cayman Inseln wird gewählt, um sich die geringe Aufsicht dieser Länder zunutze zu machen. Sind die Mittel dort unbemerkt platziert worden – oft nachdem sie in bar über die Grenze geschafft worden sind – können sie relativ unbemerkt zurück in den EU-Raum überwiesen werden, näher hierzu *Schneider / Dreer / Riegler*, Geldwäsche, S. 53 ff.; *Suendorf*, Geldwäsche, S. 166.

20 *Werner*, Bekämpfung, S. 14, zu den teilweise zum Einsatz kommenden Untergrundbanken vgl. *Häcker*, Wirtschaftsstrafrecht, § 51 Rn. 7 ff. und *Suendorf*, Geldwäsche, S. 181 f.

hier zunutze, dass diese Unternehmen oft auf die Ausweisung von Einzeltransaktionen verzichten. Große Geldbeträge können damit über ihre Konten geschoben werden, ohne dass dies bemerkt wird.[21]

Werden die Mittel für ausreichend „sauber" erachtet, erfolgt die Integrationsphase. Der Vermögenswert wird genutzt wie legal erworbenes Vermögen und beispielsweise in klassische Anlage- und Sparprodukte investiert.[22] Interessant ist die Tendenz der Täter zu konservativen Anlageformen und Altersvorsorgeprodukten.[23]

B) Entwicklung der Geldwäschebekämpfungsnormen

Im folgenden wird die rechtliche Entwicklung der Geldwäschebekämpfungsnormen skizziert. Da insbesondere internationale Abkommen und Maßnahmen Impulsgeber für nationale Maßnahmen waren, wird mit der internationalen Entwicklung begonnen.

I. Internationale Entwicklung

1. Allgemeines

Das Phänomen Geldwäsche existiert, seit es Vermögenswerte aus kriminellen Handlungen gibt, und damit seit Jahrhunderten. Eine gezielte Verfolgung durch entsprechende Vorschriften und Maßnahmen erfolgt jedoch erst seit Ende der 70er Jahre des 20. Jahrhunderts.[24] Alarmiert durch den rasanten Anstieg der Drogenkriminalität und der in diesem Zusammenhang durch die Organisierte Kriminalität[25] akkumulierten Gelder, reifte insbesondere in den Industriestaaten[26] der Entschluss, dem organisierten Verbrechen mit Hilfe der Geldwäschebekämpfung die Stirn zu bieten.[27] Die gewaltigen Geldwäscheum-

---

21 Vgl. hierzu *Suendorf*, Geldwäsche, S. 166.

22 Zu den zum Einsatz kommenden Möglichkeiten vgl. *Suendorf*, Geldwäsche, S. 199 ff.

23 *Suendorf*, Geldwäsche, S. 200 f.

24 *Häcker*, Wirtschaftsstrafrecht, § 51 Rn. 11 ff.

25 Zur Definition des Begriffs Organisierte Kriminalität vgl. BT-Drs. 12/989, S. 24.

26 Treibende Kraft hinter den internationalen Bemühungen waren und sind die Vereinigten Staaten. Unter Verweis auf die Gefahren, die von organisierten Kriminellen in einer globalisierten Welt für das Gemeinwohl ausgehen können, gelang es den USA, die Geldwäschebekämpfung in der Folgezeit auf eine breite Koalition zu stützen, vgl. im einzelnen hierzu *Pieth*, Entwicklung in: Herzog / Mühlhausen: Geldwäschebekämpfung und Gewinnabschöpfung, § 3–7.

27 Vgl. FATF Annual Report 1990, S. 3, abrufbar unter: www.fatf-gafi.org; ausführlich *Pieth*, Entwicklung in: Herzog / Mühlhausen: Geldwäschebekämpfung und Gewinnabschöpfung, § 3 Rn. 1 ff., § 4 Rn. 1 der neben der Verbrechensbekämpfung und -prävention die „Kontrolle über Finanzströme" als „second agenda" ausmacht. Vgl. hierzu auch *Hetzer*, wistra 1993, S. 286 ff.

sätze wurden als ernstzunehmende Gefahr für die Wirtschaft und Gesellschaft als Ganzes eingestuft.[28]

Die Zusammenarbeit organisierter Krimineller mit terroristischen Gruppen in den Folgejahren bestärkte die mit der Geldwäschebekämpfung befassten Institutionen darin, der Geldwäschebekämpfung eine besondere Aufmerksamkeit zu widmen, und findet ihren vorläufigen Schlusspunkt in der Dritten EG-Geldwäscherichtlinie.

2. Internationale Initiativen und Abkommen

Die internationale Entwicklung der Geldwäschebekämpfungsnormen wird in zahlreichen Arbeiten ausführlich dargestellt und diskutiert.[29] Im folgenden werden daher nur die wichtigsten Dokumente kurz skizziert.

Ihren Anfang nahmen die internationalen Bemühungen mit der *Empfehlung des Ministerrats der Mitglieder des Europarats* vom 27.6.1980.[30] Das knapp zwei Seiten umfassende Papier enthält eine Empfehlung an die Mitgliedsstaaten, in ihren Bankensystemen interne Sicherungsvorkehrungen und Vorsichtsmaßnahmen wie die Kundenidentifizierung einführen zu lassen.[31] Mit dem Ziel, Geldern aus Entführungen und Raubüberfällen „auf die Schliche" zu kommen, wurden Banken aufgefordert, einen automatischen Abgleich registrierter Banknoten zu ermöglichen.[32] Wie sich bereits aus dem Begriff Empfehlung ergibt, enthält das Papier keine Umsetzungsverpflichtung.

Unter Verweis auf die für die Integrität und Stabilität der Finanzplätze von der Geldwäsche ausgehenden Gefahren wurde die Geldwäschebekämpfung in der

---

28 Begründet wurde dies zum einen damit, dass organisierte Kriminelle durch ihre wirtschaftliche Macht die ordnungsgemäße Arbeit von staatliche Mandatsträger und Institutionen gefährden können. Zum anderen schaffen sie durch ihre riesigen Umsätze das Finanzierungskapital für weitere Straftaten, vgl. hierzu *Häcker*, Wirtschaftsstrafrecht, § 51 Rn. 13 f.

29 *Werner*, Bekämpfung, S. 38 ff.; *Pieth*, Entwicklung in: Herzog / Mühlhausen: Geldwäschebekämpfung und Gewinnabschöpfung, § 3–7; verkürzt *Häcker*, Wirtschaftsstrafrecht, § 51 Rn. 17 ff.; *Jekewitz*, Gewinnabschöpfung in: Herzog / Mühlhausen: Geldwäschebekämpfung und Gewinnabschöpfung, § 8 Rn. 1 ff.; *Scherp*, wistra 1998, S. 81 ff.; *Hetzer*, NJW 1993, 3298 ff.; *Ambos*, ZStW 2002, S. 24 ff., mit tabellarischen Übersichten zu den völkerrechtlichen Vorgaben und der Umsetzung in den Staaten der Europäischen Union; *Vogel*, ZStW 1997, S. 335 ff.

30 Recommendation No. R (80) 10 of the Committee of Ministers to member states on measures against the transfer and the safekeeping of funds of criminal origin, abrufbar unter: www.coe.int.

31 Ausführlich *Werner*, Bekämpfung, S. 38 ff.

32 Recommendation No. R (80) 10 of the Committee of Ministers to member states on measures against the transfer and the safekeeping of funds of criminal origin, abrufbar unter: www.coe.int.

Basler Grundsatzerklärung vom Dezember 1988[33] zu einer Aufgabe der Bankaufsicht erklärt.[34] Das vom Basler Ausschuss für Bankenbestimmungen und -überwachungen, jetzt Basler Ausschuss für Bankenaufsicht, verabschiedete Papier gilt trotz einer fehlenden Umsetzungsverpflichtung als großer Schritt in der Geldwäschebekämpfung.[35] Erstmalig wurden die Grundbekämpfungsmittel gegen Geldwäsche wie Identifizierung,[36] Aufzeichnung und Nichtdurchführung verdächtiger Transaktionen von Finanzaufsichtbehörden öffentlich formuliert und bekräftigt.

Ebenfalls im Dezember 1988 verabschiedeten die Vereinten Nationen mit der *Wiener Konvention*[37] das erste völkerrechtlich verbindliche Abkommen zur Bekämpfung der Geldwäsche auf internationaler Ebene. Zielsetzung der Konvention war es, die Betäubungsmittelkriminalität durch Abschöpfung ihrer Gewinne zu treffen.[38] Kernelement des Vertrags ist die Verpflichtung der Unterzeichnerstaaten, die Geldwäsche von Mitteln aus dem illegalen Drogenhandel unter Strafe zu stellen (Art. 3) und verfahrensrechtliche Instrumente im Bereich der Rechtshilfe zu schaffen (Art. 7).[39]

Insbesondere die USA, Großbritannien und Frankreich waren daran interessiert, die internationalen Anstrengungen weiter zu steigern und in einem für sie kontrollierbaren Forum zu bündeln. Hierzu schuf man im Juni 1989 auf dem Weltwirtschaftsgipfel in Paris die *Financial Action Task Force on Money*

---

33 Prevention of criminal use of the banking system for the purpose of money-laundering, abrufbar unter: http://www.bis.org/publ/bcbsc137de.pdf.

34 Dazu kritisch *Pieth*, Entwicklung in: Herzog / Mühlhausen: Geldwäschebekämpfung und Gewinnabschöpfung, § 3 Rn. 4.

35 Den Entscheidungen und Verlautbarungen des Ausschusses kommt regelmäßig keine bindende Wirkung zu. Allerdings ist sowohl der Bankaufsicht als den ihrer Aufsicht unterworfenen Instituten bewusst, dass „deren Einhaltung von den Finanzinstituten erwartet würde“, S. 1 der deutschen Übersetzung der Erklärung; Zur Bedeutung des Papiers für die Geldwäschebekämpfung vgl. *Naim*, Schwarzbuch, S. 193.

36 Die Pflicht zur Identifizierung wurde bereits 1977 von der Schweizerischen Bankiervereinigung für ihre Institute festgeschrieben, zum Einfluss der Vereinbarung über die Standesregeln zur Sorgfaltspflicht der Banken auf das Baseler Bankenpapier vgl. *Pieth*, Entwicklung in: Herzog / Mühlhausen: Geldwäschebekämpfung und Gewinnabschöpfung, § 4 Rn. 5 f.

37 United Nations Convention Against Illicit Traffic in Narcotic Drugs and Psychotropic Substances, abrufbar unter: http://www.unodc.org.

38 Vgl. Erwägungsgründe 3–6 zur Wiener Konvention, United Nations Convention Against Illicit Traffic in Narcotic Drugs and Psychotropic Substances, abrufbar unter: http://www.unodc.org.

39 Hierzu und zu den weiteren Vorgaben ausführlich *Jekewitz*, Gewinnabschöpfung in: Herzog / Mühlhausen: Geldwäschebekämpfung und Gewinnabschöpfung, § 8 Rn. 7; *Werner*, Bekämpfung, S. 40 ff.

Laundering (FATF).[40] Als zwischenstaatliches „ad hoc" Gremium konzipiert, wurde die FATF damit beauftragt, auf Basis einer von ihr anzufertigenden Bestandsaufnahme Empfehlungen zur Geldwäschebekämpfung zu erarbeiten.[41] Der erste von der FATF am 19.04.1990 vorgelegte Bericht formulierte *40 Empfehlungen*,[42] die vorwiegend an die Finanzwirtschaft adressiert sind. Die Empfehlungen enthalten neben der bereits in der *Wiener Konvention* geforderten Kriminalisierung der Geldwäsche auch neue Elemente. So werden Banken und Finanzdienstleister dazu angehalten, unübliche Transaktionen genauer zu prüfen (Empfehlung 14) und verdächtige Transaktionen zu melden (Empfehlung 15). Die aktuelle Fassung der *40 Empfehlungen*[43] aus dem Jahre 2003 ist mittlerweile von 130 Ländern angenommen worden. Die FATF ist damit die einflussreichste internationale Anti-Geldwäsche-Institution.[44] Dies ist bemerkenswert, haben die Berichte und Empfehlungen der FATF doch keinen rechtlich verbindlichen Charakter (*soft law*).[45] Den Druck zur Umsetzung ihrer Vorgaben erzeugt die FATF politisch durch ihre Mitglieder.[46]

---

40 Vgl. FATF Annual Report 1990 abrufbar unter: www.fatf-gafi.org. Derzeit sind FATF-Mitglieder: Argentinien, Australien, Österreich, Belgien, Brasilien, die EU, der Golf-Kooperationsrat, Kanada, Dänemark, Finnland, Frankreich, Deutschland, Griechenland, Hong-Kong, Island, Irland, Italien, Japan, Luxemburg, Mexiko, Niederlande, Neuseeland, Norwegen, Portugal, Russland, Singapur, Südafrika, Spanien, Schweden, Schweiz, Türkei, Großbritannien, USA und China. Zu den Motiven der beteiligten Staaten vgl. *Pieth*, Entwicklung in: Herzog / Mühlhausen: Geldwäschebekämpfung und Gewinnabschöpfung, § 4 Rn. 8 f.

41 Vgl. FATF Annual Report 1990, abrufbar unter: www.fatf-gafi.org.

42 The Forty Recommendations, abrufbar unter: www.fatf-gafi.org; ausführliche Erläuterungen bei *Pieth*, Entwicklung in: Herzog / Mühlhausen: Geldwäschebekämpfung und Gewinnabschöpfung., § 4 Rn. 8 ff. und *Werner*, Bekämpfung, S. 46 ff.

43 The Forty Recommendations of the Financial Action Task Force on Money Laundering abrufbar unter: www.fatf-gafi.org.

44 So auch *Findeisen*, wistra 1997, S. 122.

45 Für den Rückgriff auf „soft law" dürfte die „Effizienz" der Entscheidungsprozesse gesprochen haben. Dadurch, dass die FATF-Empfehlungen als unverbindliche Absprachen gestaltet sind, besteht keine Notwendigkeit für die beteiligten Staaten, die oft aufwendigen und zeitraubenden Entscheidungsprozesse für verbindliche Verträge zu durchlaufen. Ein weiterer Vorteil, den dieses Vorgehen bietet ist, dass die FATF anders als die EU, keine Mandatsbeschränkungen kennt. So können auch Absprachen auf dem Gebiet des Strafrechts erfolgen, ein Rechtsgebiet, für das die EU keine Rechtssetzungskompetenz besitzt, vgl. hierzu *Pieth*, Entwicklung in: Herzog / Mühlhausen: Geldwäschebekämpfung und Gewinnabschöpfung, § 4 Rn. 13.

46 So müssen sich Mitgliedsstaaten – und mittlerweile auch Nicht-Mitgliedsstaaten – im Rahmen einer jährlichen Selbstevaluation prüfen, ob sie die FATF Standards ausreichend einhalten (self-evaluation-procedure). Zusätzlich werden im mutual evaluation procedure (MEP) die Geldwäschebekämpfungsmaßnahmen eines Staates durch Experten anderer Mitgliedsstaaten beurteilt, vgl. *Pieth*, Entwicklung in: Herzog / Mühlhausen: Geldwäschebekämpfung und Gewinnabschöpfung, § 4 Rn. 13. In ihrem Prüfbericht zu Deutschland vom 19.02.2010 – hat die Mehrheit der FATF Prüfer der Bundesrepublik eine weitgehende Einhaltung der FATF Vorgaben attestiert (largeley

Staaten und Territorien, die nicht bereit oder in der Lage sind, die Standards der FATF zu erfüllen, werden als *Non-cooperative Countries and Territories (NCCTs)* auf einer schwarzen Liste geführt.[47] Finanztransaktionen mit diesen Staaten und Territorien sind nur eingeschränkt und unter verstärkter Prüfung möglich. Das zeitlich befristete Mandat der FATF wurde 2004 bis Ende 2012 verlängert.[48]

Die *Straßburger Konvention*[49] des Europarats vom 8.11.1990 knüpft an die *Wiener Konvention* an und enthält, abgesehen von einer Erweiterung des Vortatenkatalogs auf alle Formen der schweren Kriminalität, nur wenige völlig neue Elemente. Sie dient vor allem der Schließung von Strafbarkeitslücken und der Verbesserung der Rechtshilfe zwischen den Mitgliedsstaaten.[50]

Eine neue qualitative Stufe erhielten die internationalen Bemühungen erst mit der *Ersten EG-Geldwäscherichtlinie* aus dem Jahre 1991.[51] Die Richtlinie wurde am 10.06.1991 auf Vorschlag der Kommission vom Rat der Europäischen Gemeinschaften verabschiedet. Ihr Ziel war, ein gemeinsames europäisches Geldwäschebekämpfungsregime zu schaffen und die FATF-Empfehlungen aus dem Jahre 1990 sowie die *Wiener Konvention* umzusetzen.[52] Neben der Bekämpfung der organisierten Kriminalität hat die Richtlinie vor allem die Wahrung der Solidität und Integrität des europäischen Finanzsystems zum Ziel.[53] Diese Schwerpunktsetzung folgt wohl daraus, dass es dem EG-Richtliniengeber an der Kompetenz zur Schaffung strafrechtlicher Normen fehlt.[54] Die Richtlinie stützt sich auf Art. 8a, 57 Abs. 2 S. 1 und 3 sowie 100a

---

compliant). Der Prüfbericht (Mutual Evaluation Report-Germany) ist abrufbar unter: www.fatf-gafi.org.

47 Im Oktober 2006 ist Myanmar von der Liste genommen worden. Die Liste ist seitdem leer, vgl. List of Non-Cooperative Countries and Territories as of 21 June 2006, vgl. auch FATF Criteria for Defining Non-Cooperative Countries or Territories (2002), beide Dokumente abrufbar unter: www.fatf-gafi.org.

48 UK Treasury Press Release, abrufbar unter: www.fatf-gafi.org.

49 Convention on Laundering, Search, Seizure and Confiscation of the Proceeds from Crime, abrufbar unter: www.coe.int

50 Vgl. Darstellung der Konvention bei *Jekewitz*, Gewinnabschöpfung in: Herzog / Mühlhausen: Geldwäschebekämpfung und Gewinnabschöpfung, § 8 Rn. 9; *Werner*, Bekämpfung, S. 50 ff.; *Pieth*, Entwicklung in: Herzog / Mühlhausen: Geldwäschebekämpfung und Gewinnabschöpfung, § 4 Rn. 8 ff.

51 Richtlinie 91/308/EWG des Rates vom 10.06.1991 zur Verhinderung der Nutzung des Finanzsystems zum Zwecke der Geldwäsche (ABl. L 166/77).

52 Vgl. hierzu die Erwägungsgründe zur Ersten EG-Geldwäscherichtlinie.

53 Vgl. hierzu die Erwägungsgründe zur Ersten EG-Geldwäscherichtlinie.

54 BGHSt, 24, 190, 193 f.; vgl. hierzu auch *Vogel*, ZStW 1997, S. 338. Hieran hat sich auch durch die Reform des Vertrages zur Gründung der Europäischen Gemeinschaft (EG-Vertrag) durch den Vertrag von Lissabon nichts geändert. Rechtsgrundlage für die Geldwäscherichtlinien dürfte im aktuellen Vertragswerk Art. 114 sein, vgl. Vertrag von

EWGV a.F., also auf Bestimmungen, die der Vollendung des Binnenmarktes hinsichtlich des freien Kapitalverkehrs dienen. Art. 2 der Richtlinie verpflichtet die Mitgliedstaaten, die Geldwäsche unter Strafe zu stellen. Art. 3 enthält die Identifizierungs- und Art. 4 die Aufbewahrungspflicht. Die Meldepflicht verdächtiger Transaktionen für Kredit- und Finanzinstitute geht aus Art. 6 hervor. Kredit- und Finanzinstitute wurden ferner verpflichtet, Kontrollverfahren zu installieren und Mitarbeiterschulungen zur Geldwäsche durchzuführen, Art. 11.

Trotz ihrer beschränkten Befugnisse blieb die FATF auch in den Folgejahren die treibende Kraft im Kampf gegen die Geldwäsche.[55] Im Jahre 1996 aktualisierte sie die *40 Empfehlungen* aus dem Jahre 1990.[56] Hierzu wurden Waffen- und Menschenhandel als Bezugstaten aufgenommen und der Kreis der verpflichteten Adressaten um *Non-Banking Financial Institutions (NBFI's)* und eine begrenzte Gruppe von *Non-Financial Instiutions (NFI's)* erweitert.[57] In der Folgezeit wurde die FATF auch in die Terrorismusbekämpfung einbezogen. Kurz nach den Anschlägen vom 11. September 2001 in den Vereinigten Staaten formulierte die FATF 8 *Sonderempfehlungen zur Terrorismusfinanzierung.*[58]

Die Europäische Union akzeptierte die Vorreiterrolle der FATF im Bereich der Geldwäschebekämpfung. So diente die 2. EG-Geldwäscherichtlinie[59] aus dem Jahre 2001 vor allem der Umsetzung der überarbeiteten FATF-Empfehlungen aus dem Jahre 1996. Hierzu wurde der Kreis der Normadressaten auf Berufe außerhalb des Finanzsektors ausgeweitet. Der Empfehlung Nr. 4 folgend, wurden schwere Straftaten in die Geldwäschedefinition einbezogen.

Unabhängig von der FATF bemühte sich auch die Finanzwirtschaft selbst um die Erarbeitung von internationalen Standards in der Geldwäschebekämpfung. Im Oktober 2000 veröffentlichte eine Gruppe von Großbanken die *Wolfsberg*

Lissabon zur Änderung des Vertrags über die Europäische Union und des Vertrags zur Gründung der Europäischen Gemeinschaft, ABl. 2007/C 306/01.

55 Ausführlich hierzu und zur geographischen Verbreitung der FATF-Empfehlungen durch Aufnahme weiterer Mitglieder und Kooperation mit anderen regionalen Gremien: *Pieth*, Entwicklung in: Herzog / Mühlhausen: Geldwäschebekämpfung und Gewinnabschöpfung, § 5 Rn. 1 und § 4 Rn. 7 ff.

56 The Forty Recommendations (Stand: 1996) abrufbar unter: www.fatf-gafi.org.

57 Empfehlungen 8 und 9.

58 Special Recommendations on Terrorist Financing vom 31.10.2001, abrufbar unter: www.fatf-gafi.org. Die 8 Empfehlungen wurden am 22.10.2004 um eine weitere Empfehlung zu Cash-Couriers ergänzt.

59 Richtlinie 2001/97/EG des Europäischen Parlaments und des Rates vom 4.12.2001 zur Änderung der Richtlinie 91/308/EWG zur Verhinderung der Nutzung des Finanzsystems zum Zwecke der Geldwäsche (ABl. L 344/76); für eine Übersicht über die wesentlichen Inhalte der Richtlinie vgl. *Hetzer*, Kriminalpolitik 2002, S. 74 ff.

AML Principles.[60] Ziel dieser Initiative war es, durch weltweit akzeptierte Standards zu einem „*level playing-field*“ auf den internationalen Finanzplätzen beizutragen.[61]

Vorläufiger Schlusspunkt der internationalen Maßnahmen und Vorgabe für das in dieser Arbeit vorgestellte neue deutsche Geldwäscherecht ist die am 26.10. 2005 verabschiedete 3. EG-Geldwäscherichtlinie.[62] Ebenso wie die 1. und 2. EG-Geldwäscherichtlinie, dient sie vor allem der Umsetzung von FATF Vorgaben, in diesem Fall den aktualisierten Empfehlungen aus dem Jahre 2003.[63]

Zusammenfassend lässt sich festhalten, dass durch die oben aufgeführten Instrumente ein europaweit harmonisiertes Niveau der Geldwäschebekämpfung entstanden ist.[64] Ein solches ist zur effektiven Bekämpfung der Geldwäsche auch notwendig. Die Geldwäsche ist ein internationales Problem, welches zur effektiven Bekämpfung international abgestimmter Instrumente bedarf.[65] Aufgrund der eingangs aufgezeigten Möglichkeiten für Geldwäscher, große Geldbeträge mühelos von Land zu Land zu transferieren, müssen die Anstrengungen eines Einzelstaates zwangsläufig ins Leere laufen. Es bleibt daher nur der Weg über international abgestimmte Maßnahmen und Regelungen, will man nicht die gegenseitige Öffnung der Finanzmärkte durch einseitige Schutzmaßnahmen wieder aufheben. Allerdings muss auch festgestellt werden, dass der gestalterische Spielraum für den nationalen Gesetzgeber abgenommen hat.[66] Auf FATF-Ebene vereinbarte Empfehlungen haben aufgrund des politischen Einflusses der beteiligten Länder einen *de facto* Richtlinienstatus erreicht. Sie werden in ihrem Kerngehalt unverändert in die entsprechenden EG Richtlinien genommen und sind spätestens dann für den nationalen Gesetzgeber nicht mehr veränderbar.

---

60 Global Anti-Money-Laundering Guidelines for Private Banking, (Überarbeitet Mai 2002) abrufbar unter: http://www.wolfsberg-principles.com/pdf/wolfsberg_aml_principles 2.pdf Mitglieder der Wolfsberg Gruppe sind die Großbanken: Bank of Tokyo-Mitsubishi UFJ, Barclays Bank, Citigroup, Credit Suisse Group, Deutsche Bank AG, Goldman Sachs, HSBC, J.P. Morgan Private Bank, Santander Central Hispano, Société Générale, UBS AG.

61 Ausführlich zur Entstehung der Wolfsberg Principles und ihrer Zielsetzung: *Pieth*, Mark / Aiolfi, Gemma, The Privat Sector becomes active: The Wolfsberg Process, abrufbar unter: http://www.wolfsberg-principles.com/index.html.

62 Richtlinie (2005/60/EG) des Europäischen Parlamentes und des Rates vom 26.10.2005 zur Verhinderung der Nutzung des Finanzsystems zum Zwecke der Geldwäsche und der Terrorismusfinanzierung (ABl. L 309/15).

63 Vgl. Erwägungsgrund 5 zur Dritten EG-Geldwäscherichtlinie.

64 So auch *Vogel*, ZStW 1997, S. 335 ff.

65 Vgl. die Erwägungsgründe zur Ersten EG-Geldwäscherichtlinie.

66 Vgl. *Sotiriadis* / *Heimerdinger*, BKR 2009, S. 234.

II. Nationale Entwicklung

Die skizzierten internationalen Vorgaben und das Ausmaß der Organisierten Kriminalität in den 70er und 80er Jahren zwangen den deutschen Gesetzgeber, entschieden gegen die Organisierte Kriminalität vorzugehen.[67] Im Nachgang zur *Wiener Konvention* und zur *Basler Grundsatzerklärung* richtete die Bundesregierung 1988 die Arbeitsgruppe *„Waschen von Gewinnen aus illegalem Betäubungsmittelhandel – Abschöpfung der Gewinne aus Straftaten“* ein. Die Arbeitsgruppe wurde damit beauftragt, Handlungsvorschläge zu erarbeiten. Der von der Arbeitsgruppe vorgelegte Bericht empfahl, die Geldwäsche unter Strafe zu stellen und Banken und Finanzdienstleistungsinstitute in die Geldwäschebekämpfung mit einzubeziehen.[68] Eine dahingehende Empfehlung sprach auch das Bundesjustizministerium in seinem Bericht zur Umsetzung der Drogenkonvention aus.[69] Die Empfehlungen wurden durch Schaffung des § 261 StGB und des Geldwäschegesetzes (GwG) umgesetzt.

1. Der Straftatbestand der Geldwäsche § 261 StGB

a) Allgemeines

aa) Entstehungsgeschichte und Zielsetzung der Norm

§ 261 StGB wurde durch Art. 1 Nr. 19 des *Gesetzes zur Bekämpfung des illegalen Rauschgifthandels und anderer Erscheinungsformen der organisierten Kriminalität* (OrgKG)[70] vom 15.7.1992 in das Strafgesetzbuch aufgenommen.[71] Hiermit wurden die Vorgaben aus der 1. EG-Geldwäscherichtlinie und der Wiener Drogenkonvention erfüllt. Der Entwurf des OrgKG macht das Gewinnstreben als Triebfeder des organisierten Verbrechens aus.[72] Er folgert daher, dass dessen wirksame Bekämpfung bei der Abschöpfung dieser Gewin-

---

67 Auch in Deutschland ging man davon aus, dass die Geldwäsche ein Folgeproblem der Organisierten Kriminalität darstellt und betrachtet ihre Eindämmung und Bekämpfung als wirksames Instrument bei der Bekämpfung der organisierten Kriminalität, vgl. *Nestler*, Straftatbestand in: Herzog / Mühlhausen: Geldwäschebekämpfung und Gewinnabschöpfung, § 13 Rn. 2. Ausführlich zu den einzelnen nationalen Maßnahmen; *Werner*, Bekämpfung, S. 70 ff. Zur Umsetzungsverpflichtung aus den internationalen Abkommen und Umfang, Technik und Systematik der Umsetzung in den einzelnen EU-Ländern vgl. *Vogel*, ZStW 1997, S. 342 f.

68 Der Bericht blieb unveröffentlicht vgl. *Werner*, Bekämpfung, S. 70.

69 BT-Drs. 11/5524, S. 14 ff.

70 BGBl. I 1992, S. 1302, in Kraft getreten am 22.09.1992. Für eine Überblick über das OrgKG vgl. *Möhrenschlager*, wistra 1992, S. 281ff.; kritisch *Krey / Dierlamm*, JR 1992, S. 353 ff.

71 Für einen Überblick zu § 261 StGB vgl. *Hombrecher*, JA 2005, 67 ff.; *Kragl*, NJ 2001, S.57 ff., kritisch *Lampe*, JZ 1994, S. 123 ff.

72 BT-Drs. 12/989, S. 21.

ne anzusetzen hat, s. § 261 Abs. 7 StGB.[73] Aufgabe des § 261 StGB ist es, Handlungen zu pönalisieren, die diesen Zugriff erschweren oder gar verhindern. Gleichzeitig soll die Einschleusung von Vermögensgegenständen aus der Organisierten Kriminalität in den legalen Finanzkreislauf vereitelt bzw. erschwert werden.[74] Mittelbar soll die Norm dazu beitragen, die Gesellschaft vor der Kapitalkraft organisierter Krimineller zu schützen.[75]

bb) Abgrenzung zu § 257 ff. StGB

Die mit § 261 StGB bezweckte Geldwäschebekämpfung konnte durch die vor Einführung des § 261 StGB bestehenden Strafvorschriften nur eingeschränkt erreicht werden.[76] Die Hehlerei (§ 259 StGB) setzt eine sich gegen fremdes Vermögen richtende Tat voraus. Viele Delikte im Bereich der Organisierten Kriminalität erfüllen dieses Kriterium nicht. Hinzu kommt, dass der Tatbestand lediglich konkrete körperliche Sachen, nicht aber Rechte wie beispielsweise Buchgeldforderungen erfasst.[77] Darüber hinaus ist die Norm sehr eng an den inkriminierten Vermögensgegenstand geknüpft. Die „Ersatzhehlerei", also Fälle, in denen dieser Gegenstand durch einen anderen ersetzt worden ist, ist straflos.[78] Anders ist dies bei der Geldwäsche. Hier ist auch der im Austausch erlangte Gegenstand taugliches Tatobjekt.[79] Strafvereitelung (§ 258) und Begünstigung (§ 257 StGB) wiederum sind auf subjektiver Ebene zu eng gefasst, um taugliche Instrumente gegen Geldwäsche zu sein. Sie setzen *dolus directus I.* bzw. *dolus directus II. Grades* voraus.[80] Für § 261 StGB reicht bereits Leichtfertigkeit aus, § 261 Abs. 5 StGB. Die Begünstigung scheidet weiterhin oft schon deshalb aus, da sie sich ähnlich wie die Hehlerei auf den unmittelbar aus der Tat erlangten Vorteil beschränkt.[81]

---

73 BT-Drs. 12/989, S. 21. Hierzu wurden die Zugriffsmöglichkeiten der Strafverfolgungsbehörden auf kriminell erlangtes Vermögen durch Einführung des erweiterten Verfalls und der Vermögensstrafe im bedenklichen Ausmaß erweitert. Die bereits im Gesetzgebungsverfahren geäußerte Kritik des Deutschen Anwaltsvereins, AnwBl. 1990, S. 247 f. und des Deutschen Richterbundes, DRiZ 1990, S. 107, dass die Vermögensstrafe verfassungswidrig sei, hat sich mittlerweile bewahrheitet: BVerfG BGBl. I 2002, S. 1340.

74 BT-Drs. 12/989, S. 26 f.; BR-Drs. 507/92, S. 23.

75 Vgl. *Neuheuser*-MK, § 261 Rn. 3.

76 Vgl. BT-Drs. 12/989, S. 26.

77 BT-Drs. 12/989, S. 26; *Wessels / Hillenkamp*, BT 2, Rn. 895.

78 *Fischer*, Strafgesetzbuch, § 259 Rn. 8f.

79 Vgl. BT-Drs. 12/3533, S. 12.

80 *Stree*-Sch/Sch, § 258 Rn. 22; *Fischer*, Strafgesetzbuch, § 257 Rn. 10.

81 BT-Drs. 12/989, S. 26; *Neuheuser*-MK, § 261 Rn. 5.

cc) Geschützte Rechtsgüter

Der Wandel von einem Instrument gegen die Organisierte Kriminalität hin zu einem Tatbestand, der die Isolation nahezu jedes Täters bezweckt,[82] hat zu Schwierigkeiten bei der Rechtsgutbestimmung des § 261 StGB geführt. Der BGH hat zu dieser Frage bisher keine Stellung genommen. Er hat lediglich klargestellt, dass § 261 StGB ein eigenes Rechtsgut schützt, der Verweis auf die Rechtsgüter der Vortaten reiche nicht.[83] Die h.M.[84] in der Literatur verweist auf den Willen des Gesetzgebers[85] und sieht die inländische Rechtspflege als geschütztes Rechtsgut an. Immerhin sichere der Tatbestand die Gewinnaufspürung als Voraussetzung einer effizienten Strafverfolgung, indem er Verhaltensweisen pönalisiert, die die Bemühungen der Strafverfolgungsbehörden abstrakt bzw. konkret gefährden.[86] Zum Teil wird zusätzlich bzw. ausschließlich auf den Schutz des legalen Finanzkreislaufs vor einer Durchmischung mit illegalen Vermögenswerten abgestellt.[87] Wesentlich einheitlicher ist der Meinungsstand in Bezug auf die durch § 261 Abs. 2 StGB geschützten Rechtsgüter. § 261 Abs. 2 StGB schützt nach allgemeiner Auffassung neben der Rechtspflege die durch die Vortaten geschützten Rechtsgüter.[88]

b) Der Tatbestand der Geldwäsche

aa) Objektiver Tatbestand des § 261 StGB

Die Bemühungen des Gesetzgebers, einen Straftatbestand zu schaffen, der möglichst alle Formen der Geldwäsche erfasst und den vielen kriminalpolitischen Zielen gerecht wird, haben dazu geführt, dass der Tatbestand des § 261 StGB ausgesprochen lang und komplex geraten ist.[89] Bereits kurz nach In-

---

82 *Nestler*, Straftatbestand in: Herzog / Mühlhausen: Geldwäschebekämpfung und Gewinnabschöpfung, § 13 Rn. 3.

83 BGH NJW 1997, S. 3322 f.; a.A. u.a. *Burr*, Untersuchung, S. 27.

84 Vgl. *Hetzer*, NJW 1993, S. 3299; *Hetzer*, wistra 2000, S. 283; *Möhrenschlager*, wistra 1992, S. 287; *Krey / Dierlamm*, JR 1992, S. 359; *Neuheuser*-MK, § 261 Rn. 5; *Kragl*, NJ 2001, S. 61; *Leip*, Straftatbestand, S. 51 ff.; *Spiske*, Pecunia, S. 98; *Lackner / Kühl*, § 261 Rn. 1; *Stree*-Sch/Sch, § 261 Rn. 1; *Rengier*, BT/1, § 23 Rn. 4; *Wessels / Hillenkamp*, BT 2, Rn. 849.

85 BT-Drs. 12/989, S. 27, dort heißt es ausdrücklich: „Geschützt werden soll die Aufgabe der inländischen staatlichen Rechtpflege, die Wirkungen von Straftaten zu beseitigen".

86 Für viele andere: *Neuheuser*-MK, § 261 Rn. 7, m.w.N.

87 *Stree*-Sch/Sch, § 261 Rn. 1; *Lampe*, JZ 94, 125; *Findeisen*, wistra, 1997, S. 121; *Vogel*, ZStW 1997, S. 350 ff.

88 BT-Drs. 12/989, S. 27; *Hetzer*, wistra 2000, S. 283; *Möhrenschlager*, wistra 1992, S. 287; *Krey / Dierlamm*, JR 1992, S. 359; *Neuheuser*-MK, § 261 Rn. 12; *Leip*, Straftatbestand, S. 54 ff.; *Spiske*, Pecunia S. 98; *Lackner / Kühl*, § 261 Rn. 1; *Stree*-Sch/Sch, § 261 Rn. 1; *Rengier*, BT/1, § 23 Rn. 4; *Wessels / Hillenkamp*, BT 2, Rn. 849.

89 Vgl. *Hombrecher*, JA , 2005, S. 67. Für eine ausführliche Erörterung des Tatbestandes vgl. *Kragl*, NJ 2001, S. 57 ff.

krafttreten geäußerte Bedenken, der Tatbestand sei zu weit und unbestimmt, um dem Bestimmtheitsgebot aus Art. 103 Abs. 2 GG gerecht zu werden, sind nicht verstummt.[90]

(1) Tatobjekte

Taugliches Tatobjekt der Geldwäsche ist gem. § 261 Abs. 1 S. 1 StGB jeder Gegenstand, der aus einer Anknüpfungstat gem. 261 Abs. 1 S. 2 StGB herrührt. Der Begriff Gegenstand ist weit zu fassen und umfasst, wie sich bereits der amtlichen Überschrift entnehmen lässt, jeden unrechtmäßig erlangten Vermögenswert.[91] Hierzu zählen neben beweglichen und unbeweglichen Sachen aller Art insbesondere auch Rechte wie z.B. Buchgeldforderungen und Unternehmensbeteiligungen. Selbst tatsächliche Positionen, die lediglich den Anschein eines Rechts erwecken, wie nichtige Forderungen aus Bankguthaben, werden als tauglich angesehen.[92]

Der Kreis der Vortaten, aus denen der Gegenstand herrühren muss, wird durch § 261 Abs. 1 S. 2 StGB vorgegeben und hat seit Inkrafttreten des Tatbestands eine stetige Erweiterung erfahren.[93] Nach zum Teil vertretener Auffassung hat dies dazu geführt, dass das Normziel, die Bekämpfung der Organisierten Kriminalität, aus den Augen verloren wurde.[94] Dieser Einschätzung ist wohl zuzustimmen. Insbesondere die Aufnahme aller Verbrechen (Nr. 1), gleichgültig ob ein Bezug zu irgendeiner Form des organisierten Verbrechens vorliegt, hat zu einer Entkoppelung des Tatbestandes von seinen Ursprungszielen (Bekämpfung der Organisierten Kriminalität) beigetragen. Die Geldwäsche knüpft damit bereits an „Alltagskriminalität“ an.[95] Bedenklich ist, dass der Ausdehnungsprozess offenbar noch nicht abgeschlossen ist. Durch das

---

90 Vgl. *Kragl*, NJ 2001, S. 57, der die Norm als „auslegungstechnisch irreparabel“ beurteilt. Der Tatbestand stelle „nahezu jeden unbedachten Umgang mit bemakelten Gegenständen unter Strafe“ und betreibe in seinem Bemühen um eine umfassende Bekämpfung der organisierten Kriminalität die Form eines Präventionsstrafrechts. Für eine Beschränkung auf Vermögensgegenstände *Lampe*, JZ 1994, S. 126.

91 Vgl. auch Art. 3 Nr. 3 der Dritten EG-Geldwäscherichtlinie: Vermögensgegenstände werden dort definiert als „Vermögenswerte aller Art, ob körperlich oder nichtkörperlich, beweglich oder unbeweglich, materiell oder immateriell, und Rechtstitel oder Urkunden in jeder, einschließlich elektronischer oder digitaler Form, die das Eigentumsrecht oder Rechte an solchen Vermögenswerten belegen“.

92 *Lackner / Kühl*, § 261 Rn. 3; *Stree*-Sch/Sch, § 261 Rn. 3; a.A. *Hoyer*-SK § 261 Rn. 5.

93 Ausführliche Auflistung der Vortaten bei *Schröder / Textor* in: Fülbier / Aepfelbach / Langweg, GwG-Kommentar, § 261 Rn. 2; *Fischer*, Strafgesetzbuch, § 261 Rn.1; *Hoyer / Klos*, Regelungen, S. 177 f.

94 *Stree*-Sch/Sch, § 261 Rn. 1; *Schröder / Textor* in: Fülbier / Aepfelbach / Langweg, GwG-Kommentar, Vor § 261 Rn. 3 m.w.N.; vgl. auch *Kragl*, NJ 2001, S. 58.

95 *Hombrecher*, JA 2005, S. 67; *Schröder / Textor*: in Fülbier / Aepfelbach / Langweg, GwG-Kommentar, Vor § 261 Rn. 3.

GwBekErgG erfolgte eine erneute Erweiterung des Vortatenkatalogs um banden- und / oder gewerbsmäßig begangene Urkundsdelikte.[96] Zum Vortatenkatalog zählen mittlerweile neben allen Verbrechen (§ 261 Abs. 1 Nr. 1 StGB) und banden- und / oder gewerbsmäßig begangenen Vergehen (Nr. 4 und 4a), Korruptions- und Drogendelikte (Nr. 2) sowie der Schmuggel und die Steuerhehlerei (Nr. 3). Straftaten von Mitgliedern krimineller oder terroristischer Vereinigungen sind ebenfalls taugliche Vortaten (Nr. 5). Gem. § 261 Abs. 8 StGB kann die jeweilige Vortat auch im Ausland begangen worden sein, sofern sie auch am Tatort mit Strafe bedroht ist.[97]

Wie bereits eingangs festgestellt, setzt die Geldwäsche, anders als die Hehlerei, keine Identität zwischen dem Tatobjekt und dem Produkt der Bezugstat voraus. Es reicht entsprechend dem Wortlaut aus, dass das Tatobjekt aus der Vortat „herrührt“.[98] Hierdurch wird dem Umstand Rechnung getragen, dass es bei der Geldwäsche typischerweise zu einer Kette von Verwertungshandlungen kommt.[99] Der Zugriff soll nicht nach einem „Waschvorgang“ verloren gehen können.[100]

Auch ein nur teilweise durch ein inkriminiertes Vermögen erlangter Gegenstand ist taugliches Tatobjekt.[101] Kommt es also im Rahmen einer Umwandlung zu einer Vermischung von inkriminiertem mit legal erworbenen Mitteln, führt dies dazu, dass der gesamte Vermögensgegenstand „kontaminiert“ wird. So reicht es beispielsweise bei einem Bankkonto aus, wenn sich „sauberes“ mit schmutzigem Geld vermischt, um den gesamten Betrag zu einem tauglichem Tatobjekt zu machen. Nur wenn die Quote illegal erworbenen Vermögens signifikant geringer ist, soll die Kette unterbrochen werden können.[102] Ein „Herrühren“ liegt erst dann nicht mehr vor, wenn der Wert eines Gegen-

---

96 Art. 1 des GwBekErgG, BGBl. I S.1690 ff.

97 Ausführlich dazu *Lütke*, wistra 2001, S.85 ff.

98 Ausführlich zu diesem Merkmal Leip, Straftatbestand, S. 70 ff.; *Barton*, NStZ 1993, S.159 ff. Definition des Begriffs herrühren bei *Barton*: „Ein Gegenstand rührt dann aus einer Katalogtat des § 261 StGB her, wenn die Vortat kausal und adäquat für den Vermögensgegenstand in seiner konkreten Gestalt oder dessen wirtschaftlicher Zuordnung ist und wenn der ursächliche Zusammenhang nicht aus normativen Erwägungen – wegen fehlender rechtlicher Signifikanz der Vortat für den Gegenstand – unterbrochen wird.“

99 BT-Drs. 12/3533, S. 12.

100 BT-Drs. 12/3533, S. 12.

101 BT-Drs. 12/3533, S. 12; *Neuheuser*-MK, § 261 Rn. 45.

102 Zur Quote werden unterschiedliche Auffassungen vertreten: *Leip*, Straftatbestand, S. 109 (25%); *Barton*, NStZ 1993, S. 163 (5%); für eine unbeschränkte Kontamination *Neuheuser*-MK, § 261 Rn. 45; *Altenhain*-NK, § 261 Rn. 77 und *Hombrecher*, JA 2005, S. 68 mit dem Hinweis, dass unverhältnismäßige Fälle durch Verfahrenseinstellungen gem. §§ 153, 153a StPO gelöst werden können.

standes bei einer Weiterverarbeitung im wesentlichen auf der Weiterverarbeitungsleistung eines Dritten basiert.[103]

(2) Tathandlungen

Die zahlreichen Begehungsformen in § 261 Abs. 1 und 2 StGB lassen sich in 3 Tatbestandsgruppen unterteilen: den Verschleierungs-, den Vereitelungs-/Gefährdungs- und den Isolierungstatbestand.[104] Da sie sich vielfach überschneiden, sind bei einer Geldwäsche oft mehrere Tatbestandsgruppen einschlägig.[105] Die Rechtsfolgen der Tatbestände sind jedoch identisch, womit eine Abgrenzung nicht erforderlich ist.

Der *Verschleierungstatbestand* gem. § 261 Abs. 1 S. 1, 1. Alt. StGB fasst die ersten beiden Handlungsvariationen, das Verbergen und Verschleiern der Herkunft des inkriminierten Gegenstandes, zusammen. Hierbei handelt es sich um besonders typische Geldwäschehandlungen. Verbergen ist jede Handlung, die „mittels einer nicht üblichen örtlichen Unterbringung oder einer den Gegenstand verdeckenden Handlung den Zugang zum Tatobjekt erschwert".[106] Das Verschleiern erfasst jegliches irreführendes Verhalten, das die Ermittlung der Herkunft erschwert.[107] Der *Vereitelungs-/Gefährdungstatbestand* gem. § 261 Abs. 1 S. 1 2. Alt. StGB ist einschlägig, wenn der Vermögensgegenstand dem staatlichen Zugriff zumindest für geraume Zeit entzogen wird. Hierbei handelt es sich um ein konkretes Gefährdungsdelikt. Der Begriff der Vereitelung deckt sich mit dem aus § 258 StGB, womit auf die zu diesem Tatbestand erarbeiteten Auslegungsergebnisse zurückgegriffen werden kann. Verfolgt die Tathandlung keinen manipulativen Zweck, und stellt sie keine konkrete Gefährdung für die Arbeit der Strafverfolgungsbehörden dar, kommt der Auffangtatbestand gem. § 261 Abs. 2 StGB zum Tragen.[108] Diese auch als *Isolierungstatbestand* bezeichnete Handlungsvariante sanktioniert den Täter, der den Vermögensgegenstand sich oder einem Dritten verschafft (Nr. 1), ihn verwahrt oder für sich oder einen Dritten verwendet (Nr.2). Zielsetzung der Bestimmung ist es, den Vortäter gegenüber der Umwelt zu isolieren und den

---

103 BT-Drs. 12/3533 S. 12.

104 *Leip*, Straftatbestand, S. 126 ff.; *Kragl*, NJ 2001, S. 59.

105 Mit einer Gefährdung der Einziehung, der Sicherstellung oder des Verfalls geht im Regelfall eine Verschleierung der Herkunft des Gegenstands einher. Wer einen inkriminierten Gegenstand verbirgt oder verschleiert verwirklicht damit auch gleichzeitig den Verteilungs- bzw. Gefährdungstatbestand. Vgl. hierzu *Wessels / Hillenkamp*, BT 2, Rn. 898.

106 *Stree*-Sch/Sch, § 261 Rn. 11.

107 *Rengier*, BT/1 § 23 Rn. 10.

108 Insbesondere dann, wenn ein Vereitelungs- und Gefährdungsvorsatz fehlt oder nicht nachweisbar ist, vgl. BT-Drs. 12/989 S. 27.

inkriminierten Gegenstand verkehrsunfähig zu machen.[109] Als abstraktes Gefährdungsdelikt setzt § 261 Abs. 2 StGB keine konkrete Gefährdung des staatlichen Zugriffs auf den Gegenstand voraus.[110] Ein Verschaffen liegt vor, wenn der Täter sich oder einem Dritten in Absprache mit dem Vorbesitzer die Verfügungsmacht über den Gegenstand verschafft.[111] Dieses Merkmal hat insbesondere die vielfältigen Geldgeschäfte der Bank- und Finanzdienstleistungsbranche im Auge.[112] Die Tathandlung hat der Gesetzgeber dem § 259 StGB entnommen, womit auf die für die Hehlerei entwickelte Auslegung dieses Merkmals und die diesbezügliche Rechtsprechung zurückgegriffen werden kann.[113] Verwahren ist das Bereithalten eines Gegenstandes für einen Dritten.[114] Ein Verwenden ist jede Form des bestimmungemäßen Gebrauchs[115] und beinhaltet auch jede wirtschaftliche Verfügung über den Gegenstand.[116]

Eine aus Verkehrsschutzgesichtspunkten wichtige Begrenzung des Isolierungstatbestandes ist in § 261 Abs. 6 StGB enthalten. Um unüberschaubare „Geldwäscheketten" zu vermeiden, ist die Strafbarkeit ausgeschlossen, wenn zuvor ein Dritter den Gegenstand erlangt hat, ohne hierdurch eine Straftat zu begehen, § 261 Abs. 6 StGB.[117] Dieser Strafausschließungsgrund[118] schützt vor einer Strafbarkeit aus Abs. 2 selbst bei positiver Kenntnis über die Herkunft des inkriminierten Gegenstands.[119] Eine Strafbarkeit nach 261 Abs. 1 StGB bleibt möglich.[120] Bei der Straftat im Sinne des § 261 Abs. 6 StGB muss es

---

109 BT-Drs. 12/989, S. 27.

110 *Kragl*, NJ 2001, S. 59.

111 *Lackner / Kühl*, § 261 Rn. 8; *Hombrecher*, JA 2005, S. 69.

112 BT-Drs. 12/989, S. 27.

113 So ausdrücklich BT-Drs. 12/989, S. 27.

114 *Hombrecher*, JA 2005, S. 69.

115 *Hombrecher*, JA 2005, S. 69; *Lackner / Kühl*, § 261 Rn. 8; *Rengier*, BT/1, § 23 Rn. 13.

116 BT-Drs. 12/3533, S. 13; *Rengier*, BT/1, § 23 Rn. 13.

117 Im für die Praxis wichtigen Fall einer Bankanweisung durch den Geldwäscher kommt § 261 Abs. 6 StGB allerdings nicht zum Tragen. Der im Regelfall gutgläubige Bankangestellte steht einer Strafbarkeit des Empfängers einer Bankanweisung nicht entgegen. Abzustellen ist hier nämlich auf die Auszahlungsforderung, die der Vortäter im Austausch gegen das eingezahlte inkriminierte Vermögen erhält, und nicht auf die übereigneten Geldscheine, Beispiel hierzu bei *Hombrecher*, JA 2005, S. 69.

118 Nach anderer Auffassung schränkt § 261 Abs. 6 StGB den § 261 Abs. 2 StGB in systematischer Hinsicht ein und stellt damit keinen Strafausschließungsgrund dar, vgl. *Rengier*, BT/1, § 23 Rn. 16; *Altenhain*-NK, § 261 Rn. 85; *Lackner / Kühl*, § 261 Rn. 6. Für die Einordnung als Strafausschließungsgrund: *Hombrecher*, JA 2005, S. 69.

119 *Rengier*, BT/1, § 23 Rn. 16.

120 BGHSt 47, S. 80; OLG Karlsruhe NJW 2005, S. 768 f.; *Fischer*, Strafgesetzbuch, § 261 Rn. 28; *Altenhain*-NK, § 261 Rn. 66, 86; gegen eine Anwendbarkeit von § 261 Abs. 1 StGB in Fällen des gutgläubigen makellosen Erwerbs Rengier, BT/1, § 23 Rn. 17; *Wessels / Hillenkamp*, BT 2, Rn. 895.

sich nach h.M.[121] um eine Geldwäsche handeln. Die Strafbarkeit der versuchten Geldwäsche folgt aus § 261 Abs. 3 StGB.

bb) Subjektiver Tatbestand des § 261 StGB

In subjektiver Hinsicht ist für die Vollendung der Geldwäsche bedingter Vorsatz ausreichend. Allerdings genügt es nach Abs. 5, dass der Täter das Herrühren eines Gegenstandes aus einer Katalogtat leichtfertig nicht erkennt. Hierdurch sollen Beweisschwierigkeiten vermieden und eine wirksame Strafverfolgung sichergestellt werden.[122] Leichtfertigkeit liegt vor, wenn sich die illegale Herkunft „geradezu aufdrängt und der Täter gleichwohl handelt, weil er dies aus besonderer Gleichgültigkeit oder grober Unachtsamkeit außer Acht lässt".[123] Der Begriff deckt sich mit der groben Fahrlässigkeit im Bürgerlichen Recht.[124] Bei Finanztransaktionen ist hier insbesondere an ungewöhnliche Umstände im Zusammenhang mit der Transaktion zu denken. Die FATF und die FIU veröffentlichen seit Jahren Typologien, die auf Geldwäsche hindeuten.[125]

Heftig diskutiert wird bereits seit Einführung des Geldwäschetatbestands, inwiefern gewisse sozialadäquate Verhaltensweisen eine teleologische Reduktion des Merkmals Leichtfertigkeit erfordern.[126] Oder anders formuliert, wie weit darf die Isolierung des Täters gehen? Sollen auch Geschäfte des täglichen Lebensbedarfs oder gar ärztliche Behandlungen verweigert werden, sofern „ungewöhnliche Umstände" für das Vorliegen einer Geldwäsche sprechen? Eine solche Sozialklausel wird trotz zahlreicher befürwortender Stimmen[127] mehrheitlich abgelehnt.[128] Begründet wird dies damit, dass eine solche Locke-

---

121 *Stree*-Sch/Sch, § 261 Rn. 1; *Neuheuser*-MK, § 261 Rn. 68; *Lackner / Kühl*, § 261 Rn. 6.

122 BT-Drs. 12/989, S. 27.

123 BGH 50, S. 351; BGH NJW 1997, S. 3325.

124 *Kragl*, NJ 2001, S. 59.

125 Abrufbar unter: www.fatf-gafi.org; Veröffentlichungen der FIU sind nicht frei zugänglich.

126 Für einen Überblick über den Meinungsstand vgl. Barton, StV 1993, S.156 ff.; *Kragl*, NJ 2001, S. 60.

127 Vgl. *Barton*, StV 1993, 156 ff. Die Strafbarkeit in solchen Fällen und die Strafbarkeit bei Leichtfertigkeit insgesamt werden insbesondere mit dem Argument kritisiert, dass sie keinen eigenständigen Unrechtsgehalt sanktioniere. Ferner sei sie aus prozessualen Gründen mit der Unschuldsvermutung nicht vereinbar. Ziel der Norm, so wird vermutet, sei wohl eher, im „Vorfeld einer Rechtsgutverletzung" erzieherisch auf Bürger einzuwirken, so *Kragl*, NJ 2001, S. 60. Ähnlich *Lampe*, JZ 1994, S. 129: Leichtfertigkeitsstrafbarkeit aus prozessualen Gründen widerspricht dem Strafschuldprinzip. Diese Argumente scheinen auch vorzugswürdig. Ausschlaggebend bei der Bestimmung strafwürdigen Verhaltens ist die Strafwürdigkeit eines Verhaltens und nicht Gesichtspunkte aus dem Bereich der Beweisführung.

128 *Neuheuser*-MK, § 261 Rn. 71 f. m.w.N.

rung sowohl dem gesetzgeberischen Willen[129] als auch der „Isolierungsidee“ zuwiderlaufen würde.

Durchsetzen konnten sich die Befürworter einer Einschränkung der Strafbarkeit eines Rechtsanwalts bei der Annahme bemakelten Honorars.[130] Bei Strafverteidigern ist nach einer Entscheidung des Bundesverfassungsgerichts ein sicheres Wissen um die Herkunft des Geldes notwendig, um eine Strafbarkeit zu begründen, Leichtfertigkeit reicht nicht aus.[131] Das Bundesverfassungsgericht begründet seine Entscheidung damit, dass Art. 12 Abs. 1 GG eine verfassungskonforme Auslegung des § 261 StGB gebiete.[132] Eine Strafbarkeit nach § 261 Abs. 2 Nr. 1 StGB bei bedingtem Vorsatz oder Leichtfertigkeit stelle einen unverhältnismäßigen Eingriff in die Berufsausübungsfreiheit des Strafverteidigers dar.[133]

In besonders schweren Fällen sieht § 261 Abs. 4 StGB eine Strafschärfung vor. Ein besonders schwerer Fall liegt insbesondere dann vor, wenn der Täter gewerbsmäßig oder als Mitglied einer Bande handelt, § 261 Abs. 4 S. 2 StGB.

c) Tätige Reue

Um einen Anreiz zur Anzeige von Geldwäschedelikten zu schaffen und die Bekämpfung derselben wirksamer zu gestalten, sieht § 261 Abs. 9 S. 1 StGB einen Strafaufhebungsgrund vor.[134] Die an den Täter gestellten Anforderungen für eine Strafaufhebung sind unterschiedlich hoch, je nachdem, ob der Täter insgesamt vorsätzlich handelt oder das Herrühren des Gegenstandes aus einer Katalogtat leichtfertig nicht erkennt. Der Vorsatztäter kommt nur dann in den Genuss einer Strafaufhebung, wenn er durch seine freiwillige Anzeige die Sicherstellung des Gegenstandes bewirkt, auf den sich die Straftat bezieht, § 261 Abs. 9 S. 1 Nr. 2 StGB. Hat der Täter leichtfertig i.S.d. Abs. 5 gehandelt, ist eine freiwillig erfolgte Anzeige ausreichend. Um einen missbräuchlichen Gebrauch zu verhindern,[135] ist für beide Tätergruppen eine Strafaufhebung ausgeschlossen, sobald die Tat ganz oder zum Teil entdeckt wurde und dem Täter dies bewusst war oder bewusst hätte sein müssen, § 261 Abs. 9 S. 1 Nr. 2 StGB.

---

129 BT-Drs. 11/7663, S. 50.

130 Ausführlich zur Problematik *Bussenius*, Strafverteidigerhonorar.

131 BVerfGE 110, S. 226 ff.; ebenso *Fahl*, JA 2004, S. 704 ff. und *Barton*, JuS 2003, S. 1033 ff.

132 BVerfGE 110, S. 226 ff.

133 BVerfGE 110, S. 226 ff.

134 BT-Drs. 12/989, S. 28.

135 BT Drs. 12/989, S. 28.

§ 261 Abs. 10 StGB, der der kleinen Kronzeugenregelung des § 31 Nr. 1 BtMG nachempfunden war, ist durch das 43. StÄG v. 29.07.2009 gestrichen worden. Eingeführt wurde statt dessen § 46b StGB.[136]

d) Weitere Rechtsfolgen

§ 261 Abs. 7 S. 1 StGB regelt die Einziehung von Beziehungsgegenständen.

§ 261 Abs. 7 S. 2 StGB verweist auf § 74a StGB und eröffnet damit die Möglichkeit einer Einziehung auch täterfremder Gegenstände. Handelt der Täter gewerbsmäßig oder als Mitglied einer Bande, ist sogar ein erweiterter Verfall gem. § 74d StGB möglich. Der Verweis auf die Vermögensstrafe ist aufgrund der Nichtigkeit derselben ohne Bedeutung.[137]

2. Das Geldwäschegesetz (GwG)

Von der aktuellen Novellierung durch das *GwBekErgG* besonders betroffen und Hauptgegenstand dieser Arbeit ist das *Gesetz über das Aufspüren von Gewinnen aus schweren Straftaten* (*Geldwäschegesetz – GwG*).[138] Das Geldwäschegesetz geht ebenso wie § 261 StGB auf die 1. EG-Geldwäscherichtlinie zurück. Es ist in seiner ursprünglichen Fassung nach intensiven Beratungen am 19.11.1993 in Kraft getreten.[139] Zu den wesentlichen Diskussionspunkten im Gesetzgebungsverfahren zählten die Verwertungsmöglichkeiten von Aufzeichnungen und Verdachtsanzeigen, das Anwaltsprivileg und die Stillhaltefrist bei der Ausführung von Finanztransaktionen.[140]

Eine erste inhaltliche Überarbeitung des Gesetzes erfolgte durch das *Gesetz zur Verbesserung der Bekämpfung der Organisierten Kriminalität* vom 4.05. 1998.[141] Das Gesetz erweiterte u.a. die Verwertungsmöglichkeiten der von den Verpflichteten aufzuzeichnenden Daten. Sie können seitdem bereits vor einer Aburteilung wegen Geldwäsche oder einer Bezugstat zur Verfolgung von Steuerdelikten herangezogen werden.[142] Zu den weiteren Neuerungen zählte

---

136 BT-Drs. 12/989, S. 28.

137 BVerfG BGBl. I 2002, S. 1340.

138 BGBl. I 2008, S. 1770.

139 Vgl. zum Gesetzgebungsverfahren *Krüger*, Kriminalistik 1994, S. 37 ff.; *Jekewitz*, Gewinnabschöpfung in: Herzog / Mühlhausen: Geldwäschebekämpfung und Gewinnabschöpfung, § 8 Rn. 1 (Fn.1), *Fülbier* in: Fülbier / Aepfelbach / Langweg, GwG-Kommentar, Einl. Rn. 68 ff.; *Werner*, Bekämpfung, S. 70 ff.; zum Inhalt der ursprünglichen Fassung vgl. *Löwe-Krahl*, wistra 1994, S. 121 ff.

140 Vgl. im einzelnen hierzu *Krüger*, Kriminalistik 1994, S. 38.

141 BGBl. I 1998, S. 845.

142 Vgl. hierzu *Fülbier* in: Fülbier / Aepfelbach / Langweg, GwG-Kommentar, Einl. Rn. 71; *Jekewitz*, Gewinnabschöpfung in: Herzog / Mühlhausen: Geldwäschebekämpfung und Gewinnabschöpfung, § 10 Rn. 19.

neben einer Verpflichtung der Strafverfolgungsbehörden zur Weiterleitung der Verdachtsanzeigen an die Finanzbehörden die Anhebung des Schwellenwertes für eine zwingende Identifizierungpflicht von 20.000 auf 30.000 DM.[143]

Durch das *Gesetz zur Verbesserung der Bekämpfung der Geldwäsche und der Bekämpfung der Finanzierung des Terrorismus* (*Geldwäschebekämpfungsgesetz*) vom 8.08.2002 wurde das Geldwäschegesetz erneut umfassend novelliert.[144] Das Gesetz diente der Umsetzung der Vorgaben aus der Zweiten EG-Geldwäscherichtlinie und den 8 Sonderempfehlungen der FATF aus dem Jahre 2001. Zu den wesentlichen Änderungen gehörte neben der Identifizierungspflicht bei Begründung einer auf Dauer angelegten Geschäftsbeziehung gem. § 2 Abs. 1 GwG a.F. die Erweiterung des Adressatenkreises. Neu als Verpflichtete aufgenommen wurden u.a. Rechtsanwälte[145] und Wirtschaftsprüfer. Eine Lockerung der Sorgfaltspflichten erfolgte dahingehend, dass die Identifizierungspflicht bei Bargeldauszahlungen gestrichen wurde. Entsprechend der FATF Sonderempfehlung IV wurde eine Anzeigepflicht für Institute bei Verdacht auf Terrorismusfinanzierung aufgenommen.

3. Untergesetzliche Vorgaben

Ergänzend zu den gesetzlichen Bestimmungen ergeben sich für Verpflichtete, die der Aufsicht durch die Bundesanstalt für Finanzdienstleistungsaufsicht (BaFin) unterliegen, geldwäscherechtliche Vorgaben aus Rundschreiben, Verlautbarungen und sonstigen Stellungnahmen der BaFin bzw. ihrer Vorgängerbehörde, der Bundesanstalt für Kreditwesen (BaKred).[146] Als normenkonkretisierende bzw. normeninterpretierende Verwaltungsvorschriften kommt diesen Erläuterungen und Hinweisen nach allgemeiner Auffassung keine rechtliche Bindungswirkung zu.[147] Sie dienen vor allem der Sicherstellung

---

143 Vgl. § 3 GwG a.F.

144 BGBl. I 2002, S. 3105.

145 Für einen Überblick über die Rechtsanwälte aus dem neuen Geldwäscherecht treffenden Pflichten vgl. *Donath / Mehle*, NJW 2009, S. 650 ff.

146 Die Bundesanstalt für Finanzdienstleistungsaufsicht (BaFin) ist aus der Zusammenlegung der Bundesämter für das Kreditwesen (BaKred), den Wertpapierhandel (BAWe) und das Versicherungswesen (BAV) hervorgegangen. Die Zusammenlegung erfolgte zum 1.05.2002 auf Grund des Finanzdienstleistungsaufsichtsgesetzes (FinDAG) und diente der Beseitigung von Kompetenzüberschneidungen und Aufsichtslücken.

147 Zur rechtlichen Einordnung vgl. *Findeisen*, WM 1998, S. 2410 f.; *Bruchner / Fischbeck* in: Schimansky / Bunte / Lwowski, Bankrechts-Handbuch, § 42 Rn. 47; *Fülbier* in: Fülbier / Aepfelbach / Langweg, GwG-Kommentar, Einl. Rn. 114 ff.; *Achsnich / Teichmann*, Überblick in: Herzog / Mühlhausen: Geldwäschebekämpfung und Gewinnabschöpfung, § 29 Rn.47 f.; VG Berlin WM 1996, S. 1309 (insbesondere zur Rechtsnatur von Verlautbarungen). Die Verwaltungsvorschriften der BaFin weisen gegenüber herkömmlichen Verwaltungsvorschriften eine Besonderheit auf. Anders als bei Verwaltungsvorschriften üblich, sind die Verwaltungsvorschriften im Bankaufsichts-

eines gleichmäßigen Verwaltungshandelns und der einheitlichen Umsetzung der Anforderungen durch die Adressaten.[148] Da die Verlautbarungen und Rundschreiben allerdings als Konkretisierung der Aufsichtspraxis gelten und als solche von externen und internen Prüfern zur Auslegung der gesetzlichen Vorgaben herangezogen werden, wird den Verwaltungsvorschriften eine de facto[149] bzw. mittelbare[150] Bindungswirkung zugesprochen. Die Befugnis der BaFin zum Erlass der Verwaltungsvorschriften wird aus § 6 Abs. 2 Alt. 2 KWG hergeleitet.[151]

Im Rahmen der Umsetzung der Dritten EG-Geldwäscherichtlinie wurde ein Großteil der bislang gültigen Verwaltungsvorschriften zum Geldwäscherecht durch das BaFin-Rundschreiben 2/2009 aufgehoben bzw. für gegenstandslos erklärt.[152] Dieser Schritt wurde von der BaFin damit begründet, dass der Regelungsinhalt der Verlautbarungen und Rundschreiben in das neue Recht übernommen wurde und die Verwaltungsvorschriften hierdurch überflüssig geworden seien.[153] Zu Rechtsunsicherheiten hat bei den Adressaten geführt, dass die Aufhebung nicht uneingeschränkt erfolgt ist.[154] Die BaFin erklärt in ihrem Aufhebungsrundschreiben, dass der Inhalt der aufgehobenen Schreiben

---

recht nicht nur an den Verwaltungsapparat, sondern auch an die außerhalb der Behörde stehenden Adressaten der Normen gerichtet.

148 *Bruchner / Fischbeck* in: Schimansky / Bunte / Lwowski, Bankrechts-Handbuch, § 42 Rn. 47.

149 *Bruchner / Fischbeck* in: Schimansky / Bunte / Lwowski, Bankrechts-Handbuch, § 42 Rn. 47.

150 *Achsnich / Teichmann*, Überblick in: Herzog / Mühlhausen: Geldwäschebekämpfung und Gewinnabschöpfung, § 29 Rn. 47 f.

151 Gem. § 6 Abs. 2 KWG hat die BaFin Misständen im Kredit- und Finanzdienstleistungswesen entgegenzuwirken, welche die Sicherheit der den Instituten anvertrauten Vermögenswerte gefährden, die ordnungsmäßige Durchführung der Bankgeschäfte oder Finanzdienstleistungen beeinträchtigen oder erhebliche Nachteile für die Gesamtwirtschaft herbeiführen können.

152 Rundschreiben 2/2009 (GW) der BaFin vom 13.01.2009.

153 Rundschreiben 2/2009 (GW) der BaFin vom 13.01.2009. Dies trifft insbesondere auf die für Kreditinstitute bedeutsame Verlautbarung der BaKred über „Maßnahmen der Kreditinstitute zur Bekämpfung und Verhinderung der Geldwäsche“ vom 30.03.1998“ zu, (nachfolgend: Verlautbarung vom 30.03.1998) abgedruckt im Anhang bei: *Fülbier / Aepfelbach / Langweg*, GwG-Kommentar, S. 617 ff.

154 Vgl. hierzu auch die dahingehende Feststellung der FATF in ihrem Prüfbericht zu Deutschland vom 19.02.2010. Dort heißt es auf S. 7: „Germany is moving to, but has not yet fully implemented, a system of private sector issued AML/CFT guidance approved by the BaFin. The BaFin abrogated most of its previous guidance as a result of the new AML Act, but nonetheless states that it continues to apply supervisory principles set out in the abrogated guidance when those principles are in line with the new laws and the private sector guidance. This has caused confusion in parts of the financial sector.” Prüfbericht der FATF vom 19.02.2010, Mutual Evaluation Report-Germany, abrufbar unter: www.fatf-gafi.org

insoweit fort gilt, als er im Einklang mit den neuen gesetzlichen Regelungen und den Anwendungs- und Auslegungshinweisen zum GwBekErgG steht.[155] Fraglich ist, ob eine derartige Bewertung den Verpflichteten ohne weiteres fehlerfrei möglich ist. Insbesondere mit Blick auf den als Paradigmenwechsel geltenden, neu eingeführten risikobasierten Ansatz in § 3 Abs. 3 GwG sind Zweifel angebracht.[156]

---

155 Rundschreiben 2/2009 (GW) der BaFin vom 13.01.2009. Näher zu den Auslegungs- und Anwendungshinweisen unten in Kap. 3 C) I. 3.

156 Ausführlich zur Vereinbarkeit der Aufsichtspraxis mit dem risikobasierten Ansatz unten in Kap. 3 C) I. 3.

Drittes Kapitel: Das neue Geldwäscherecht

Durch das am 21. August 2008 in Kraft getretene *GwBekErgG*[1] ist das Geldwäscherecht umfassend novelliert worden. Mit der Novellierung kommt der Gesetzgeber seiner Verpflichtung zur Umsetzung der Vorgaben aus der Dritten EG-Geldwäscherichtlinie und der in ihrem Zusammenhang erlassenen Durchführungsrichtlinie nach.[2] Indirekt erfolgt damit auch die Umsetzung der derzeit gültigen FATF-Empfehlungen aus dem Jahre 2003.[3]

An den grundlegenden gesetzespolitischen Zielen des Geldwäschegesetzes hat sich auch durch die Novellierung nichts geändert. Das Gesetz soll helfen, die Einführung illegaler Gelder in den legalen Finanzkreislauf zu verhindern und Strukturen organisierter Kriminalität durch die Schaffung so genannter „Papierspuren" transparenter zu machen.[4] Hierzu belegt es die Verpflichteten mit Prüfungs-, Identifikations-, Anzeige-, Dokumentations- und Aufbewahrungspflichten. Die meisten dieser so genannten Sorgfaltspflichten sind bußgeldbewehrt.[5]

Die Umsetzung der Richtlinienvorgaben erfolgte entsprechend der Koalitionsvereinbarung zwischen der CDU/CSU und SPD „Eins zu Eins".[6] Das *GwBe-*

---

1 Das GwBekErgG enthält keine Übergangsbestimmungen, womit die Bestimmungen unmittelbar mit in Kraft treten von allen Verpflichteten zu erfüllen sind. Aufgrund der umfangreichen Implementierungsarbeit für die Finanzwirtschaft, haben die Spitzenverbände der Kreditwirtschaft und die Bundesanstalt für Finanzdienstleistungsaufsicht (BaFin) jedoch eine Übergangsfrist bis zum 21.05.2009 vereinbart. Bis zu diesem Termin wird keine aufsichtsbehördliche Beanstandung durch die BaFin erfolgen, sofern neues Recht nicht umgesetzt ist, vgl. Schreiben des Bundesverbandes deutscher Banken an die Mitgliedsinstitute vom 18.02.2008.

2 BT-Drs. 16/9038, S. 22.

3 BT-Drs. 16/9038, S. 22.

4 BT-Drs. 12/2704, S. 10.

5 Vgl. § 17 GwG. Die Verpflichtung, die Identifizierungpflicht bußgeldbewehrt zu gestalten, folgte bereits aus der Zweiten EG-Geldwäscherichtlinie. Sie wurde von der Bundesrepublik allerdings erst mit dem GwBekErgG umgesetzt. Dies hat zwischenzeitlich zu einem Vertragsverletzungsverfahren geführt, welches mittlerweile eingestellt worden ist.

6 Ebenso *Ackmann / Reder*, WM 2009, S. 158; a.A. der Bundesrat, vgl. Stellungnahme des Bundesrats zum GwBekErgG, BT-Drs. 16/9038, S. 60 ff. Die Kreditwirtschaft, vertreten durch den Zentralen Kreditausschuss (ZKA), bestreitet dies ebenfalls und wirft der Regierung vor, an vielen Stellen über die Richtlinienvorgaben hinausgegangen zu sein. Auch seien nicht alle von der Richtlinie eingeräumte Spielräume für Erleichterungen und eine risikobasierte, weniger bürokratische Umsetzung genutzt worden, vgl. im einzelnen hierzu: Stellungnahme des Zentralen Kreditausschusses zum Gesetzentwurf zur Fortentwicklung der Bekämpfung der Geldwäsche und der Bekämp-

kErgG ist als Artikelgesetz ausgestaltet.[7] Es nimmt eine Neufassung des Geldwäschegesetzes und zahlreiche Änderungen des Kreditwesengesetzes und diverser anderer Spezialgesetze vor.[8] Im folgenden sollen die neuen Bestimmungen vorgestellt und die durch die Novellierung aufgeworfenen Problemkreise analysiert werden.[9] Da die vorliegende Arbeit sich vorwiegend mit den Auswirkungen der Gesetzesnovelle auf Kreditinstitute befasst, werden nur die Änderungen im Geldwäschegesetz und Kreditwesengesetz besprochen. Auf die Änderungen im Versicherungsaufsichtsgesetz und den übrigen Spezialgesetzen kann aufgrund dieser Schwerpunktsetzung nicht eingegangen werden. Die Arbeit ist thematisch gegliedert. Die Änderungen im Kreditwesengesetz sind daher nicht *en bloc*, sondern im Zusammenhang mit der entsprechenden Bestimmung aus dem Geldwäschegesetz dargestellt.

A) Allgemeines

I. Aufbau und Struktur des Geldwäscherecht

Geldwäscherechtliche Bestimmungen finden sich in einer Reihe von Gesetzen. Gesetzessystematisch betrachtet erfüllt das Geldwäschegesetz die Funktion eines „Allgemeinen Teils“ des Geldwäscherechts. Als solcher fasst es die Normen zusammen, die für alle Adressaten der Geldwäschebekämpfungsnormen gelten. Sorgfaltspflichten, die nicht alle Verpflichteten des Geldwäschegesetzes betreffen – also beispielsweise an Kredit- und Finanzdienstleistungs-

---

fung der Terrorismusfinanzierung (Geldwäschebekämpfungsergänzungsgesetz – GwBekErgG, Stand: 11.10.2007), nachfolgend: ZKA-Stellungnahme zum GwBekErgG. Der Zentralen Kreditausschuss (ZKA) dient der Interessenvertretung der Spitzenverbände der deutschen Kreditwirtschaft in Gesetzgebungsverfahren und gegenüber Behörden auf nationaler und internationaler Ebene. Ihm gehören folgende Verbände an: Bundesverband der Deutschen Volksbanken und Raiffeisenbanken e.V., Bundesverband deutscher Banken e.V., Bundesverband Öffentlicher Banken Deutschlands e.V., Deutscher Sparkassen- und Giroverband e.V. und der Verband deutscher Pfandbriefbanken e.V.

7 Das Recht des Bundes zur Regelung der Materie folgt für die Neufassung des Geldwäschegesetz aus Art. 74 Abs.1 Nr. 11 GG sowie aus Art. 73 Nr. 10a GG i.V.m. Art. 87 Abs. 1 S. 2 GG. Die Gesetzgebungskompetenz des Bundes für die Änderungen im Kreditwesengesetz folgt aus Art. 74 Abs. 1 Nr. 11 GG.

8 Von der Novellierung betroffen waren neben dem Geldwäschegesetz insbesondere: das Gesetz über das Kreditwesen (Kreditwesengesetz – KWG) und das Gesetz über die Beaufsichtigung der Versicherungsunternehmen (Versicherungsaufsichtsgesetz – VAG). Folgeänderungen mussten im Zollverwaltungs- (ZollVG) und Investmentgesetz (InvG) vorgenommen werden. Die Änderungen im StGB beschränkten sich auf die Erweiterung des Vortatenkatalogs des § 261 StGB um die mittelbaren Falschbeurkundung (§ 271 StGB) und der Falschbeurkundung im Amt (§ 348 StGB).

9 Für einen Überblick über die Novellierung vgl. auch *Hetzer*, EuZW 2008, S. 560 ff.; *Kallert*, DStR 2008 S. 1661 ff.; *Ackmann / Reder*, WM 2009, S. 158 ff. und 200 ff.

institute oder Versicherungsunternehmen adressiert sind – finden sich in den Spezialgesetzen dieser Adressaten (hier KWG bzw. VAG).

Durch die Umsetzung von an Kreditinstitute und Versicherungen adressierten Bestimmungen im Kreditwesengesetz und Versicherungsaufsichtsgesetz baut der Gesetzgeber mit dem *GwBekErgG* diese Regelungstechnik weiter aus. So finden sich beispielsweise im neuen § 25d KWG spezielle Sorgfaltspflichten für die dem Kreditwesengesetz unterworfenen Verpflichteten. Die vom Gesetzgeber gewählte Systematik stößt insbesondere bei der Kreditwirtschaft auf Ablehnung. In seiner Stellungnahme zum *GwBekErgG* wiederholte der Zentrale Kreditausschuss (ZKA) seine alte Forderung nach einer Bündelung der Geldwäschebekämpfungsbestimmungen im Geldwäschegesetz.[10] Der ZKA begründet seine Forderung damit, dass die vom Gesetzgeber praktizierte Auslagerung kreditinstitutsspezifischer Regelungen in das Kreditwesengesetz zu Unklarheiten bei der Umsetzung führe. Sachlich zusammenhängende Regelungskomplexe würden auseinandergerissen und systematisch und sachlich nicht zusammenhängende Regelungskomplexe würden verbunden.[11] Zudem führe die gewählte Systematik zu zahlreichen, nicht nachvollziehbaren Querverweisen.[12] Ähnlich argumentierte auch der Bundesrat im Gesetzgebungsverfahren. In seiner Stellungnahme zum *GwBekErgG* rügt er, dass die fragmenthafte Aufteilung von Pflichten und Vorschriften auf das Geldwäschegesetz und das Kreditwesengesetz die Regelungen für das Kreditgeschäft äußerst unübersichtlich gemacht hätten und hierdurch die Gefahr von Anwendungsfehlern und die Anwendungskosten erhöht worden seien.[13]

Auch wenn die vom Gesetzgeber gewählte Gliederung der Geldwäschebekämpfungsbestimmungen nicht den Vorzug bietet, alles in einem Gesetz zur Hand zu haben, scheint sie doch für die ihr vom Gesetzgeber zugedachten Aufgaben die zweckmäßigste zu sein. Die Verankerung der Geldwäschebestimmung im Kreditwesengesetz bzw. Versicherungsaufsichtsgesetz ermöglicht dem Gesetzgeber und den Aufsichtsbehörden die „Verzahnung" des neuen risikobasierten Ansatzes bei der Geldwäschebekämpfung mit den in der Solvenzaufsicht geltenden risikobegrenzenden Vorschriften des Kreditwesengesetzes und Versicherungsaufsichtsgesetzes.[14] Der Gesetzgeber untermauert hierdurch seine Position, dass die Geldwäschebekämpfung ein Element des Risikomanagements des jeweiligen Unternehmens sei. Kredit- und Versicherungsinstitute sollen die Geldwäschebekämpfung als eigenes unternehmeri-

10 ZKA-Stellungnahme zum GwBekErgG, S. 3.

11 ZKA-Stellungnahme zum GwBekErgG, S. 3.

12 ZKA-Stellungnahme zum GwBekErgG, S. 3.

13 Stellungnahme des Bundesrates zum GwBekErgG, BT-Drs. 16/9038, S. 66.

14 BT-Drs. 16/9038, S. 23.

sches Anliegen und nicht als die Erfüllung fremder Staatsaufgaben begreifen.[15] Ein weiterer Vorzug besteht darin, dass die Aufsichtsbehörden auf das wesentlich diversifiziertere Aufsichtsinstrumentarium des Kreditwesengesetzes bzw. Versicherungsaufsichtsgesetzes zurückgreifen können. Ob die Bündelung aller Geldwäschebestimmungen ausschließlich im Geldwäschegesetz zu mehr Übersichtlichkeit und Verständlichkeit der Regelungen führen würde, erscheint darüber hinaus fraglich. Die Aufnahme aller geldwäscherechtlichen Bestimmungen in das Geldwäschegesetz würde insbesondere die nicht umfassend vom Geldwäschegesetz in die Pflicht genommenen Gruppen vor schwierige Abgrenzungsprobleme bei der Frage stellen, ob sie von einer Norm betroffen sind. Für die Finanzwirtschaft stellt sich dieses Problem hingegen nicht. Als Hauptadressat der Bestimmungen hat sie ohnehin nahezu alle Vorgaben zu erfüllen. Die Bündelung allgemeiner geldwäscherechtlicher Vorgaben in einem allgemeinen Sondergesetz hat sich mit Blick auf den sich stetig erweiternden Adressatenkreis des Geldwäscherechts als richtig erwiesen. Entstanden als ein insbesondere an die Finanzwirtschaft adressiertes Regelwerk, entwickelt sich das Geldwäscherecht zunehmend als ein universal geltender Pflichtenkanon, der sich auf nahezu alle Wirtschaftszweige erstreckt. Die anfängliche Fokussierung der Vorschriften auf den Finanzbereich hat andere Staaten dazu veranlasst, kein separates Geldwäschegesetz zu schaffen und die Normen stattdessen in das jeweilige Bankaufsichtsrecht zu integrieren.[16]

II. Rechtliche Einordnung des Geldwäscherechts

In seinem Bemühen, die Geldwäsche und Terrorismusfinanzierung effektiv zu bekämpfen, enthält das Geldwäscherecht sowohl präventive als auch repressive Elemente.[17] Durch Transparenz fördernde Vorgaben, wie die Verpflichtung zur Identifizierung und das Vorhalten von internen Sicherungsmaßnahmen, soll die Geldwäsche und Terrorismusfinanzierung einerseits unterbunden werden. Andererseits sind die Verpflichteten dazu gehalten, Geldwäsche- und Terrorismusfinanzierungsverdachtsfällen nachzugehen und sie den Ermittlungsbehörden zur Kenntnis zu bringen.[18] Der multifunktionale Ansatz des Geldwäscherechts hat zu abweichenden Auffassungen darüber geführt, welchem Teilrechtsgebiet des Gefahrenabwehrrechts das Geldwäscherecht zuzuordnen ist. Nach *Teichmann* und *Achsnich* gehört das Geldwäscherecht dem

15 BT-Drs. 16/9038, S. 22.

16 So geschehen beispielsweise in Österreich und Luxemburg. Vgl. hierzu *Fülbier* in: Fülbier / Aepfelbach / Langweg, GwG-Kommentar, Einl. Rn. 69 m.w.N.

17 Vgl. hierzu *Scherp*, WM 2003, S. 1254 ff., der hierin ein Konfliktpotential sieht.

18 BT-Drucks 12/2704, S. 1.

Sicherheits- und Ordnungsrecht und damit dem Polizeirecht an.[19] Sie verweisen zur Begründung darauf, dass es primäres Ziel der Bestimmungen sei, den Strafverfolgungsbehörden Anhaltspunkte für Geldwäschetransaktionen verfügbar zu machen und stellen damit die in Abschnitt 3 des Geldwäschegesetzes enthalten strafprozessualen Bestimmungen heraus.[20] *Findeisen* hingegen sieht den Schwerpunkt des Geldwäscherechts in den präventiven Bestimmungen und ordnet es daher mehr dem Gewerberecht zu.[21]

III. Gliederung des Geldwäschegesetzes

Die im Rahmen der Novellierung erfolgte Neugliederung der nun insgesamt 17 Bestimmungen und ein neu eingefügtes Inhaltsverzeichnis haben das Geldwäschegesetz für den Rechtsanwender übersichtlicher gemacht. Wie sich dem nichtamtlichen Inhaltsverzeichnis entnehmen lässt, hat der Gesetzgeber eine Neugliederung des Geldwäschegesetzes in 4 Abschnitte vorgenommen.

Abschnitt 1 definiert in § 1 GwG die wesentlichen Begriffe des Geldwäschegesetzes und legt in § 2 GwG den Kreis der Adressaten fest. Das Gesetz bezeichnet sie als *Verpflichtete*.

Abschnitt 2 regelt die von den Verpflichteten zu erfüllenden Sorgfaltspflichten und internen Sicherungsmaßnahmen und damit die Kernbereiche des Gesetzes. Das Geldwäschegesetz differenziert künftig zwischen allgemeinen (§ 3 GwG), vereinfachten (§ 5 GwG) und verstärkten Sorgfaltspflichten (§ 6 GwG). In welcher Form die wohl bedeutsamste Sorgfaltspflicht, die Identifizierung, zu erfolgen hat, ist in § 4 GwG vorgegeben. Die Sorgfaltspflichten können wie bisher auch auf Dritte ausgelagert werden. Welche Vorgaben hierbei einzuhalten sind, ist in § 7 GwG geregelt. Die Aufzeichnungs- und Aufbewahrungspflichten der Verpflichteten ergeben sich auch weiterhin aus § 8 GwG. Die bisher in § 14 GwG a.F. enthaltene Verpflichtung, interne Sicherungsmaßnahmen gegen einen Missbrauch durch Geldwäscher vorzuhalten, ist auf den

19 Allgemein abgelehnt wird eine Einordnung des Geldwäscherechts in den Bereich des Strafrechts, vgl. hierzu *Findeisen*, wistra 1997, S. 122. Ein solches Vorgehen ist insbesondere mit Blick auf die repressiven Normen des Geldwäschegesetzes durchaus denkbar. Großbritannien und Irland haben die Vorgaben aus den EG-Geldwäscherichtlinien in ihre Strafgesetze übernommen.

20 *Achsnich / Teichmann*, Überblick in: Herzog / Mühlhausen: Geldwäschebekämpfung und Gewinnabschöpfung, § 29 Rn. 37 ff.

21 Ziffer 3 der Verlautbarung der BaKred vom 30.03.1998; *Findeisen*, wistra 1997, S. 123. Die Frage der rechtliche Einordnung des Geldwäschegesetzes hängt eng mit der Frage zusammen, ob man die Geldwäschebekämpfung als Staatsaufgabe begreifen will, bei deren Erfüllung sich der Staat privater Schlüsselgruppen bedient (dann eher Polizeirecht) oder, ob die Geldwäschebekämpfung im Eigeninteresse der Verpflichteten erfolgt (dann eher Gewerberecht).

Missbrauch durch die Terrorismusfinanzierung ausgeweitet worden und im neu geschaffen § 9 GwG geregelt.

Die strafprozessualen Elemente des Geldwäschegesetzes wurden zur besseren systematischen Gliederung in Abschnitt 3 zusammengefasst. § 10 GwG enthält die bisher in § 5 GwG a.F. enthaltenen Bestimmungen zur Zentralstelle für Verdachtsanzeigen (FIU). Unter welchen Voraussetzungen für die Verpflichteten eine Verpflichtung besteht, eine Verdachtsanzeige zu erstatten, ist nach wie vor in § 11 GwG geregelt. Das Verbot der Informationsweitergabe an den Auftraggeber der Transaktion und sonstige Dritte (Unterrichtungsverbot, Hinweisverbot oder *tipping-off*) ist aus § 11 GwG ausgelagert worden und nun in § 12 GwG verortet. Die Freistellung von der Verantwortlichkeit für den nicht vorsätzlich oder grob fahrlässig handelnden Anzeigeerstatter ist in § 13 GwG geregelt und nur geringfügig abgeändert worden. § 14 GwG regelt, unter welchen Voraussetzungen eine Behörde zur Anzeige von Verdachtsfällen verpflichtet ist. Die Bedingungen für eine Heranziehung und Verwendung von Aufzeichnungen ist in § 15 GwG geregelt. Die in § 15 GwG a.F. enthaltenen Bestimmungen zu Zweigstellen und Unternehmen im Ausland betrafen nur die dem Kreditwesengesetz und dem Versicherungsaufsichtsgesetz unterworfenen Verpflichteten und waren daher nach Auffassung des Gesetzgebers systemwidrig im Allgemeinen Teil geregelt. Die Normen wurden nun durch § 25g KWG und § 80d Abs. 3 VAG in die Spezialgesetze überführt.

Im letzten und 4. Abschnitt des Gesetzes sind die jeweils für die Verpflichteten zuständigen Aufsichtsbehörden (§ 16 GwG) und die Bußgeldvorschriften geregelt (§ 17 GwG). Verstöße gegen die Verpflichtungen aus dem Geldwäschegesetz können gem. § 17 GwG Geldbußen von bis zu 100.000 Euro nach sich ziehen.[22]

IV. Einbeziehung der Terrorismusfinanzierung

Entsprechend den Vorgaben aus der FATF-Empfehlung Nr. 16 und der Dritten EG-Geldwäscherichtlinie hat die Terrorismusfinanzierungsbekämpfung im neuen Geldwäscherecht den gleichen Stellenwert wie die Geldwäschebekämpfung erhalten.[23] Hierzu erstreckt das *GwBekErgG* alle Geldwäschebekämpfungsinstrumente des Geldwäschegesetzes auch auf die Bekämpfung der Terrorismusfinanzierung. Was genau unter Terrorismusfinanzierung zu verste-

---

22 Hiervon unberührt kann eine Strafbarkeit aus § 261 StGB durch Unterlassen in Frage kommen, vgl. hierzu *Stree*-Sch/Sch, § 261 Rn. 10; *Neuheuser*-MK, § 261 Rn. 87; a.A. *Nestler*, Straftatbestand in: Herzog / Mühlhausen: Geldwäschebekämpfung und Gewinnabschöpfung, § 17 Rn. 20.

23 Die Bekämpfung der Terrorismusfinanzierung wurde erstmals durch das Geldwäschebekämpfungsgesetz vom 15.08.2002 (BGBl. I 2002, S. 3105.) in das Geldwäschegesetz aufgenommen.

hen ist, ist für das Geldwäschegesetz in § 1 Abs. 2 GwG legaldefiniert. Hiernach erfasst der Begriff der Terrorismusfinanzierung sowohl die Bereitstellung als auch die Sammlung finanzieller Mittel in der Kenntnis, dass sie dazu verwendet werden sollen, eine Tat nach § 129a (Bildung terroristischer Vereinigungen), auch in Verbindung mit § 129b (Kriminelle und terroristische Vereinigungen im Ausland; Erweiterter Verfall und Einziehung) des Strafgesetzbuchs, oder eine andere der in Artikel 1 bis 3 des Rahmenbeschlusses 2002/475/JI des Rates vom 13. Juni 2002[24] zur Terrorismusbekämpfung umschriebenen Straftaten zu begehen oder zu einer solchen Tat anzustiften oder Beihilfe zu leisten. Als Terrorismusfinanzierung gilt gem. § 1 Abs. 2 Nr. 2 GwG auch die Vorbereitung einer schweren staatsgefährdenden Gewalttat, sofern der Täter für die Begehung der Tat nicht unerhebliche Vermögenswerte sammelt, entgegennimmt oder zur Verfügung stellt. Die Teilnahme an einer schweren staatsgefährdenden Gewalttat in einem solchen Fall gilt ebenfalls als Terrorismusfinanzierung. Bislang galten nur die Taten nach §§ 129a und 129b StGB als Terrorismusfinanzierung im Sinne des Geldwäschegesetzes.[25]

Die Definition wird zu Recht als zu umständlich und unpraktikabel kritisiert.[26] Die vom Gesetzgeber gewählte Verweistechnik, insbesondere der Verweis auf den wahrscheinlich nicht allen Verpflichteten vorliegenden Rahmenbeschluss, erschwert insbesondere nichtjuristischen Rechtsanwendern die Handhabung der Norm.

Konkret bedeutet die Einbeziehung der Terrorismusfinanzierungsbekämpfung in das Geldwäscherecht, dass die bisher nur für Institute geltende Anzeigepflicht in Terrorismusfinanzierungsverdachtsfällen auf alle dem Geldwäschegesetz unterliegenden Unternehmen und Personen ausgedehnt wurde, § 11 Abs. 1 S. 1 GwG.[27] Ferner müssen die nach § 9 GwG zu treffenden internen Sicherungsmaßnahmen künftig auch die Terrorismusfinanzierung abdecken, vgl. § 9 Abs. 1 GwG. Der gleichrangigen Aufnahme der Terrorismusbekämpfung in die entsprechenden Bestimmungen war der Versuch des EG-Richtliniengebers vorangegangen, die Terrorismusfinanzierung quasi als Unterfall der Geldwäsche in die Geldwäschedefinition aufzunehmen. Der FATF-Empfehlung 16 folgend, nahm der Kommissionsentwurf eine Erweite-

---

24 ABl. EG Nr. L 164, S. 3.

25 Die FATF hat in ihrem Prüfbericht vom 19.02.2010 die Regelungen zur Terrorismusfinanzierung als nicht vollständig im Einklang mit den FATF Vorgaben bewertet, S. 8 des Mutual Evaluation Report-Germany, abrufbar unter: www.fatf-gafi.org.

26 *Ackmann / Reder*, WM 2009, S. 158. Vgl. auch S. 15 der ZKA-Stellungnahme zum GwBekErgG.

27 Gem. § 11 Abs. 1 S. 2 i.V.m. S. 1 GwG a.F. waren nur Institute bei Tatsachen, die darauf schließen lassen, dass eine Transaktion der Finanzierung einer terroristischen Vereinigung dient oder dienen würde, zur Erstattung einer Verdachtsanzeige verpflichtet.

rung der Geldwäschedefinition dahingehend vor, dass auch Gelder, die der Terrorismusfinanzierung dienen sollen, Gegenstand der Geldwäsche sein können.[28] Da einzig und allein auf die Verwendung abgestellt wurde, konnten hiernach auch nicht inkriminierte Vermögensgegenstände Gegenstand der Geldwäsche sein. Rechtsdogmatische Bedenken gegen dieses Vorgehen haben den Richtliniengeber allerdings hiervon abgebracht.[29] In der Abschlussfassung der Richtlinie wurde die Terrorismusfinanzierung von der Geldwäsche abgekoppelt und bildet damit einen selbstständigen Anknüpfungspunkt, vgl. Art. 1 Abs. 4 der Dritten EG-Geldwäscherichtlinie.[30]

Ob die gesetzlichen Neuerungen dazu beitragen werden, die Terrorismusfinanzierung effektiv zu bekämpfen, wird kritisch gesehen.[31] Der Umstand, dass sowohl die Geldwäsche- als auch die Terrorismusfinanzierungsbekämpfung die Überwachung von Zahlungsströmen zum Gegenstand haben, darf nicht zu dem Schluss verleiten, dass bei der Bekämpfung dieser beiden Phänomene die gleichen Instrumente greifen. Der Bericht der *National Commission on Terrorist Attacks Upon the United States, August 2004* bestätigt, dass sich die Instrumente der Geldwäschebekämpfung nicht 1:1 auf die Bekämpfung des Terrorismus übertragen lassen.[32] Die Typologien, die für einen Geldwäscheverdachtsfall sprechen, weichen von denen, die auf eine Terrorismusfinanzierung hindeuten, stark ab. Dies hat den Gesetzgeber dazu veranlasst, die Zentralstelle für Verdachtsanzeigen beim Bundeskriminalamt (FIU) dazu zu verpflichten, die Adressaten des Geldwäschegesetz auch regelmäßig über Typologien und Methoden der Terrorismusfinanzierung zu informieren, vgl. § 10 Abs. 1 Nr. 5 GwG. Hierdurch soll es den Verpflichteten besser möglich sein, Verdachtsfälle zu erkennen und ihren Pflichten aus dem Geldwäschegesetz nachzukommen. Ob sich anhand dieser Informationen effektive interne Sicherungssysteme entwickeln lassen werden, muss allerdings bezweifelt werden. In der Praxis dürften sich die Maßnahmen der Verpflichteten darin

28 Vgl. Art. 1 Abs. 2 des Kommissionsentwurfs für eine Dritte EG-Geldwäscherichtlinie vom 30.06.2004.

29 Vgl. hierzu *Höche*, WM 2005, S. 9, vgl. auch S. 4 ff. der Stellungnahme des Deutschen Anwaltsvereins durch den Strafrechtsausschuss zum Vorschlag der Europäischen Kommission für eine Richtlinie des Europäischen Parlaments und des Rates zur Verhinderung der Nutzung des Finanzsystems zum Zwecke der Geldwäsche einschließlich der Finanzierung des Terrorismus vom 1.07.2004 (Dritte EG-Geldwäscherichtlinie).

30 Sotiriadis und Heimerdinger, sehen auch in der überarbeiten Fassung einen Systembruch *Sotiriadis / Heimerdinger*, BKR 2009, S. 235.

31 Von einigen wird der Einsatz so genannter „smart sanctions" gegen mutmaßliche Terroristen und ihre Helfer als Erfolg versprechender erachtet, so u.a. *Höche*, WM 2005, S. 11. Aber auch der Erfolg derartiger Finanzsanktionen ist, wie Höche auch selbst anmerkt, nicht zwingend, sondern abhängig von der Qualität der den Banken und Finanzdienstleitstern zur Verfügung stehenden Sanktionslisten.

32 Abrufbar unter: http://www.9-11commission.gov/.

erschöpfen, Listen mit verdächtigen Personen zu führen, und bei Transaktionen von oder zugunsten dieser Personen gegebenenfalls den Verdachtsfall auszulösen.[33] Die Sorgfaltspflichten zur Bekämpfung der Terrorismusfinanzierung deshalb allesamt als unbrauchbar zu qualifizieren, scheint allerdings ebenfalls unberechtigt. Zu den wirksamen Instrumenten gegen die Terrorismusfinanzierung zählen beispielsweise die Identifizierungs- und Aufbewahrungspflichten. Nach den Anschlägen vom 11. September waren Papierspuren wie Überweisungen, Barabhebungen und Kreditkartenbelege die einzigen Hinweise auf Täter und Finanziers.[34] Die Informationen gelten darüber hinaus als wichtige Hilfsmittel bei der Bestimmung der Strukturen terroristischer Organisationen. Dennoch ist aufgrund der eingangs dargestellten Unterschiede zwischen diesen Delikten nicht mit einem beachtlichen Anstieg der bisher geringen Anzahl an Terrorismusfinanzierungsverdachtsanzeigen zu rechnen.[35]

V. Der Geltungsbereich des Geldwäscherechts

1. Geltung im Inland

Gem. § 2 Abs. 1 Nr. 1 GwG gilt das Geldwäschegesetz für Kreditinstitute mit Sitz in der Bundesrepublik Deutschland sowie für die im Inland befindlichen Zweigstellen und Zweigniederlassungen der Kreditinstitute mit Sitz im Ausland. Die Regelung deckt sich mit der alten Rechtslage in § 1 GwG a.F.[36]

2. Geltung im Ausland

Diffiziler und aufgrund der verwendeten Verweistechnik schwerer zu handhaben ist die Regelung zur Geltung des Geldwäscherechts im Ausland in § 25g KWG (gruppenweite Umsetzung).[37] Die Bestimmung betrifft ausschließlich die Finanzwirtschaft und ist daher, der bereits dargestellten neuen Gesetzessystematik folgend, vom Geldwäschegesetz in das Kreditwesengesetz überführt

---

33 *Sotiriadis / Heimerdinger*, BKR 2009, S. 235.

34 *Naim*, Schwarzbuch, S. 178.

35 Vgl. FIU Jahresbericht 2007, S. 45 (Veröffentlichungen der FIU sind nicht öffentlich zugänglich).

36 Zum Geltungsbereich des Geldwäschegesetzes vgl. auch *Bruchner / Fischbeck* in: Schimanky / Bunte / Lwowski § 42 Rn. 121ff.; *Fülbier* in: Fülbier / Aepfelbach / Langweg, GwG-Kommentar, § 15 Rn. 3 ff. m.w.N. Ausführlich zur Anwendbarkeit des Geldwäschegesetzes bei grenzüberschreitenden Dienstleistungen von Kreditinstituten mit Sitz in der Bundesrepublik *Fülbier* in: Fülbier / Aepfelbach / Langweg, GwG-Kommentar, § 15 Rn. 8.

37 Die Unsicherheit der Verpflichteten beim Umgang mit der Norm war derart hoch, dass die BaFin ein erläuterndes Rundschreiben veröffentlicht hat, vgl. die Erläuterungen des Aufsicht zu den Vorgaben des § 25g KWG im BaFin-Rundschreiben 17/2009 (GW) vom 24.09.2009. Selbst der Adressatenkreis der Norm ist ohne Hinzuziehung des Rundschreibens nicht aufsichtskonform eingrenzbar, näher hierzu unten in Fn. 40.

worden.[38] Die durch das *GwBekErgG* in das Kreditwesengesetz aufgenommene Fassung des § 25g KWG wurde vom Gesetzgeber bereits kurz nach ihrem in Kraft treten modifiziert.[39]

§ 25g KWG in der bis zum 25.03.2009 gültigen Fassung:

Institute haben als übergeordnete Unternehmen einer Institutsgruppe im Sinne des § 10a Abs. 1 oder Abs. 2, einer Finanzholding-Gruppe im Sinne des § 10a Abs. 3 oder als Mutterunternehmen eines Finanzkonglomerats im Sinne des § 1 Abs. 20 Satz 1 in Bezug auf ihre Zweigstellen, Zweigniederlassungen und mehrheitlich in ihrem Eigentum befindlichen Unternehmen gruppenweite interne Sicherungsmaßnahmen nach § 9 des Geldwäschegesetzes und § 25c Abs. 1 zu schaffen, die Einhaltung der Sorgfaltspflichten nach den §§ 3, 5 und 6 des Geldwäschegesetzes und den §§ 25d und 25f sowie der Aufzeichnungs- und Aufbewahrungspflicht nach § 8 des Geldwäschegesetzes sicherzustellen, soweit dies nach dem Recht des Staates, in dem die Zweigstelle, die Zweigniederlassung oder das Unternehmen ansässig ist, jeweils zulässig ist. Verantwortlich für die ordnungsgemäße Erfüllung der Pflichten nach Satz 1 sind die Geschäftsleiter im Sinne des § 1 Abs. 2 Satz 1. Soweit die nach Satz 1 zu treffenden Maßnahmen in einem Drittstaat, in dem das Unternehmen ansässig ist, nach dem Recht des betroffenen Staates nicht zulässig sind, hat das übergeordnete Unternehmen oder Mutterunternehmen die Bundesanstalt hiervon unverzüglich zu unterrichten und zusätzliche Maßnahmen zu ergreifen, um einem erhöhten Risiko der Geldwäsche und Terrorismusfinanzierung wirksam zu begegnen. Für den Fall, dass am ausländischen Sitz einer Zweigstelle, einer Zweigniederlassung oder eines Unternehmens strengere Pflichten gelten, sind dort diese strengeren Pflichten zu erfüllen.

§ 25g Abs. 1 KWG in der ab dem 26.03.2009 gültigen Fassung:

Die in § 25c Abs. 1 genannten Institute und Unternehmen haben als übergeordnete Unternehmen in Bezug auf ihre nachgeordneten Unternehmen, Zweigstellen und Zweigniederlassungen gruppenweite interne Sicherungsmaßnahmen nach § 9 des Geldwäschegesetzes und § 25c Abs. 1 zu schaffen, die Einhaltung der Sorgfaltspflichten nach den §§ 3, 5 und 6 des Geldwäschegesetzes und den §§ 25d und 25f sowie der Aufzeichnungs- und Aufbewahrungspflicht nach § 8 des Geldwäschegesetzes sicherzustellen. Verantwortlich für die ordnungsgemäße Erfüllung der Pflichten nach Satz 1 sind die Geschäftsleiter im Sinne des § 1 Abs. 2 Satz 1. Soweit die nach Satz 1 im Rahmen der Begründung oder Durchführung von Geschäftsbeziehungen oder Transaktionen zu treffenden Maßnahmen in einem Drittstaat, in dem das Unternehmen ansässig ist, nach dem Recht des betroffenen Staates nicht zulässig oder tatsächlich nicht durchführbar sind, hat das übergeordnete Unternehmen oder Mutterunternehmen sicherzustellen, dass ein nachgeordnetes Unternehmen, eine Zweigstelle oder Zweigniederlassung in diesem Drittstaat keine Geschäftsbeziehung begründet oder fortsetzt und keine Transaktionen durchführt. Soweit eine Geschäftsbeziehung bereits besteht, hat das übergeordnete Unternehmen oder Mutterunternehmen sicherzustellen, dass diese von dem nachgeordneten Unternehmen, der Zweigstelle oder der Zweigniederlassung ungeachtet anderer gesetzlicher oder vertraglicher Bestimmungen durch Kündigung oder auf andere Weise beendet wird. Für den Fall, dass am ausländischen Sitz eines nachgeordneten Unternehmens, einer Zweigstelle oder einer Zweigniederlassung strengere Pflichten gelten, sind dort diese strengeren Pflichten zu erfüllen.

---

38 Vgl. hierzu die Ausführungen oben in Kap. 3 A) I.

39 Die Änderung erfolgte durch Art. 2 des Gesetzes zur Fortentwicklung des Pfandbriefrechts (PfandBFEG).

Gem. § 25g Abs. 1 S. 1 KWG in seiner nun gültigen Fassung haben Institute, Finanzholding-Gesellschaften und gemischte Finanzholding-Gesellschaften, die gem. § 10a Abs. 3 S. 6 oder S. 7 KWG oder nach § 10b Abs. 3 S. 8 KWG als übergeordnetes Unternehmen gelten, in Bezug auf ihre nachgeordneten Unternehmen,[40] Zweigstellen und Zweigniederlassungen gruppenweite[41] interne Sicherungsmaßnahmen nach § 9 GwG und § 25c Abs. 1 KWG zu schaffen. Zu den internen Sicherungsmaßnahmen gehören, entsprechend den Vorschriften für die nationale Umsetzung in § 9 GwG und § 25c Abs. 1 KWG, die Bestellung eines Gruppen-Geldwäschebeauftragten, die Schulung von Mitarbeitern und die Erstellung einer Gefährdungsanalyse. [42] § 25g Abs. 1 S. 1 KWG bestimmt weiter, dass die Verpflichteten die Einhaltung der Sorgfaltspflichten nach den §§ 3, 5 und 6 GwG und den §§ 25d und 25f KWG sowie der Aufzeichnungs- und Aufbewahrungspflicht nach § 8 GwG sicherzustellen haben. Die Verdachtsmeldepflicht gem. § 11 GwG ist bewusst nicht in den Katalog der gruppenweit einzuhaltenden Sorgfaltspflichten aufgenommen worden. Sie war wegen datenschutz- und wettbewerbsrechtlicher Bedenken bereits in der alten Fassung der Bestimmung nicht enthalten. Ebenfalls bewusst nicht in diese abschließende Aufzählung mit aufgenommen wurde § 4 GwG, der regelt, in welcher Art und Weise eine Identifizierung zu erfolgen hat.[43] Die Vorgaben für die Durchführung einer Identifizierung richten sich damit nach dem jeweiligen Ortsrecht.[44] Hintergrund für die Nicht-Aufnahme der letzteren Norm dürften die zum Teil gravierend von den nationalen Rege-

---

40 Als nachgeordnetes Unternehmen gelten gem. § 10a Abs. 1 S. 2 KWG Tochterunternehmen eines Instituts, die selbst Institute, Kapitalanlagegesellschaften, Finanzunternehmen oder Anbieter von Nebendienstleistungen sind, vgl. § 10a Abs. 1 S. 2 KWG. Das BaFin-Rundschreiben 17/2009 (GW) vom 24.09.2009 enthält eine in zwei Punkten modifizierte Definition für nachgeordnete Unternehmen. Hiernach gelten als nachgeordnete Unternehmen im Sinne des § 25g Abs. 1 S. 1 KWG einerseits nur die Unternehmen im Sinne des § 10a Abs. 1 S. 2 KWG, die am jeweiligen Standort selbst geldwäscherechtlichen Pflichten unterliegen und einem beherrschendem Einfluss des übergeordneten Unternehmens ausgesetzt sind. Weiterhin gelten in Erweiterung der Legaldefinition in § 10 Abs. 1 S. 2 KWG Family Offices ebenfalls als nachgeordnete Unternehmen im Sinne des § 25g KWG. Bei Family Offices handelt es sich um Unternehmen, die ausschließlich oder neben der Anlageberatung die Verwaltung, Steuerung und Betreuung von Vermögen anbieten.

41 Als „Gruppe" im Sinne des § 25g KWG gilt die Gesamtheit aus Mutterunternehmen oder übergeordnetem Unternehmen sowie Zweigstellen und Zweigniederlassungen und sämtlichen nachgeordneten Unternehmen, BaFin-Rundschreiben 17/2009 (GW) vom 24.09.2009.

42 Die Verpflichtungen stellen im wesentlichen eine gruppenweite Interpretation der Vorgaben aus § 9 GwG und § 25c Abs. 1 KWG dar. Vgl. im übrigen die Erläuterungen des Aufsicht zu § 25g KWG im BaFin-Rundschreiben 17/2009 (GW) vom 24.09.2009.

43 BT-Drs. 16/9038, S. 53.

44 BaFin-Rundschreiben 17/2009 (GW) vom 24.09.2009.

lungen abweichenden Ausweisbestimmungen im Ausland und die sich hieraus für die Verpflichteten ergebenden praktischen Probleme sein.[45]

Für den Fall, dass im entsprechenden ausländischen Sitzland strengere Pflichten als im Inland gelten, sind die dortigen Pflichten zu erfüllen, § 25g Abs. 1 S. 5 KWG.[46] Verantwortlich für die Erfüllung der Pflichten gem. § 25g Abs. 1 S. 1 KWG sind die Geschäftsleiter des Mutterunternehmens oder übergeordneten Unternehmens.[47]

§ 25g KWG dient der Sicherung einheitlicher Geldwäschebekämpfungsstandards innerhalb eines Unternehmens bzw. Konzerns. [48] Geldwäschern soll die Möglichkeit genommen werden, auf ausländische Zweigstellen oder Tochterunternehmen eines in Deutschland ansässigen Instituts und damit strengeren Geldwäschebekämpfungsstandards auszuweichen.[49] Durch den von § 25g KWG geforderten gruppenweiten Risikomanagementansatz soll dem grenzüberschreitenden Charakter der Geldwäsche und Terrorismusfinanzierung besser begegnet werden.[50]

Wichtig ist es festzustellen, dass § 25g KWG die Zweigstellen, Zweigniederlassungen und nachgeordneten Unternehmenseinheiten nicht unmittelbar zur Erfüllung der oben genannten Regelungen verpflichtet. Die Norm knüpft vielmehr an das im Inland ansässige übergeordnete Unternehmen an und verpflichtet dieses durch zivilrechtliche Absprachen, die Erfüllung der Vorgaben in § 25g Abs. 1 S.1 KWG „sicherzustellen". Eine öffentlich-rechtliche

---

45 So dürfen beispielsweise in den USA zur Identifizierung auch Sozialversicherungsausweise herangezogen werden, vgl. hierzu *Fülbier* in: Fülbier / Aepfelbach / Langweg, GwG-Kommentar, 15 Rn. 12 f. Unklar ist, ob auch weiterhin auf „landestypische Besonderheiten" Rücksicht genommen werden kann. Gem. Ziffer 4 der im Rahmen der Umsetzung der Dritten EG-Geldwäscherichtlinie aufgehobenen Verlautbarung der BaKred vom 30.03.1998 war dies möglich, sofern hierdurch der wesentliche Inhalt der in § 15 GwG a.F. genannten Pflichten nicht berührt wurde. Die Verlautbarung wurde im Rahmen der Novellierung des Geldwäscherechts von der Aufsicht aufgehoben. Ob die Anforderung von der Bankaufsicht nach wie vor gestellt wird, ist insbesondere mit Blick auf die „Fortgeltungsklausel" im Rundschreiben 2/2009 (GW) der BaFin vom 13.01.2009 unklar.

46 Der Begriff des Drittstaats ist in § 1 Abs. 5a KWG legaldefiniert. Danach zählen zu den Drittstaaten solche Staaten, die nicht Mitgliedstaaten der Europäischen Union (EU) und des Europäischen Wirtschaftsraumes (EWR) sind.

47 Vgl. die Klarstellung im BaFin-Rundschreiben 17/2009 (GW) vom 24.09.2009.

48 § 25g Abs. 1 KWG wurde zur Umsetzung der Vorgaben aus Artikel 31 Abs. 1 und Artikel 34 Abs. 2 der Dritten EG-Geldwäscherichtlinie in das Kreditwesengesetz aufgenommen. Die alte Regelung in § 15 GwG a.F. wurde von der Zweiten EG-Geldwäscherichtlinie nicht vorgegeben. Die Verpflichtung zur gruppenweiten Einhaltung von Sorgfaltspflichten stellt insoweit auf EG-Richtlinienebene eine Neuerung dar.

49 BT-Drs. 16/9038, S. 53. Siehe auch Erwägungsgrund 35 der Dritten EG-Geldwäscherichtlinie.

50 BaFin-Rundschreiben 17/2009 (GW) vom 24.09.2009.

Verpflichtung liegt damit nur gegenüber dem übergeordneten Unternehmen vor. Dieser Kunstgriff ist notwendig, da eine unmittelbare Geltung des Öffentlichen Rechts im Ausland dem Territorialprinzip zuwider laufen würde.[51] Hiernach können staatliche Maßnahmen nur auf dem Gebiet des die Maßnahmen erlassenden Staates Geltung beanspruchen.[52] Der Gesetzgeber vermeidet dies in § 25g KWG, indem er das übergeordnete Unternehmen in die Pflicht nimmt und dem ausländischen Recht eine vorrangige Geltung einräumt. Nur soweit die jeweilige Verpflichtung nach dem Recht des Drittstaats zulässig ist, soll eine Verpflichtung aus § 25g Abs. 1 KWG bestehen, vgl. § 25g Abs. 1 S. 3 GwG. Auch wenn der Regelung aufgrund ihrer zivilrechtlichen Ausgestaltung keine völkerrechtlichen Bedenken entgegenstehen[53], bleibt sie gesetzespolitisch doch problematisch. § 25g KWG umgeht das Territorialprinzip und führt eine *de facto* Geltung nationalen Bankaufsichtsrechts im Ausland herbei.[54] Die Bestrebungen des Gesetzgebers, eine Umgehung der nationalen Geldwäschebekämpfungsnormen durch Geldwäscher zu verhindern, ist nachvollziehbar und angesichts der Tatsache, dass die Geldwäsche ein grenzüberschreitendes Problem ist, auch durchaus geboten. Allerdings muss bei einer derartigen Vorgehensweise damit gerechnet werden, dass andere Staaten, die über strengere Bestimmungen zur Geldwäsche- und Terrorismusfinanzierungsbekämpfung verfügen, diese ihrerseits über ihre nationalen Regelungen zur gruppenweiten Geltung von Sorgfaltspflichten nach Deutschland exportieren. Zu nennen seien hier beispielsweise die wesentlich strengeren Gesetze in den USA. Die Gestaltung ausgewogener und insbesondere die datenschutzrechtlichen Rechte der Betroffenen ausreichend berücksichtigender Geldwäschebestimmungen dürfte hierdurch erschwert werden. Dieser Export nationaler Bestimmungen ist darüber hinaus in vielen Fällen nicht notwendig.[55] Dank der intensiven Bemühungen der FATF und des politischen Drucks ihrer Mitgliedsländer haben sich zahlreiche Drittstaaten bereits zur Einhaltung

---

51 Ein vergleichbares Vorgehen fand sich in Ziffer 5 der Verlautbarung der BaKred vom 30.03.1998. Hiernach wird von einem auch branchenfremden Tochterunternehmen eines Kreditinstituten erwartet, dass es losgelöst von den Vorgaben zur gruppenweiten Einhaltung von Sorgfaltspflichten, die für das Mutterunternehmen geltenden Pflichten einhält. Die Verlautbarung wurde im Rahmen der Novellierung des Geldwäscherechts von der Aufsicht aufgehoben. Ob die Anforderung von der Bankaufsicht nach wie vor gestellt wird, ist insbesondere mit Blick auf die „Fortgeltungsklausel" im Rundschreiben 2/2009 (GW) der BaFin vom 13.01.2009 unklar.

52 BVerfGE 63, S. 369; BGHZ 94, S. 271; BGH NJW 1984, S. 1746.

53 Ebenso *Fülbier* in: Fülbier / Aepfelbach / Langweg, GwG-Kommentar, § 15 Rn. 4.

54 So auch *Fülbier* in: Fülbier / Aepfelbach / Langweg, GwG-Kommentar, § 15 Rn. 3 f. m.w.N.

55 So bereits der Innenausschuss in seiner Stellungnahme zum Regierungsentwurf bei Einführung der Regelung, BT-Drs. 12/4795, S.18. Siehe auch *Bruchner / Fischbeck* in: Schimansky / Bunte / Lwowski-Bankrechts-Handbuch, § 42 Rn. 122, *Fülbier* in: Fülbier / Aepfelbach / Langweg, GwG-Kommentar, § 15 Rn. 6.

der FATF-Standards bereit erklärt. Mithin kann von einer weit reichenden internationalen Harmonisierung der Geldwäschebekämpfungsnormen gesprochen werden. Ob diese Standards in den jeweiligen Ländern auch befolgt und von den entsprechenden nationalen Aufsichtsbehörden auf ihre Einhaltung hin überprüft werden, ist hierdurch natürlich nicht sichergestellt. Allerdings ließe sich dieses Problem durch eine *de facto* Geltung nationalen Rechts im Ausland ebenfalls nicht lösen.

3. Rechtsfolgen bei Nichteinhaltung der gruppenweit geltenden Sorgfaltspflichten

Die Rechtsfolgen bei Nichteinhaltung der gruppenweit geltenden Sorgfaltspflichten wurden durch das Gesetz zur Fortentwicklung des Pfandbriefrechts (*PfandBFEG*) erheblich verschärft. Gem. dem § 25g Abs. 1 S. 3 KWG in der Fassung bis zum 26.03.2009 hatten die Verpflichteten, soweit die ihnen von § 25g Abs. 1 S. 1 KWG abverlangten Maßnahmen im betreffenden Drittstaat unzulässig waren, die BaFin hiervon unverzüglich zu unterrichten und zusätzliche Maßnahmen zu ergreifen, um einem erhöhten Risiko der Geldwäsche und Terrorismusfinanzierung wirksam zu begegnen. Hierdurch sollte es jener ermöglicht werden, mittels internationaler Absprachen eine Harmonisierung der entsprechenden Regelungen zu erreichen.[56] Die neue Regelung in § 25g Abs. 1 S. 3 und 4 KWG geht hierüber weit hinaus. Können die im Rahmen der Begründung oder Durchführung von Geschäftsbeziehungen oder Transaktionen zu erfüllenden Pflichten in einem Drittstaat aus tatsächlichen oder rechtlichen Gründen nicht erfüllt werden, ist durch das übergeordnete Unternehmen oder das Mutterunternehmen gem. § 25g Abs. 1 S. 3 KWG sicherzustellen, dass die entsprechende Unternehmens- bzw. Konzerneinheit in diesem Drittstaat „keine Geschäftsbeziehung begründet oder fortsetzt und keine Transaktionen durchführt“. § 25g KWG bestimmt weiter, dass, soweit eine Geschäftsbeziehung bereits besteht, das übergeordnete Unternehmens- oder Mutterunternehmen sicherzustellen hat, „dass diese von dem nachgeordneten Unternehmen, der Zweigstelle oder der Zweigniederlassung ungeachtet anderer gesetzlicher oder vertraglicher Bestimmungen durch Kündigung oder auf andere Weise beendet wird.“[57] Die Regelung ist den Rechtsfolgen einer

56 Vgl. BT-Drs. 12/2704, S. 20.

57 Die Beendigungspflicht besteht nicht, sofern es sich um eine Geschäftsbeziehungen oder Transaktionen eines gruppenangehörigen Unternehmens oder einer Niederlassung mit Sitz in der EU oder in einem Staat des EWR handelt. Diese Fokussierung der Bestimmung auf niedrigere Geldwäsche und Terrorismusfinanzierungsbekämpfungsstandards in Drittländern wurde von der FATF in ihrem Prüfbericht vom 19.02.2010 kritisiert, vgl. S. 22 des Mutual Evaluation Report-Germany, abrufbar unter: www.fatf-gafi.org. Dort stellt die FATF u.a. fest: „No measures which explicitly require financial institutions to pay particular attention to their branches and subsidiaries in EU or EEA

Unmöglichkeit der Pflichtenerfüllung im Inland gem. § 3 Abs. 6 GwG nachempfunden. Ebenso wie dort wird den Verpflichteten in § 25g KWG vom Gesetzgeber ein risikoangemessen auszuübender Beurteilungsspielraum bei der Bewertung eingeräumt, ob die im konkreten Fall nicht erfüllbare Sorgfaltspflicht eine Beendigung rechtfertigt. Hierbei ist kein schematisch-formelles, sondern ein risikobasiertes Verständnis der Sorgfaltspflichten zu Grunde zu legen. Der Beurteilungsspielraum dient der Umsetzung des risikobasierten Ansatzes und der Wahrung des Verhältnismäßigkeitsprinzips.[58] Entsprechend dem BaFin-Rundschreiben 17/2009 (GW) vom 24.09.2009 zwingend zu beenden ist die Geschäftsbeziehung, sofern wesentliche Pflichten nicht erfüllt werden können. Welche Pflichten als wesentlich einzustufen sind, wird im Rundschreiben offen gelassen.

Eine „starre" Verpflichtung zur Beendigung der Geschäftsbeziehung, die keine Abwägung der betroffenen Interessen vornimmt, dürfte mit dem verwaltungsrechtlichen Verhältnismäßigkeitsprinzip nicht vereinbar sein.

B) Verpflichtete

Das Geldwäschegesetz ist vor allem an die Finanzwirtschaft und mit der Betreuung fremden Vermögens betraute Berufsgruppen adressiert. Grund hierfür ist, dass diese Personen und Unternehmen bei größeren Finanztransaktionen üblicherweise eingeschaltet werden und hierdurch besonders der Gefahr ausgesetzt sind, zu Geldwäschezwecken missbraucht zu werden.[59] Die in die Pflicht genommenen Personen und Unternehmen werden vom Geldwäschegesetz als *Verpflichtete* bezeichnet. Wer Verpflichteter ist, wurde vom Gesetzgeber im neuen Geldwäschegesetz den einzelnen Pflichten vorangestellt und abschließend in § 2 Abs. 1 Nr. 1 bis 12 GwG aufgelistet.[60] Der Adressatenkreis wurde damit quasi vor die Klammer gezogen und ist hierdurch deutlicher

---

member states that do not, or insufficiently, apply the FATF Recommendations" und „Obligation to notify authorities of inability to implement AML/CFT measures does not apply to EU or EEA financial institutions other than insurance undertakings."

58 Eine „starre" Verpflichtung zur Beendigung der Geschäftsbeziehung die keine Abwägung der betroffenen Interessen vornimmt, dürfe mit dem verwaltungsrechtlichem Verhältnismäßigkeitsprinzip nicht vereinbar sein, vgl. hierzu die Ausführungen unten in Kap. 3 C) I. 5.

59 BT-Drs. 12/2704, S. 1. Zur ungewollten Schlüsselrolle der Kreditinstitute bei Geldwäscheaktivitäten vgl. *Findeisen*, wistra 1997, S. 122.

60 Die Aufzählung der Verpflichteten ist bis auf eine kleine Ausnahme abschließend. Gem. dem durch Art. 2 des Gesetzes zur Fortentwicklung des Pfandbriefrechts (PfandBFEG) zum 23.09.2009 in das Kreditwesengesetz aufgenommenen § 25g Abs. 2 KWG sind Finanzholding-Gesellschaften und gemischte Finanzholding-Gesellschaften, die nach § 10a Abs. 3 S. 6 oder S. 7 KWG oder § 10b Abs. 3 S. 8 KWG als übergeordnetes Unternehmen gelten ebenfalls Verpflichtete im Sinne des § 2 Abs. 1 Nr. 1 GwG.

gestaltet als bisher.[61] Der bislang vom Geldwäschegesetz in § 1 Abs. 4 GwG a.F. verwendete Oberbegriff „Institut“ für Kreditinstitute, Investmentaktiengesellschaften, Finanzdienstleistungsinstitute, Finanzunternehmen, Versicherungsunternehmen und Versicherungsmakler, ist durch die neue Systematik überflüssig geworden und daher aufgegeben worden. Die Unternehmensformen werden nun separat adressiert. Gleichwohl soll der Begriff in der vorliegenden Arbeit als Oberbegriff für diese Verpflichtetengruppe weiterverwendet werden.

Die Verpflichteteneigenschaft für Kreditinstitute folgt nach neuem Recht aus § 2 Abs. 1 Nr. 1 GwG. Die Festlegung, welche Unternehmen als Kreditinstitute nach dem Geldwäschegesetz gelten, richtet sich, wie bisher auch, nach dem Kreditwesengesetz. § 2 Abs. 1 Nr. 1 GwG verweist insoweit auf die Legaldefinition in § 1 Abs. 1 KWG.[62] Die Verpflichteteneigenschaft für Finanzdienstleistungsinstitute folgt aus § 2 Abs. 1 Nr. 2 GwG. Auch hier wird für die Bestimmung des Begriffs Finanzdienstleistungsinstitute auf das Kreditwesengesetz zurückgegriffen.[63] Finanzunternehmen nach § 1 Abs. 3 KWG sind gem. § 2 Abs. 1 Nr. 3 GwG Verpflichtete.[64] Die Regelungen in § 2 Abs. 1 Nr. 1 bis 3 GwG entsprechen damit inhaltlich im wesentlichen dem Inhalt der alten Regelung in § 1 Abs. 1 und 2 GwG a.F.[65]

---

61 Vgl. BT-Drs. 16/9038, S. 31 zur dahingehenden Zielsetzung der Gesetzgebers.

62 Gem. § 1 Abs. 1 KWG sind Kreditinstitute Unternehmen, die Bankgeschäfte gewerbsmäßig oder in einem Umfang betreiben, der einen in kaufmännischer Weise eingerichteten Geschäftsbetrieb erfordert. Welche Geschäfte zu den Bankgeschäften zählen, ist abschließend im Katalog des § 1 Abs. 1 S. 2 KWG legaldefiniert. Ausführlich zu dem Kreditinstitutsbegriff nach dem Geldwäschegesetz und dem Kreditwesengesetz, *Fülbier* in: Fülbier / Aepfelbach / Langweg, GwG-Kommentar, § 1 Rn. 4 ff.

63 Gem. § 1 Abs. 1a KWG sind Finanzdienstleistungsinstitute alle Nichtkreditinstitute, die Finanzdienstleistungen für andere gewerbsmäßig oder in einem Umfang erbringen, der einen in kaufmännischer Weise eingerichteten Geschäftsbetrieb erfordert. Finanzdienstleistungen wiederum sind alle die in § 1 Abs. 1a KWG definierten Geschäfte. Hierzu gehören die Anlagevermittlung, die Anlageberatung, sowie die besonders geldwäscheanfälligen Bereiche Finanztransfer- und Sortengeschäft. Ausführlich zu dem Finanzdienstleistungsbegriff nach dem Geldwäschegesetz und dem Kreditwesengesetz, *Fülbier* in: Fülbier / Aepfelbach / Langweg, GwG-Kommentar, § 1 Rn. 28 ff.

64 Ausführlich zu dieser Verpflichtetengruppe: *Fülbier* in: Fülbier / Aepfelbach / Langweg, GwG-Kommentar, § 1 Rn. 55 ff.

65 Änderungen erfolgten im wesentlichen zur Anpassung an zwischenzeitlich erfolgte Änderungen im Kreditwesengesetz und zur Beseitigung eines Redaktionsversehens. So waren nach altem Recht alle Versicherungsunternehmen, die als Finanzdienstleistungsinstitute gem. § 1 Abs. 1a KWG galten, Verpflichtete nach dem Geldwäschegesetz. Künftig gelten Versicherungsunternehmen gem. § 2 Abs. 1 Nr. 2 GwG i.V.m. § 6 Abs. 2 Nr. 4 KWG ausdrücklich nicht mehr als Finanzdienstleistungsinstitute nach dem Geldwäschegesetz. Unter welchen Umständen sie Adressaten des Geldwäschegesetzes sind, ist damit abschließend in § 2 Abs. 2 Nr. 4 GwG geregelt. Die öffentliche Schuldenverwaltung des Bundes, eines seiner Sondervermögen, eines Landes oder eines anderen Staates des Europäischen Wirtschaftsraums und deren Zentralbanken sind nach

Neu als Verpflichtete hinzugekommen sind durch das *GwBekErgG*: Versicherungsvermittler i. S. d. § 59 VVG[66] und mit der Betreuung fremden Vermögens betraute Nicht-Freiberufler.[67] Letztere sind gem. § 2 Abs. 1 Nr. 9 GwG Verpflichte, sofern sie für Gesellschaften, Treuhandvermögen und Treuhänder geschäftsmäßig eine der in § 2 Abs. 1 Nr. 9 Buchstabe a bis f GwG aufgeführten Dienstleistungen erbringen. Die von diesen Personen hierbei geführte Berufsbezeichnung ist hierbei nicht entscheidend.[68] Da ein Großteil der in Buchstaben a bis f aufgeführten Dienstleistungen von Angehörigen der freien Berufe angeboten wird, folgt die Verpflichteteneigenschaft in diesen Fällen oft bereits aus § 2 Abs. 1 Nr. 7 oder 8 GwG. Der Verpflichteteneigenschaft aus § 2 Abs. 1 Ziffer 9 GwG dürfte damit nur eine geringe praktische Bedeutung zukommen.

Der Kreis der übrigen Adressaten ist weitestgehend unverändert geblieben. Neben Versicherungsunternehmen (Nr. 4), Investmentaktien- und Kapitalanlagegesellschaften (Nr. 6) gehören insbesondere Rechtsanwälte, Kammerrechtsbeistände, registrierte Personen im Sinne des § 10 des Rechtsdienstleistungsgesetzes, Patentanwälte, Notare (Nr. 7)[69] (gemeinsam nachfolgend „Rechtsbe-

---

wie vor keine Finanzdienstleistungsinstitute im Sinne des Geldwäschegesetzes. Die entsprechende Regelung im alten Recht dürfte damit kein Redaktionsversehen gewesen sein, so aber *Fülbier* in: Fülbier / Aepfelbach / Langweg, GwG-Kommentar, § 1 GwG Rn. 32. Im Rahmen der Umsetzung der Zahlungsdiensterichtlinie (2007/64/EG) wurde (nach der Umsetzung des GwBekErgG) die Gruppe der Zahlungsinstitute in den Kreis der Verpflichteten aufgenommen, vgl. § 2 Abs. 1 Nr. 2a GwG.

66 Entsprechend der Vorgabe in Art. 2 Abs. 1 Nr. 2 i.V.m. Art. 3 Nr. 2 Buchstabe e der Dritten EG-Geldwäscherichtlinie sind sie gem. § 2 Abs. 1 Nr. 5 GwG Verpflichtete, sofern sie Lebensversicherungen oder andere Dienstleistungen mit Anlagezweck vermitteln. Versicherungsvermittler i.S.d. Versicherungsvertragsgesetz sind Versicherungsvertreter und Versicherungsmakler, § 59 Abs. 1 VVG. Eine separate Nennung des bereits nach altem Recht verpflichteten Versicherungsmaklers ist daher nicht erforderlich. Er ist durch den Verweis auf § 59 VVG mit erfasst. Versicherungsvermittler gemäß § 34d Abs. 3 GewO (produktakzessorische Vermittler) oder Abs. 4 GewO (gebundene Vermittler) wurden vom Gesetzgeber bewusst ausgenommen. Er begründet dies damit, dass die produktakzessorischen und gebundenen Vermittler in die Organisation des bereits geldwäscheverpflichteten Versicherungsunternehmens eingebunden sind und seiner vollständigen Kontrolle unterliegen, BT-Drs. 16/9038, S. 31. Im Inland gelegene Zweigstellen von Versicherungsvermittler mit Sitz im Ausland sind entsprechend der Vorgabe in Art. 3 Nr. 2 Buchstabe f der Dritten EG-Geldwäscherichtlinie ebenfalls erfasst.

67 Die Verpflichtung zur Aufnahme dieser Gruppe folgt aus Art. 2 Nr. 3 Buchstabe c i.V.m. Art. 3 Nr. 7 der Dritten EG-Geldwäscherichtlinie.

68 BT-Drs. 16/9038, S. 32. Laut Gesetzesbegründung sind Unternehmensberater ebenfalls Dienstleister im Sinne des 2 Abs. 1 Nr. 9 GwG. Sie wurden nicht explizit aufgenommen, weil die Berufsbezeichnung im deutschen Recht nicht abschließend normiert und kein geschützter Titel ist, vgl. BT-Drs. 16/9038, S. 32.

69 Bei Rechtsanwälten und Notaren ist zusätzlich erforderlich, dass sie für ihren Mandanten an der Planung oder Durchführung der in § 2 Abs. 1 Nr. 9 GwG genannten Geschäfte mitwirken. Hierzu zählt der Kauf und Verkauf von Immobilien oder Gewerbe

rater“), Wirtschaftsprüfer, vereidigte Buchprüfer, Steuerberater und Steuerbevollmächtigte (Nr. 8), Immobilienmakler (Nr. 10) , Spielbanken (Nr. 11), und Personen, die gewerblich mit Gütern handeln (Nr. 12), zu den Verpflichteten nach dem Geldwäschegesetz.[70]

Wie bisher auch, fallen die Verpflichteten nur soweit in den Anwendungsbereich des Geldwäschegesetzes, wie sie in Ausübung ihrer geschäftlichen oder beruflichen Tätigkeit handeln, § 2 Abs. 1 S. 1, 1. Halbsatz GwG.

§ 2 Abs. 2 GwG enthält eine Verordnungsermächtigung, die es dem jeweils zuständigen Bundesministerium erlaubt, Verpflichteten im Sinne von Absatz 1 Nr. 1 bis 6 Ausnahmen von den gesetzlichen Pflichten zur Verhinderung der Geldwäsche oder der Terrorismusfinanzierung zu gewähren. Voraussetzung hierfür ist, dass eine Finanztätigkeit nur gelegentlich oder in sehr begrenztem Umfang ausgeübt wird und dass das Risiko der Geldwäsche oder der Terrorismusfinanzierung bei der betreffenden Gruppe gering ist, § 2 Abs. 2 GwG.[71]

C) Die Sorgfaltspflichten gegenüber Kunden

Die aus dem Geldwäschegesetz für Kreditinstitute und die übrigen Verpflichteten folgenden Verpflichtungen lassen sich grob in drei Kategorien unterteilen. Die Gruppe der Kundensorgfaltspflichten (§§ 3 bis 6 GwG) einschließlich der mit ihnen zusammenhängenden Dokumentations- und Aufbewahrungspflichten (§ 8 GwG); die im Rahmen der Verdachtsanzeige bestehenden Verpflichtungen (§§ 11 und 12 GwG); und die von Gesetz als interne Sicherungsmaßnahmen bezeichneten präventiven Organisationspflichten zur Verhinderung von Geldwäsche und Terrorismusfinanzierung (§ 9 GwG).[72] Nachfolgend soll zunächst die erste Gruppe, die Sorgfaltspflichten gegenüber Kunden, erläutert werden. Entsprechend der Schwerpunktsetzung dieser Arbeit werden die Pflichten aus Sicht der verpflichteten Kreditinstitute dargestellt. Sie sind von den Regelungen am umfassendsten betroffen.

---

betrieben, die Verwaltung von Geld, Wertpapieren oder sonstigen Vermögenswerten, die Eröffnung oder Verwaltung von Bank-, Spar- oder Wertpapierkonten, die Beschaffung der zur Gründung, zum Betrieb oder zur Verwaltung von Gesellschaften erforderlichen Mittel, sowie die Gründung, der Betrieb oder die Verwaltung von Treuhandgesellschaften, Gesellschaften oder ähnlichen Strukturen und die Durchführung von Finanz- oder Immobilientransaktionen im Namen und auf Rechnung des Mandaten.

70 Die Vorgaben aus dem Geldwäschegesetz sind bei Verpflichteten außerhalb des Finanzsektors oft nicht bekannt. Dies stellt auch die FATF in ihrem Prüfbericht fest, vgl. FATF Prüfbericht vom 19.02.2010, Mutual Evaluation Report-Germany, abrufbar unter: www.fatf-gafi.org.

71 Die Regelung geht zurück auf Art. 2 Abs. 2 der Dritten EG-Geldwäscherichtlinie.

72 Ähnliche Unterteilung bei *Werner*, Bekämpfung, S. 65 und *Obermüller*, Kriminalistik 1992, S. 361.

Durch das *GwBekErgG* wurden die den Kreditinstituten gegenüber Kunden obliegenden Sorgfaltspflichten umstrukturiert und in Teilen erweitert. Zentrales Anliegen des Gesetzgebers war „die Ausgestaltung und Ausbalancierung von vereinfachten und verstärkten Sorgfaltspflichten gegenüber Kunden unter Berücksichtigung des Umstandes, dass die Verpflichteten trotz unterschiedlicher Geschäftsstruktur und unterschiedlichem Risikoprofil den ihnen obliegenden Anforderungen risikoadäquat und praxisgerecht unter vernünftigem Aufwand nachkommen können".[73] Ebenso wie die Dritte EG-Geldwäscherichtlinie nimmt das Geldwäschegesetz hierzu eine dreigeteilte Abstufung der Sorgfaltspflichten in allgemeine (§ 3 GwG), vereinfachte (§ 5 GwG) und verstärkte Sorgfaltspflichten § 6 GwG) vor.[74]

Bevor die Neuerungen vorgestellt und erläutert werden, ist klarzustellen, dass der Begriff Sorgfaltspflichten nichts mit den im Rahmen von Schuldverhältnissen bestehenden Sorgfaltspflichten gemein hat. Spricht das Geldwäscherecht von Sorgfaltspflichten, meint es die vom Verpflichteten aufzubringende Sorgfalt (*Due Diligence*), um sicherzustellen, dass er nicht zur Geldwäsche oder Terrorismusfinanzierung missbraucht wird.[75] Der Begriff Sorgfaltspflichten ist eine Übersetzung des Begriffs *Customer Due Diligence (CDD)*. Er geht zurück auf ein Papier des Baseler Ausschusses für Bankenaufsicht aus dem Jahre 2001. Derartige Mitwirkungspflichten sind insbesondere im Wirtschaftsverwaltungsrecht, dem die Geldwäschebekämpfungsnormen zugeordnet werden können, nicht unüblich.

I. Die Allgemeinen Sorgfaltspflichten

1. Inhalt der allgemeinen Sorgfaltspflichten

Die von den Kreditinstituten und den übrigen Verpflichteten im einzelnen zu erfüllenden allgemeinen Sorgfaltspflichten sind in § 3 GwG aufgeführt. Sie definieren den Sorgfaltsmaßstab, der gelten soll, wenn die Voraussetzungen für vereinfachte oder verstärkte Sorgfaltspflichten nicht vorliegen. Das Gesetz

---

73 BT-Drs. 16/9038, S. 22.

74 Vgl. Kapitel 2 der Dritten EG-Geldwäscherichtlinie.

75 Vgl. Sorgfaltspflichten der Banken bei der Feststellung der Kundenidentität, Baseler Ausschuss für Bankenaufsicht Oktober 2001, abrufbar unter: http://www.bis.org/publ/bcbs85g.pdf. Genau genommen zählen nur die Identifizierungs- Informations- und Überwachungspflichten zu den Sorgfaltspflichten. Dass die internen Sicherungsmaßnahmen terminologisch keine Sorgfaltspflichten darstellen, folgt bereits aus der Überschrift des Abschnitts 2 (Sorgfaltspflichten <u>und</u> interne Sicherungsmaßnahmen) und aus § 25g KWG, der ebenfalls zwischen Sorgfaltspflichten, Aufbewahrungspflichten und internen Sicherungsmaßnahmen differenziert. Ausführlich zur dogmatischen Einordnung und verfassungsrechtlichen Zulässigkeit der Sorgfaltspflichten nach dem Geldwäschegesetz: *Werner*, Bekämpfung, S. 75 ff.

spricht daher auch von *allgemeinen* Sorgfaltspflichten. Das neue Geldwäschegesetz legt vier allgemeine Sorgfaltspflichten fest:

- die Identifizierung des Vertragspartners (§ 3 Abs. 1 Nr. 1 GwG)
- die Einholung von Informationen über den Zweck und die angestrebte Art einer Geschäftsbeziehung (§ 3 Abs. 1 Nr. 2 GwG)
- die Abklärung, ob der Vertragspartner für einen wirtschaftlich Berechtigten handelt, und gegebenenfalls dessen Identifizierung (§ 3 Abs. 1 Nr. 3 GwG) und
- die kontinuierliche Überwachung der vom Verpflichteten unterhaltenen Geschäftsbeziehungen, einschließlich der in ihrem Verlauf durchgeführten Transaktionen (§ 3 Abs. 1 Nr. 4 GwG).

Überblickartig lässt sich bereits hier feststellen, dass die geldwäscherechtlichen Sorgfaltspflichten entsprechend der Vorgabe in Art. 8 Abs. 1 der Dritten EG-Geldwäscherichtlinie und der FATF-Empfehlung Nr. 33, durch das *GwBekErgG* erweitert und ausdifferenziert wurden. Neu hinzugekommen sind die Verpflichtungen, Informationen zu Zweck und Art der Geschäftsbeziehung einzuholen und eine kontinuierliche Überwachung der Geschäftsbeziehung zum Vertragspartner vorzunehmen. Die Pflicht zur Abklärung, ob der Vertragspartner für einen wirtschaftlich Berechtigten handelt, bestand bereits nach altem Recht, vgl. § 8 Abs. 1 S. 1 GwG a.F. Sie ist durch das *GwBekErgG* jedoch umfassend umgestaltet und erweitert worden. Weitgehend unverändert geblieben ist die Verpflichtung zur Identifizierung des Vertragspartners. Die nach altem Recht bestehende Verpflichtung zur Identifizierung des persönlich Auftretenden bei der Annahme von Bargeld und dem Bargeld gleichgestellten Vermögenswerten ab einem Wert von 15.000 Euro[76] wurde gestrichen bzw. dahingehend umgestaltet, dass künftig in diesen Fällen der Vertragspartner und nicht der persönlich Auftretende zu identifizieren ist, vgl. § 3 Abs. 1 Nr. 1 i.V.m. § 3 Abs. 2 S. 1 Nr. 1 GwG.

2. Die Sorgfaltspflichten auslösende Geschäftsvorfälle

Gem. § 3 Abs. 2 GwG sind die allgemeinen Sorgfaltspflichten in folgenden Fällen zu erfüllen:

1. Begründung einer Geschäftsbeziehung,
2. Durchführung einer außerhalb einer bestehenden Geschäftsbeziehung anfallenden Transaktion im Wert von 15.000 Euro oder mehr; dies gilt auch, wenn mehrere Transaktionen durchgeführt wurden, die zusammen einen Betrag im Wert von 15.000 Euro oder mehr ausmachen, sofern Anhaltspunkte dafür vorliegen, dass zwischen ihnen eine Verbindung besteht,
3. Feststellung von Tatsachen, die darauf schließen lassen, dass eine Transaktion einer Tat nach § 261 des Strafgesetzbuches oder der Terrorismusfinanzierung

76 Vgl. § 2 Abs. 2 GwG a.F.

dient, gedient hat oder im Falle ihrer Durchführung dienen würde, ungeachtet etwaiger in diesem Gesetz genannter Ausnahmeregelungen, Befreiungen und Schwellenbeträge,

4. Zweifel, ob die auf Grund von Bestimmungen dieses Gesetzes erhobenen Angaben zu der Identität des Vertragspartners oder des wirtschaftlich Berechtigten zutreffend sind.

Die Fälle werden im Zusammenhang mit den einzelnen Sorgfaltspflichten erläutert. Ausführlich eingegangen werden soll auf die Fälle nach Nr. 1 und 2. Die Fälle nach Nr. 3 und 4 kommen entsprechend der vom Gesetzgeber gewählten Gesetzessystematik nur zum Tragen, wenn mit dem Vertragspartner keine Geschäftsbeziehung begründet werden soll und der Wert der bezweckten Transaktion den Schwellenwert nicht überschreitet. Dies dürfte jedoch nur selten der Fall sein. Insbesondere eine Geschäftsbeziehung dürfte im Regelfall anzunehmen sein. Die praktische Relevanz dieser Fallgruppen ist daher begrenzt.

3. Risikobasierte Umsetzung der Sorgfaltspflichten

§ 3 Abs. 4 S. 1 GwG räumt den Verpflichteten bei Erfüllung der Sorgfaltspflichten nach § 2 Abs. 1 GwG einen Beurteilungsspielraum hinsichtlich des konkreten Umfang der von ihnen zu treffenden Maßnahmen ein (risikobasierter Ansatz). Der risikobasierte Ansatz ist Art. 13 Abs. 6 der Dritten EG-Geldwäscherichtlinie geschuldet, der bei erhöhtem Risiko eine gesteigerte Aufmerksamkeit und zusätzliche Gegenmaßnahmen der Verpflichteten fordert.[77]

Die Umsetzung des risikobasierten Ansatzes erfordert von den Verpflichteten die Schaffung eines Risikomanagementsystems. Ähnlich wie Kreditinstitute im Bereich der Eigenkapitalvoraussetzungen, sind die Verpflichteten gehalten, ihre Geldwäsche- und Terrorismusbekämpfungsmaßnahmen risikobasiert zu managen bzw. zu adressieren.[78] Das Geldwäschegesetz enthält nur wenige Hinweise zur Ausgestaltung eines solchen Systems. Es legt in § 3 Abs. 4 S. 1 GwG lediglich fest, dass die von den Verpflichteten vorzunehmende Risiko-

---

77 Art. 8 Abs. 2 S. 1 der Dritten EG-Geldwäscherichtlinie geht wiederum auf die FATF-Empfehlung Nr. 5 zurück. Vorläufer dieses Ansatzes ist die Vorgabe der Aufsicht eine Gefährdungsanalyse zu erstellen, BaFin-Rundschreiben 8/2005 (GW) vom 24.03.2005. Näher zur Gefährdungsanalyse unten in Kap. 3 D) II. 2 b).

78 Sowohl der Gesetzgeber als auch die Aufsicht sind der Ansicht, dass die Maßnahmen zur Verhinderung des Missbrauchs von Instituten durch kriminelle Aktivitäten, insbesondere durch Geldwäsche und betrügerische Handlungen zu Lasten der Institute, ein Bestandteil der risikoorientierten Bankenaufsicht darstellen. Daraus folgt für die Institute die spiegelbildliche Vorgabe derartige Risiken als Bestandteil des operationellen Risikos zur ordnungsgemäßen Geschäftsorganisation (Risikomanagement) zu werten und entsprechend zu adressieren, vgl. BT-Drs. 16/9038, S. 22.

bewertung sich an dem Risiko des jeweiligen Vertragspartners, der jeweiligen Geschäftsbeziehung, des jeweiligen Produkts oder der jeweiligen Transaktion zu orientieren hat. Aus den Rundschreiben der Bankaufsicht und den Erläuterungen der FATF lässt sich entnehmen, dass die allgemeinen, für Risikomanagementsysteme typischen, Techniken heranzuziehen sind. Die Verpflichteten haben Geldwäsche und Terrorismusfinanzierungsrisiken somit zu identifizieren, sie zu kategorisieren und angemessene Maßnahmen zur Adressierung der ermittelten Risiken zu treffen.[79]

Da die Verpflichteten gem. § 2 Abs. 4 S. 2 GwG auf Anfrage der zuständigen Aufsichtsbehörde und der Prüfer den Nachweis führen müssen, dass der Umfang der von ihnen getroffenen Maßnahmen im Hinblick auf die Risiken der Geldwäsche und der Terrorismusfinanzierung angemessen war, empfiehlt sich eine hinreiche Dokumentation der getroffenen Maßnahmen.[80]

Die Einführung des risikobasierten Ansatzes wird sowohl vom Gesetzgeber und der Aufsicht als auch von den Verpflichteten als wichtiger Schritt hin zu einer effektiven und effizienten Geldwäsche- und Terrorismusbekämpfung gesehen. Der Ansatz erkennt hierzu an, dass die Gefahr des Missbrauchs zu Zwecken der Geldwäsche und der Finanzierung terroristischer Handlungen nicht immer gleich groß ist und je nach Typ des Kunden, der Geschäftsbeziehung und der jeweiligen Transaktion zum Teil gravierend variieren kann.[81] Er führt die Geldwäschebekämpfung daher weg von starren Pflichtenkatalogen („*rule-based approach*") hin zu einer flexiblen, risikobasierten Einzelfallprüfung („*risk-based approach*").[82] Regulatorisch bedeutet dies, dass der Gesetzgeber sich darauf beschränkt, den Verpflichteten einen Ordnungsrahmen vorzugeben, den sie mit auf ihre Bedürfnisse angepassten Maßnahmen auszufüllen haben. Ein weiterer positiver Nebeneffekt ist, dass Trends und Methoden der Geldwäschebekämpfung schneller und besser angegangen werden können.[83] Auch wenn angesichts der erst kürzlich erfolgten Umsetzung nicht

---

79 Vgl. BaFin-Rundschreiben 8/2005 (GW) vom 24.03.2005. Ausführliche Erläuterungen zur Umsetzung des risikobasierten Ansatzes entsprechend den FATF-Empfehlungen enthält ein Leitfaden der FATF vom Juni 2010. Der Leitfaden wurde von der FATF im Rahmen einer privat-öffentlichen Partnerschaft unter Einbeziehung von Vertretern der Finanzwirtschaft erarbeitet, Leitfaden zum risikoorientierten Ansatz zur Bekämpfung von Geldwäsche und Terrorismusfinanzierung, Juni 2010, deutsche Übersetzung abrufbar unter: www.bafin.de.

80 Eine Dokumentation kann z.B. im Rahmen der gem. § 9 GwG anzufertigenden Gefährdungsanalyse erfolgen. Die Bestimmung soll eine wirksame Beaufsichtigung der Verpflichteten ermöglichen, BT-Drs. 16/9038, S. 35.

81 BT-Drs. 16/9038, S. 22.

82 BT-Drs. 16/9038, S. 35.

83 BT-Drs. 16/9038, S. 22.

überprüft werden kann, ob sich diese Erwartungen erfüllt haben, ist die Einführung des risikobasierten Ansatzes daher positiv zu bewerten.

Zu Rechtsunsicherheiten führt, dass der risikobasierte Ansatz vom Gesetzgeber und der Aufsicht nicht konsequent umgesetzt wird.[84] Sowohl gesetzliche Bestimmungen als auch Verwaltungsvorschriften nehmen eine Reihe von Eingriffen in diesem Beurteilungsspielraum vor. So enthalten die vom ZKA im Einvernehmen mit der Bankaufsicht und dem Bundesministerium der Finanzen erarbeiteten Auslegungs- und Anwendungshinweise zur Geldwäschebekämpfung eine Reihe von Detailregelungen.[85] Auch auf gesetzlicher Ebene erfolgt in Teilen eine Vorwegnahme der den Verpflichteten obliegenden Risikobewertung. Zu nennen ist beispielsweise die Länderrisikobewertung im Bereich der verstärkten und vereinfachten Sorgfaltspflichten. Grund für die offenbar zögerliche Bereitschaft des Gesetzgebers und der Aufsicht, sich vom regelbasierten Ansatz zu lösen, dürfte der Zielkonflikt sein, dem beide Rechnung tragen müssen. Einerseits besteht auf Seiten der Verpflichteten ein nachvollziehbares Bedürfnis an klaren und einfach umzusetzenden regulatorischen Vorgaben. Anderseits muss jeglicher Versuch, den Verpflichteten und übrigen Rechtsanwendern eine schematische Anleitung zur Ausfüllung der unbestimmten Rechtsbegriffe und Beurteilungsspielräume des Gesetzes zu bieten, zwangsläufig im Widerspruch zum gesetzgeberischem Ziel stehen, die formalistische Herangehensweise der Verpflichteten durch eine eigenverantwortliche, flexible und risikobasierte Einzelfallbeurteilung zu ersetzen. Solch ein Zielkonflikt besteht auch in anderen Rechtsbereichen. Er wird sich wohl auch nicht völlig auflösen lassen. Dies ist allerdings auch nicht erforderlich. Erläuterungen und Auslegungen unbestimmter Rechtsbegriffe und aufsichtsrechtlicher Grundsätze haben durchaus ihre Berechtigung.[86] Sie ermöglichen der Aufsicht den „Dialog“ mit den der Aufsicht unterworfenen Unternehmen und stellen eine kohärente Umsetzung der aufsichtsrechtlichen Vorgaben sicher. Abweichende rechtliche Auffassungen zwischen Kreditinstituten und ihren

---

84 So auch das Fazit des ZKA in seiner Stellungnahme zum *GwBekErgG* vom 11.10.2007, S.2. Auch *Höche* merkt zu Recht an, dass der Richtlinienvorschlag den nach Risikosituationen differenzierenden Ansatz nicht durchhält und an einigen wichtigen Stellen vermissen lässt, *Höche*, WM 2005, S. 9. Mittel die das Kreditinstitut bei der risikoorientierten Allokation seiner finanziellen und personellen Ressourcen im Rahmen der *Customer Due Dilligence* noch einsparen vermochte müssen nun aufgebracht werden, um der Vorgabe nachzukommen. Laut *Höche* ein Nullsummenspiel, das bisweilen sogar zu einem Defizit führen kann, *Höche*, WM 2005, S. 9. Vgl. auch *Sotiriadis / Heimerdinger*, BKR 2009, S. 241.

85 Zu berücksichtigen sein dürften auch die im Basler Papier enthaltenen Mindeststandards zur Umsetzung des „Know Your Customer“-Prinzips (KYC), vgl. die dahingehende Aufforderung im Rundschreiben der BaFin 25/2002 (GW) vom 06.11.2002.

86 Vgl. Ziffer 1.20 des FATF Leitfadens zum risikoorientierten Ansatz zur Bekämpfung von Geldwäsche und Terrorismusfinanzierung, Juni 2010, deutsche Übersetzung abrufbar unter: www.bafin.de.

Prüfern werden minimiert. Zahlreiche gesetzliche Bestimmungen wären wohl ohne aufsichtsrechtliche Hinweise für die Rechtsanwender schwierig zu interpretieren und umzusetzen. Hinzu kommt, dass aufgrund der geringen Anzahl an gerichtlichen Verfahren die gerichtlichen Entscheidungen für die Beurteilung von Rechtsfragen oft nicht zu Verfügung stehen. So wurde bisher nur ein Bußgeldverfahren aufgrund der Bußgeldbestimmungen des Geldwäschegesetzes geführt.[87] Zu fordern ist allerdings, dass die aufsichtsrechtlichen Auslegungshinweise, Rundschreiben und Verlautbarungen derart behutsam und zurückhaltend formuliert sind, dass sie Raum lassen für eine vertretbare Risikoeinschätzung des Verpflichteten selbst. Der vom Gesetzgeber beabsichtigte und von den Verpflichteten geforderte Paradigmenwechsel vom regelbasierten zum risikobasierten Ansatz kann nur gelingen, sofern er nicht durch Detailbestimmungen konterkariert wird.[88] Die bislang praktizierte Aufsichtspraxis gefährdet darüber hinaus auch eines der Hauptziele der Dritten EG-Geldwäscherichtlinie und der FATF Empfehlungen, die internationale Harmonisierung aufsichtsrechtlicher Vorgaben.

Auch wenn es sich bei den Auslegungs- und Anwendungshinweisen um für die Verpflichteten und die Gerichte unverbindliche Auslegungshinweise handelt, haben sie als ausformulierte Aufsichtspraxis bei internen und externen Prüfern großes Gewicht.[89] Kommen die Verpflichteten infolge einer eigenverantwortlichen Risikobeurteilung zu einer von den Auslegungs- und Anwendungshinweisen abweichenden Beurteilung, führt dies zu einem Dilemma.

4. Die Sorgfaltspflichten im einzelnen

a) Identifizierung des Vertragspartners, § 3 Abs. 1 Nr. 1 GwG

aa) Inhalt der Pflicht

Gem. § 3 Abs. 1 Nr. 1 GwG haben die nach dem Geldwäschegesetz Verpflichteten in den in § 3 Abs. 2 GwG aufgeführten Fallgruppen eine Identifizierung des Vertragspartners vorzunehmen.[90] Was unter Identifizierung zu

87 Vgl. FATF Prüfbericht vom 19.02.2010, Mutual Evaluation Report-Germany, abrufbar unter: www.fatf-gafi.org.

88 Ähnliche kritisch hat sich auch die FATF geäußert. Auch sie hält Erläuterungen grundsätzlich für notwendig und sinnvoll, vgl. Ziffer 1.20 des FATF Leitfadens zum risikoorientierten Ansatz zur Bekämpfung von Geldwäsche und Terrorismusfinanzierung, Juni 2010, deutsche Übersetzung abrufbar unter: www.bafin.de. Die Aufsicht hat mittlerweile begonnen Korrekturen in ihrer Aufsichtspraxis vorzunehmen und eine Reihe von Erläuterungen relativiert und unter den Vorbehalt einer Risikobeurteilung im Einzelfall gestellt, BaFin Rundschreiben 14/2009 (GW) vom 29.07.2009.

89 Vgl. hierzu die Ausführungen oben in Kap. 2 B) II. 3.

90 Ausführlich zur Entwicklung der Identifizierungspflicht *Langweg* in: Fülbier / Aepfelbach / Langweg, GwG-Kommentar, § 2 Rn.1 ff.; *Bruchner* / *Fischbeck* in: Schimansky/ Bunte / Lwowski, Bankrechts-Handbuch, § 42 Rn. 131 ff.

verstehen ist, wurde durch das *GwBekErgG* neu definiert. Gem. § 1 Abs. 1 GwG besteht das Identifizieren im Sinne des Geldwäschegesetzes aus der Feststellung der Identität durch Erheben von Angaben einerseits und der Überprüfung der Identität mittels vom Geldwäschegesetz hierzu vorgesehener Dokumente anderseits. Nähere Vorgaben zum Zeitpunkt und der Art und Weise, in der die Identifizierung zu erfolgen hat, sind in § 4 GwG enthalten.

Die Identifizierungspflicht bestand bereits nach altem Recht. Sie folgte für Kreditinstitute aus § 2 Abs. 1 GwG a.F. und für die übrigen Verpflichteten aus § 3 Abs. 1 GwG a.F. i.V.m. § 2 Abs. 1 GwG a.F. Sie ist Ausprägung des vom Baseler Ausschuss für Bankenaufsicht begründeten „Know Your Customer"-Prinzips[91] und zählt zu den wichtigen Instrumenten bei der Geldwäsche- und Terrorismusfinanzierungsbekämpfung.[92] Die Vorgabe vereint die repressiven und präventiven Ansätze des Geldwäschegesetzes. Durch den Wegfall der Anonymität soll Geldwäsche einerseits präventiv verhindert werden.[93] Anderseits sollen Papierspuren geschaffen werden, die den Ermittlungsbehörden den Weg zu den Tätern weisen können.[94]

Die bislang in § 7 GwG a.F. geregelte Möglichkeit, von einer Identifizierung abzusehen, wenn der Verpflichtete den zu Identifizierenden bereits bei früherer Gelegenheit identifiziert hat, besteht in leicht abgewandelter Form fort und ist jetzt in § 4 Abs. 2 GwG geregelt. Die Abwandlung besteht darin, dass die zu identifizierende Person dem Verpflichteten nicht mehr persönlich bekannt sein muss. Die Befreiung gilt nicht, sofern der Verpflichtete auf Grund äußerer Umstände Zweifel daran hegen muss, dass die zuvor erhobenen Angaben weiterhin zutreffend sind, § 4 Abs. 2 GwG am Ende. Da die Verpflichteten gem. § 8 Abs. 1 S. 4 GwG den Namen des zu Identifizierenden und den Umstand, dass er bei früherer Gelegenheit bereits identifiziert worden ist,

---

91 Sorgfaltspflichten der Banken bei der Feststellung der Kundenidentität, Baseler Ausschuss für Bankenaufsicht, Oktober 2001, abrufbar unter: http://www.bis.org/publ/bcbs85g.pdf. Das Prinzip wird von der Bankaufsicht als einer der „tragenden Säulen der institutsinternen Geldwäschebekämpfung sowie des bankinternen Risikomanagements" betrachtet, vgl. Rundschreiben 25/2002 (GW) der BaFin vom 6.11.2002. Das Papier des Baseler Ausschuss für Bankenaufsicht enthält Mindeststandards zur Umsetzung des „Know Your Customer"-Prinzips, die von Bankaufsehern aus mehr als 120 Staaten anerkannt werden.

92 BT-Drs. 16/9038 S. 29. Kreditinstitute verschaffen sich im Regelfall bereits im Eigeninteresse gesicherte Kenntnisse über die Identität ihrer Vertragspartner. Dies erfolgt u.a. zur Absicherung vor Betrugsrisiken und zur Sicherstellung der rechtlichen Durchsetzbarkeit eigener Ansprüche.

93 BT-Drs. 16/9038, S. 29, 33.

94 BT-Drs. 16/9038, S. 29, 33.

aufzuzeichnen haben, dürfte sich an der geringen praktischen Relevanz dieser Erleichterung nichts ändern.[95]

Unabhängig von den Bestimmungen im Geldwäschegesetz besteht für Kreditinstitute regelmäßig eine Verpflichtung zur Identifizierung ihres Vertragspartners aus der Abgabenordnung (AO).[96] Die AO spricht insoweit von Legitimierung. Gem. § 154 Abs. 2 AO sind Kreditinstitute verpflichtet, sich „Gewissheit" über die Verfügungsberechtigten eines Kontos zu verschaffen und diese Information für einen etwaigen Abruf durch die Behörden bereitzuhalten. Gewissheit besteht entsprechend dem Anwendungserlass zu § 154 Abs. 2 AO, wenn der vollständige Name, das Geburtsdatum und der Wohnsitz der betreffenden Person bekannt sind.[97] Eine Befreiung von der Identifizierungspflicht aus dem Geldwäschegesetz gilt nicht für die Legitimationsprüfungspflicht aus der AO.[98]

bb) Die eine Identifizierungspflicht auslösenden Geschäftsvorfälle

(1) Begründung einer Geschäftsbeziehung, § 3 Abs. 2 S. 1 Nr. 1 GwG

Aus § 3 Abs. 1 Nr. 1 GwG i.V.m. § 3 Abs. 2 S. 1 Nr. 1 GwG ergibt sich die Verpflichtung zur Identifizierung des Vertragspartners bei Begründung einer Geschäftsbeziehung. Die Vorgabe stimmt weitestgehend mit der alten Rechtslage überein. Schon gem. § 2 Abs. 1 GwG a.F. bestand für Kreditinstitute und die meisten übrigen Verpflichteten die Verpflichtung zur Identifizierung des Vertragspartners bei Abschluss eines Vertrages zur Begründung einer auf Dauer angelegten Geschäftsbeziehung.[99]

---

95 Vgl. die inhaltsgleiche Altregelung in § 9 Abs. 1 S. 3 GwG a.F.

96 Ausführlich zum Verhältnis der Identifizierungspflichten aus dem Geldwäschegesetz zu den Pflichten aus § 154 Abs. 2 AO, *Bruchner / Fischbeck* in: Schimansky / Bunte / Lwowski, Bankrechts-Handbuch, § 42 Rn. 131 ff. mit kritischen Anmerkungen: *Langweg* in: Fülbier / Aepfelbach / Langweg, GwG-Kommentar, § 2 Rn. 17 ff. Zu den Motiven des Gesetzgebers für eine autonome Regelung der Identifizierungspflichten im Geldwäschegesetz, vgl. *Bruchner / Fischbeck* in: Schimansky / Bunte / Lwowski, Bankrechts-Handbuch, § 42 Rn. 133.

97 Ziffer 4 des Anwendungserlass zu § 154 AO, AEAO – abrufbar unter: www.bundesfinanzministerium.de

98 BT-Drs. 16/9038, S. 33.

99 Eine wichtige Ausnahme für die große Gruppe der Verpflichteten gem. § 2 Abs. 1 Nr. 12 GwG wurde auch im neuen Geldwäschegesetz beibehalten. Gem. § 3 Abs. 2 S. 2 GwG sind Verpflichtete gem. § 2 Abs. 1 Nr. 12 GwG, also Personen die gewerblich mit Gütern handeln, von der Verpflichtung zur Erfüllung der Sorgfaltspflichten bei Begründung einer Geschäftsbeziehung befreit. Sie haben die Sorgfaltspflichten nach § 3 Abs. 1 GwG nur bei der Annahme von Bargeld bzw. elektronischem Geld im Wert von 15.000 Euro oder mehr zu erfüllen, vgl. § 1 Abs. 5 GwG. Die Smurfingregelung in § 3

Anders als bisher ist im neuen Geldwäschegesetz der Begriff „Geschäftsbeziehung“ definiert. Gem. § 1 Abs. 3 GwG ist unter einer Geschäftsbeziehung jede geschäftliche oder berufliche Beziehung zu verstehen, die unmittelbar in Verbindung mit den geschäftlichen oder beruflichen Aktivitäten der Verpflichteten unterhalten wird, und bei der beim Zustandekommen des ersten Kontakts davon ausgegangen wird, dass sie von gewisser Dauer sein wird. Begründet wird eine Geschäftsbeziehung damit regelmäßig bei Vertragsschluss.[100] Eine Geschäftsbeziehung und mithin eine Identifizierungspflicht besteht damit u.a. bei der Eröffnung eines Kontos oder Depots, der Aufnahme eines Kredites und bei sonstigen Bankgeschäften, die als Dauerschuldverhältnis ausgestaltet sind. § 3 Abs. 2 S. 1 Nr. 1 GwG stellt daher für Kreditinstitute den häufigsten und bedeutsamsten der zur Erfüllung der Sorgfaltspflichten führenden Geschäftsvorfälle dar.

Nicht als Geschäftsbeziehungen im Sinne des Geldwäschegesetzes gelten private Geschäftsabläufe und geschäftliche Beziehungen, die keinen Bezug zu den geschäftstypischen Aufgaben und Leistungen des Verpflichteten haben.[101] Geschäftsbeziehungen, die allein der Aufrechterhaltung des Geschäftsbetriebs dienen, wie z.B. Verträge mit IT-Dienstleistern und Energieversorgern, sind ebenfalls nicht erfasst.[102]

Abs. 2. S. 1 Nr. 2, 2. Halbsatz GwG gilt für sie entsprechend, vgl. § 3 Abs. 2 S. 2, 2. Halbsatz GwG.

100 Sotiriadis und Heimerdinger stellen ebenfalls auf den Vertragsschluss ab, nehmen allerdings den diesem nachgelagertem Zeitraum, den Kundenannahmeprozess, hinzu. Dies erscheint unpräzise und hierdurch problematisch, vgl. *Sotiriadis / Heimerdinger*, BKR 2009, S. 237.

101 BT-Drs. 16/9038, S. 29. Dies deckt sich mit der bisherigen Rechtslage, vgl. *Langweg* in: Fülbier / Aepfelbach / Langweg, GwG-Kommentar, § 2 Rn. 22; *Bruchner / Fischbeck* in: Schimansky / Bunte / Lwowski, Bankrechts-Handbuch, § 42 Rn. 138 jeweils m.w.N.

102 BT-Drs. 16/9038, S. 29; vgl. auch *Langweg* in: Fülbier / Aepfelbach / Langweg, GwG-Kommentar, § 2 Rn. 22 und Bruchner / Fischbeck in: Schimansky / Bunte / Lwowski, Bankrechts-Handbuch, § 42 Rn. 138. Vgl. auch Ziffer 8 der Auslegungs- und Anwendungshinweise des zentralen Kreditausschusses zu den neuen rechtlichen Rahmenbedingungen nach dem Geldwäschebekämpfungsergänzungsgesetz vom 17. Dezember 2008 (nachfolgend: „Auslegungs- und Anwendungshinweise zur Geldwäschebekämpfung „). Bei den Auslegungs- und Anwendungshinweisen zur Geldwäschebekämpfung handelt es sich um vom ZKA mit dem Bundesministerium der Finanzen und der Bankaufsicht abgestimmte Anwendungs- und Auslegungshinweise zu den Regelungen des neuen GwBekErgG. Ausführlich zu den Auslegungs- und Anwendungshinweisen und ihrer Vereinbarkeit mit dem risikobasierten Ansatz unten in Kap. 3 C) 3.

(2) Gelegentliche Transaktionen ab einem Wert von 15.000 Euro, § 3 Abs. 2 S. 1 Nr. 2 GwG

Gem. § 3 Abs. 1 Nr. 1 i.V.m. § 3 Abs. 2 S. 1 Nr. 2 GwG ist der Vertragspartner zu identifizieren, sofern eine außerhalb einer Geschäftsbeziehung durchzuführende Transaktion einen Wert von 15.000 Euro oder mehr erreicht (*Schwellenwertidentifikation*).[103] Eine Verpflichtung zur Identifikation besteht auch, wenn mehrere Transaktionen durchgeführt werden, die zusammen einen Betrag im Wert von 15.000 Euro oder mehr ausmachen, § 3 Abs. 2 S. 1 Nr. 2 GwG. Voraussetzung hierfür ist, dass Anhaltspunkte dafür vorliegen, dass zwischen ihnen eine Verbindung besteht, § 3 Abs. 2 S. 1 Nr. 2 GwG am Ende. Durch die Erfassung zusammenhängender Zahlungen soll dem so genannten „*smurfing*" begegnet werden.[104] Hierunter versteht man die künstliche Aufspaltung einer Transaktion durch Geldwäscher, um Schwellenwerte zu unterlaufen.[105] Die Verpflichtung zur Schwellenwertidentifikation soll dem Umstand Rechnung tragen, dass hohe Beträge eine größere Gefahr der Geldwäsche und Terrorismusfinanzierung in sich bergen.[106] In Abgrenzung zum Fall nach § 3 Abs. 2 S. 1 Nr. 1 GwG ist sie einschlägig, wenn eine Transaktion außerhalb einer Geschäftsbeziehung erfolgt. Zu denken ist hier insbesondere an Einmalgeschäfte wie beispielsweise das Reisescheck- oder Sortengeschäft am Schalter.[107]

Fraglich ist, ob unter Zugrundelegung der Vertragspartnerdefinition der Gesetzesbegründung und der vom Gesetzgeber gewählten Systematik außerhalb einer Geschäftsbeziehung ein zu identifizierender Vertragspartner bestehen kann.. Vertragspartner ist laut Gesetzesbegründung nämlich jede natürliche oder juristische Person, mit der eine Geschäftsbeziehung eingegangen wird.[108] § 3 Abs. 2 S. 1 Nr. 2 GwG spricht allerdings ausdrücklich von Transaktionen *außerhalb* einer Geschäftsbeziehung. Nach dem Gesetzeswortlaut und der Vertragspartner-Definition in der Gesetzesbegründung wäre damit bei außerhalb einer Geschäftsbeziehung vorgenommenen Transaktionen mangels Vertragspartners keine Identifizierung desselben erforderlich. Dies ist

---

103 Für das Sortengeschäft liegt der Schwellenwert bei 2.500 Euro, § 25f Abs. 3 KWG am Ende (näher hierzu unten in Kap. 3 C) III. 2 b). Ausführlich hierzu *Bruchner / Fischbeck* in: Schimansky / Bunte / Lwowski, Bankrechts-Handbuch, § 42 Rn. 149; Kritisch hierzu *Langweg* in: Fülbier / Aepfelbach / Langweg, GwG-Kommentar, § 2 Rn. 89.

104 Vgl. BT-Drs. 16/9038, S. 34.

105 Vgl. BT-Drs. 16/9038, S. 34; Ausführlich hierzu *Langweg* in: Fülbier / Aepfelbach / Langweg, GwG-Kommentar, § 2 Rn. 17 ff; *Bruchner* / Fisckhbeck in: Schimansky / Bunte / Lwowski, Bankrechts-Handbuch, § 42 Rn. 147 ff.

106 Vgl. BT-Drs. 16/9038, S. 34; Erwägungsgrund Nr. 18 der Dritten EG-Geldwäscherichtlinie.

107 Weitere Beispiele bei Warius-GwG, § 1 Rn. 18.

108 BT-Drs. 16/9038, S. 33.

vom Gesetzgeber so sicher nicht beabsichtigt. Die Definition des Begriffs „Vertragspartner" ist daher weiter, entsprechend der zivilrechtlichen Bedeutung, zu interpretieren.[109] Vertragspartner ist damit die Person, mit der eine vertragliche Beziehung begründet wird. Personen, die als Vertreter auftreten, sind, wie bisher auch, nicht zu identifizieren.[110]

Vergleicht man die neuen Vorgaben zur Schwellenwertidentifikation mit der bisher geltenden Rechtslage, stellt man fest, dass die neue Regelung in § 3 Abs. 1 Nr. 1 GwG i.V.m. § 3 Abs. 2 S. 1 Nr. 2 GwG in einigen Punkten von der alten Regelung in § 2 Abs. 2 GwG a.F. abweicht. Zunächst erfasst die neue Bestimmung, anders als die alte Regelung, ausschließlich außerhalb einer Geschäftsbeziehung erfolgende Geschäftsvorfälle und stellt insoweit eine Lockerung gegenüber der alten Rechtslage dar. Gem. § 2 Abs. 2 GwG a.F. bestand bisher auch innerhalb einer bereits identifizierten Geschäftsbeziehung eine Identifizierungspflicht, sofern Bargeld oder ihm gleichgestellte Vermögenswerte entgegengenommen wurden.[111] Die Änderung erscheint sinnvoll. Im Regelfall besteht keine Notwendigkeit für eine weitere Identifizierung des bereits im Rahmen der Begründung der Geschäftsbeziehung identifizierten Vertragspartners. Liegen Zweifel hinsichtlich der Korrektheit der erhobenen Angaben vor, besteht ohnehin eine Identifizierungspflicht aus §§ 3 Abs. 1 Nr. 1 GwG i.V.m. § 3 Abs. 2 Nr. GwG. Darüber hinaus sind die Verpflichteten gem. § 3 Abs. 1 Nr. 4 GwG ohnehin verpflichtet, die Geschäftsbeziehung zu überwachen und gegebenenfalls Nachforschungen anzustellen.[112]

Weitere Neuerung ist, dass die Identifizierungspflicht bei der Schwellenwertidentifikation künftig nicht mehr an den persönlich Auftretenden, sondern an den Vertragspartner anknüpft.[113] Nach altem Recht hatten Institute bei der

---

109 So auch die Definition des Begriffs Vertragspartner nach Ziffer 5 der Auslegungs- und Anwendungshinweise zur Geldwäschebekämpfung. Hiernach ist Vertragspartner „jede natürliche / juristische Person, mit der eine Geschäftsbeziehung eingegangen wird bzw. die Vertragspartner der außerhalb einer Geschäftsbeziehung durchgeführten Transaktion (Gelegenheitstransaktion eines Gelegenheitskunden) ist."

110 BT-Drs. 16/9038, S. 33. Insbesondere aufgrund der für Bankgeschäfte üblichen Mehrparteienbeziehungen wie sie z.B. im Zahlungsverkehr oft vorliegen, können sich Einordnungsschwierigkeiten ergeben. Eine Aufzählung dazu, wer bei bestimmten Bankgeschäften als Vertragspartner zu identifizieren ist, ist in Ziffer 5 der Auslegungs- und Anwendungshinweise enthalten.

111 *Bruchner / Fischbeck* in: Schimansky / Bunte / Lwowski, Bankrechts-Handbuch, § 42 Rn. 141; vgl. auch Langweg in: Fülbier / Aepfelbach / Langweg, GwG-Kommentar, § 2 Rn. 79 ff. Die Verpflichtung zur Schwellenwertidentifizierung auch innerhalb einer Geschäftsbeziehung wurde von der Ersten EG-Geldwäscherichtlinie nicht gefordert. Insoweit stellt die Neuregelung eine Korrektur dieser Übererfüllung statt.

112 So auch die Bundesregierung in ihrer Gegenäußerung zu der Stellungnahme des Bundesrates, BT-Drs. 16/9080, S. 61.

113 Die Pflicht zur Identifizierung des persönlich Auftretenden war zwar noch im Referentenentwurf des GwBekErgG enthalten, wurde aber bereits im Regierungsentwurf

Annahme von Bargeld, Wertpapieren im Sinne des § 1 Abs. 1 Depotgesetz oder Edelmetallen im Wert von 15.000 Euro oder mehr denjenigen zu identifizieren, der ihnen gegenüber auftrat.[114] Künftig knüpfen die Sorgfaltspflichten damit einheitlich beim Vertragspartner bzw. wirtschaftlich Berechtigten an. Die Streichung der Pflicht zur Identifizierung des persönlich Auftretenden überrascht angesichts der Tatsache, dass die Regelungsziele, Sicherung von Beweismitteln für ein Ermittlungsverfahren und die Schaffung von Transparenz, hierdurch eher erschwert als gefördert werden.[115]

Die dritte Neuerung im Bereich der Schwellenwertidentifikation ist, dass die bisher auf die Annahme von Bargeld, Wertpapieren und Edelsteinen beschränkte Identifizierungspflicht in § 2 Abs. 2 und 3 GwG a.F. durch § 3 Abs. 2 S. 1 Nr. 2 GwG auf den Begriff der „Transaktion" im Sinne des § 1 Abs. 4 GwG ausgeweitet wird. Als Transaktion gilt hiernach jede Handlung, die eine Geldbewegung oder eine sonstige Vermögensverschiebung bezweckt oder bewirkt. Der Begriff der Transaktion deckt sich mit dem Begriff der Finanztransaktion aus § 1 Abs. 6 GwG a.F. Er erfasst sowohl bare als auch unbare Vermögensverschiebungen[116] und wurde vom Gesetzgeber bewusst sehr weit

---

nicht mehr mit aufgenommen, vgl. Referentenentwurf zum GwBekErgG, Stand: 11.10.2007, S. 6. Sie wird nach Auffassung der Bundesregierung von der Dritten EG-Geldwäscherichtlinie nicht vorgegeben und sei damit mit den Bemühungen um eine 1 zu 1 Umsetzung nicht vereinbar, Vgl. BT-Drs. 16/9038, S. 33. Nach Auffassung des Bundesrats lässt sich eine solche Auslegung nicht aus der Richtlinie ableiten, vgl. Stellungnahme des Bundesrats zum GwBekErgG, BT-Drs. 16/9038, S. 61.

114 Vgl. die Altregelung in § 2 Abs. 2 GwG a.F. Für die übrigen Verpflichteten folgte die Verpflichtung hierzu aus § 3 i.V.m. § 2 GwG a.F.

115 So auch der Bundesrat in seiner Stellungnahme zum GwBekErgG, BT-Drs. 16/9038, S. 61. Dort heißt es u.a.: „Der Wegfall der Identifizierungspflicht beim persönlich Auftretenden (Vertreter oder Bote) würde die Beweisführung in Ermittlungsverfahren wegen Geldwäsche erheblich beeinträchtigen, wenn nicht sogar gänzlich unmöglich machen und sich negativ auf die Effektivität der Geldwäschebekämpfung insgesamt auswirken. Zur Verschleierung inkriminierter Gewinne werden bekanntermaßen Scheinfirmen gegründet oder Strohmänner als Geschäftsführer von Mantelfirmen eingesetzt, um die Gelder in den regulären Wirtschaftskreislauf einzuschleusen. Die Nichtidentifizierung von Vertretern / Boten bewirkt, dass die eigentlichen Akteure der Transaktionen nicht erkannt und damit auch nicht festgestellt werden können. Auf die Feststellung der Identität des persönlich Auftretenden kann deshalb nicht verzichtet werden. Andernfalls ist zu erwarten, dass Geldwäscher diese Lücke bei der Identifizierungspflicht für ihre Zwecke nutzen werden."

116 BT-Drs. 16/9038, S. 34. Nach altem Recht bestand eine Identifizierungspflicht bei unbaren Transaktionen nur in den Fällen der Verdachtsfallidentifizierung. Gem. § 6 GwG a.F. hatte unabhängig vom Schwellenwert eine Identifizierung des Vertragspartners zu erfolgen, wenn Tatsachen festgestellt wurden, die darauf schließend lassen, dass die Finanztransaktion einer Geldwäsche oder Terrorismusfinanzierung dient oder im Falle ihrer Durchführung dienen würde.

gefasst.[117] Die Vorschrift soll den verstärkten Geldwäscherisiken Rechnung tragen, die infolge der technischen Entwicklungen der letzen Jahre von unbaren Transaktionen ausgehen können. Als weitere Transaktionsformen nennt die Gesetzesbegründung darüber hinaus Vertragsabschlüsse, Bankgeschäfte wie beispielsweise Überweisungen, die Rückführung und Zusage eines Kredits, und Eigentumsübertragungen.[118] Für das Bargeldgeschäft bedeutet die Neuerung, dass nach neuem Recht nicht nur die Annahme, sondern auch die Ausgabe von Bargeld zu einer Identifizierung verpflichten, sofern der Schwellenwert erreicht wird. Die im Rahmen des Geldwäschebekämpfungsgesetzes[119] gestrichene Identifizierungspflicht bei der Ausgabe von Bargeld wird mithin insoweit wieder eingeführt wird, als die Ausgabe außerhalb einer Geschäftsbeziehung erfolgt. Die Ausweitung auf alle Transaktionsformen erscheint auf den ersten Blick als sehr weitgehend. Da allerdings kaum unbare Transaktionen außerhalb einer Kontobeziehung erfolgen, dürfte die praktische Relevanz der Regelung gering sein. Im Auslandzahlungsverkehr sind für die Verpflichteten weitere Vorgaben zu beachten.[120]

(3) Verdacht der Geldwäsche oder Terrorismusfinanzierung, § 3 Abs. 2 S. 1 Nr. 3 GwG

Die nach altem Recht bestehende Identifizierungspflicht bei Geldwäsche- und Terrorismusfinanzierungsverdacht, § 6 GwG a.F., ist in unveränderter Form beibehalten worden und nun in § 3 Abs. 2 S. 1 Nr. 3 GwG normiert.[121] Für die Regelung besteht aufgrund des weiten Anwendungsbereichs des Falls nach Nr. 1 oft kein Raum.

(4) Zweifel über die Richtigkeit der erhobenen Angaben, § 3 Abs. 2 S. 1 Nr. 4 GwG

Gem. § 3 Abs. 2 S. 1 Nr. 4 GwG haben die Verpflichteten bei Zweifel über die Richtigkeit der von ihnen erhobenen Daten erneut eine Identifizierung vorzunehmen. Die Regelung ist neu und setzt Art. 7 Buchstabe d der Dritten EG-Geldwäscherichtlinie um. Die praktische Relevanz der Norm dürfte aufgrund der oben genannten Gründe gering sein.

---

117 So ausdrücklich die Gesetzesbegründung zum GwBekErgG. Dort wird eine Transaktion definiert als „sämtliche auf Vermögensverschiebung gerichteten Aktivitäten von Wirtschaftssubjekten" BT-Drs. 16/9038, S. 29.

118 BT-Drs. 16/9038, S. 29.

119 Geldwäschebekämpfungsgesetz vom 15.08.2002 (BGBl. 2002 I, S. 3105).

120 Zu nennen sind insbesondere die Pflichten aus der Verordnung (EG) Nr. 1781/2006 des Europäischen Parlaments und des Rates vom 15. November 2006 über die Übermittlung von Angaben zum Auftraggeber bei Geldtransfers, (ABl. EU Nr.L 345 S. 1).

121 Ausführlich zur Terrorismusfinanzierung oben in Kap. 3 A) IV.

cc) Durchführung der Identifizierung

Die von den Verpflichteten bei der Identifizierung des Vertragspartners und des, soweit vorhanden, wirtschaftlich Berechtigten einzuhaltenden Vorgaben sind in § 4 GwG geregelt. Der Vorgabe in Art. 8 Abs. 1 der Dritten EG-Geldwäscherichtlinie folgend, differenziert das neue Geldwäschegesetz zwischen der *Feststellung* der Identität der zu identifizierenden Person anhand der Erhebung bestimmter Daten einerseits (§ 1 Abs. 1 Nr. 1 GwG i.V.m. § 4 Abs. 3 GwG) und der *Überprüfung* dieser Angaben anhand von Dokumenten anderseits (§ 1 Abs. 1 Nr. 2 i.V.m. § 4 Abs. 4 GwG). Die Definition des Begriffs „Identifizieren" im bislang geltenden § 1 Abs. 5 GwG a.F. ist hierdurch nicht erweitert worden.[122] Die neue Definition untergliedert den Begriff lediglich zur besseren Handhabung in zwei Bestandteile und klammert die in § 1 Abs. 5 GwG a.F. enthaltene Auflistung der im Rahmen einer Identifizierung zu erhebenden Daten und die zur Verifizierung heranzuziehenden Dokumente aus.

Der Identifizierungspflicht wurde im neuen Geldwäschegesetz eine Mitwirkungspflicht des Vertragspartners gegenübergestellt. Gem. § 4 Abs. 6 GwG hat der Vertragspartner dem Verpflichteten die zur Erfüllung der Pflichten nach § 4 GwG notwendigen Informationen und Unterlagen zur Verfügung zu stellen und im weiteren Verlauf der Geschäftsbeziehung sich ergebende Änderungen unverzüglich anzuzeigen. Die Pflicht soll der Tatsache Rechnung tragen, dass die Verpflichteten mangels anderer zuverlässiger Informationsquellen oft auf eine Mitwirkung durch den Vertragspartner angewiesen sind, um ihre Pflichten erfüllen zu können.[123] Sie ist ausschließlich an den Vertragspartner adressiert. § 4 Abs. 6 GwG verpflichtet den Vertragspartner auch zur Überlassung von Informationen und Unterlagen über den wirtschaftlich Berechtigten. Eine zusätzliche, an den wirtschaftlich Berechtigten adressierte öffentlich-rechtliche Verpflichtung besteht nicht. Bis zu welchem Zeitpunkt die Identifizierung vorzunehmen ist, ist in § 4 Abs. 1 S. 1 GwG geregelt. Vertragspartner und wirtschaftlich Berechtigte sind hiernach grundsätzlich vor Begründung einer Geschäftsbeziehung bzw. vor Durchführung einer Transaktion zu identifizieren.[124] Eine Ausnahme von diesem Grundsatz sieht das

---

122 § 1 Abs. 5 GwG a.F. definierte Identifizieren als „das Feststellen des Namens aufgrund eines gültigen Personalausweises oder Reisepasses sowie des Geburtsdatums, des Geburtsortes, der Staatsangehörigkeit und der Anschrift, soweit sie darin enthalten sind, und das Feststellen von Art, Nummer und ausstellender Behörde des amtlichen Ausweises".

123 BT-Drs. 16/9038, S. 38.

124 Für die übrigen Sorgfaltspflichten enthält weder das Geldwäschegesetz noch die Dritte EG-Geldwäscherichtlinie eine zeitliche Vorgabe. Ihnen kann im Umkehrschluss also noch auch nach Begründung der Geschäftsbeziehung nachgekommen werden. Eine Abklärung des Hintergrunds der Geschäftsbeziehung (§ 3 Abs. 1 Nr. 2 GwG) oder eine

Geldwäschegesetz vor, sofern nur ein geringes Risiko der Geldwäsche oder Terrorismusfinanzierung besteht und die Gestaltung von Geschäftsabläufen dies erfordert. In diesen Fällen kann mit der Begründung der Geschäftsbeziehung bereits begonnen werden, bevor die Identifizierung abgeschlossen wurde, § 4 Abs. 1 S. 2 GwG. Bei Einzeltransaktionen außerhalb einer Geschäftsbeziehung dürfte für diese Erleichterung aufgrund der Kürze des Geschäftskontakts oft kein Raum sein. Weitere Erleichterungen finden sich für Kreditinstitute in § 25e KWG.[125] Hiernach kann der vollständige Abschluss der Identifizierung des Vertragspartners und des wirtschaftlich Berechtigten bei Konto- und Depoteröffnungen auch nach Vertragsschluss abgeschlossen werden.[126] Voraussetzung ist zudem, dass das Identifizierung „unverzüglich" nachgeholt wird, § 25e S. 2 KWG. Ferner ist sicherzustellen, dass vor Abschluss der Identifizierung keine Gelder[127] vom Konto bzw. Wertpapierdepot abverfügt werden können, § 25e S. 2 KWG. Durch das Verbot sollen intransparente Vermögensbewegungen ausgeschlossen werden.[128]

(1) Vorgaben für die Identifizierung einer natürlichen Person

Der Identifikationsprozess ist, wie bereits eingangs dargestellt, künftig zweistufig aufgebaut, die *Erhebung* und die *Verifizierung* der Daten. Bei natürlichen Personen sind im ersten Schritt gem. § 4 Abs. 3 Nr. 1 GwG zur Feststellung der Identität folgende Daten zu erheben: Name, Geburtsort, Geburtsdatum, Staatsangehörigkeit und die Anschrift.[129] Erhebung meint insoweit Erfassung der Angaben. Aufgrund der Formvorgaben in den Aufzeichnungs- und Aufbewahrungspflichten nach § 8 Abs. 1 S. 3 GwG ist vom Ausweispapier eine Kopie zu erstellen. Das Einscannen des Dokumentes oder das schriftliche Erfassen der Angaben ist ebenfalls ausreichend.[130]

---

kontinuierliche Überwachung der Geschäftsbeziehung (§ 3 Abs. 1 Nr. 4 GwG) wäre darüber hinaus vor Begründung einer Geschäftsbeziehung ohnehin weder durchführbar noch sinnvoll.

125 Erleichterungen für Versicherungsunternehmen befindet sich in § 80f Abs. 3 VAG.

126 Die Regelung geht auf Art. 19 Abs. 2 und 4 der Dritten EG-Geldwäscherichtlinie zurück.

127 Der Begriff „Gelder" dürfte auch auf Wertpapiere im Sinne des Depotgesetzes Anwendung finden, vgl. die Verwendung des Begriffs in § 25e S. 2 KWG.

128 BT-Drs. 16/9038, S. 52.

129 Bei einem Einzelkaufmann kann statt der Privatanschrift auch die Geschäftsadresse erfasst werden, vgl. Ziffer 9 der Auslegungs- und Anwendungshinweise zur Geldwäschebekämpfung.

130 Vgl. § 8 Abs. 2 S. 1 GwG. Vgl. hierzu auch Ziffer 11 der Auslegungs- und Anwendungshinweise zur Geldwäschebekämpfung.

Die zu erhebenden Identifizierungsmerkmale decken sich mit denen, die nach bislang geltendem Recht aufzunehmen waren.[131] Die in § 4 Abs. 3 Nr. 1 GwG nicht aufgeführten Merkmale: Art, Nummer und ausstellende Behörde des überprüften Dokuments, sind auch weiterhin zu erheben. Die diesbezügliche Regelung ist aus systematischen Gründen in den die Aufzeichnungs- und Aufbewahrungspflichten regelnden § 8 GwG überführt worden.[132] Die noch im Referentenentwurf[133] enthaltene Vorgabe, alle Vornamen einer Person zu erheben und zu verifizieren, um eine zweifelsfreie Identifizierung sicherzustellen, wurde fallen gelassen. Die Regelung hätte insbesondere den von Kreditinstituten gem. § 24c KWG zu ermöglichenden automatisierten Abruf von Kontoinformationen erheblich erschwert. Es bleibt bei der bislang geltenden Rechtslage, dass die Feststellung eines Namens durch Erhebung und Verifizierung des Nachnamens und (mindestens) eines Vornamens erfolgen kann. Abweichendes gilt für die Legitimationspflicht aus § 154 Abs. 2 AO. Hier sind die Normenadressaten nach Auffassung der Aufsicht gehalten, alle vorliegenden Vornamen zu erfassen, sofern die zur Erhebung eingesetzten Systeme dies zulassen.[134]

Die im zweiten Schritt vorzunehmende Überprüfung der Identität muss anhand eines gültigen amtlichen Ausweises i.S.d. § 4 Abs. 4 S. 1 Nr. 1 GwG erfolgen. Hiernach muss der Ausweis ein Lichtbild des Inhabers enthalten und den Vorgaben zur Pass- und Ausweispflicht genügen. Das Gesetz nennt in einer beispielhaften Aufzählung einen nach inländischen oder ausländerrechtlichen Normen gültigen bzw. zugelassenen Personalausweis, Reisepass bzw. die entsprechenden Ersatzpapiere, § 4 Abs. 4 S. 1 Nr. 1 GwG. Detaillierte Regelungen darüber, welche Ausweispapiere zur Vergewisserung über die erhobenen Daten herangezogen werden dürfen, sind in der Begründung enthalten.[135]

In bestimmten Fällen kann vom *numerus clausus* der heranzuziehenden Legitimationsunterlagen abgewichen werden. Dies folgt aus § 4 Abs. 1 S. 1

131 Vgl. die Altreglung in § 1 Abs. 5 S. 1 GwG a.F.

132 BT-Drs. 16/9038, S. 36.

133 Referentenentwurf zum GwBekErgG, Stand: 11.10.2007, S. 23.

134 Vgl. Ziffer 9 der Auslegungs- und Anwendungshinweise zur Geldwäschebekämpfung.

135 Die im Rahmen der Pass- und Ausweispflicht für deutsche Staatsbürger an die Ausweisdokumente gestellten Anforderungen richten sich nach § 1 Abs. 2 und § 4 Abs. 1 des Passgesetzes (PassG) sowie nach § 1 des Gesetzes über Personalausweise (PersAuswG). Bei nicht-deutschen EU-Bürgern und Staatsangehörigen der EWR-Staaten gilt § 8 Abs. 1 FreizügG/EU. Für Drittstaatenangehörige sind die entsprechenden Bestimmung in §§ 3 und 48 AufenthG niedergelegt. Aus den Regelungen folgt, dass in Abweichung zur alten Gesetzeslage, Ausländer künftig auch auf Grundlage ausländischer Ausweispapiere identifiziert werden können, sofern diese die Vorgaben aus §§ 3 und 48 AufenthG erfüllen. Für Schweizer ist das Freizügigkeitsabkommen zwischen der EU und der Schweiz maßgeblich (hiernach Pass oder Identitätskarte). Vgl. hierzu im Einzelnen BT-Drs. 16/9038, S. 37 f.

GwG, der bei der Erfüllung der Sorgfaltspflichten risikobasiert eine Abweichung von den gesetzlichen Vorgaben erlaubt. So kann entsprechend den Auslegungs- und Anwendungshinweisen bei einer Kontoeröffnung für einen Minderjährigen auch eine Geburtsurkunde herangezogen werden.[136] Wird ein Konto auf den Namen einer unter Betreuung stehenden Person eröffnet, soll es ausreichend sein, den Betreuer in Verbindung mit einem Betreuungsbeschluss zu identifizieren.[137] Bei älteren oder in ihrer Beweglichkeit eingeschränkten Personen darf auch auf das abgelaufene Ausweisdokument zurückgegriffen werden.[138]

Da die in der Gesetzesbegründung aufgelisteten Identifikationspapiere sich hinsichtlich der in ihnen enthaltenen Angaben unterscheiden, stellt sich die Frage, wie zu verfahren ist, wenn in einem der dort genannten Dokumente ein in § 4 Abs. 3 Nr. 1 GwG aufgeführtes Merkmal fehlt. So ist bei ausländischen Ausweispapieren denkbar, dass diese abweichend von den Vorgaben aus dem PassG bzw. PersAuswG keine Angaben zu Größe, Augenfarbe oder Doktorgrad einer Person haben. Diesbezüglich stellt die Gesetzesbegründung klar, dass eine Überprüfungspflicht nur hinsichtlich der Angaben besteht, die im entsprechenden Ausweispapier enthalten sind.[139] Dies ergibt sich auch aus dem Wortlaut des Gesetzes, der eine Überprüfungspflicht nur vorsieht, *soweit* die Angaben im entsprechenden Ausweispapier enthalten sind, vgl. § 4 Abs. 4 S. 1 GwG.

Eine erhöhte Sorgfalt, insbesondere beim Lichtbildabgleich, wird von den Verpflichteten erwartet, sofern die Papiere auf den eigenen Angaben des Ausländers beruhen.[140] Enthält das Ausweispapier einen dahingehenden Vermerk, sollen sich die Verpflichteten darüber im Klaren sein, dass das entsprechende Dokument lediglich dokumentiert, dass die Person unter den Personalien in der Bundesrepublik auftritt und behördlich erfasst ist; die Richtigkeit dieser Angaben wird nicht bestätigt.[141] Die Gesetzesbegründung stellt klar, dass die Legitimationsprüfung im Rahmen der Geldwäschebekämpfung nicht unterhalb desjenigen Standards erfolgen sollte, der auch sonst an die Ausweispflicht geknüpft wird.[142]

Nach neuem Recht ist auch eine Identifizierung möglich, ohne dass die zu identifizierende Person hierfür persönlich anwesend ist (so genannte Ferniden-

136 Vgl. Ziffer 11 der Auslegungs- und Anwendungshinweise zur Geldwäschebekämpfung.

137 Vgl. Ziffer 11 der Auslegungs- und Anwendungshinweise zur Geldwäschebekämpfung.

138 Vgl. Ziffer 11 der Auslegungs- und Anwendungshinweise zur Geldwäschebekämpfung.

139 BT-Drs. 16/9038, S. 37 f.

140 Vgl. hierzu BT-Drs. 16/9038, S. 38.

141 BT-Drs. 16/9038, S. 38.

142 BT-Drs. 16/9038, S. 37.

tifizierung). Dies stellt eine insbesondere für Direktbanken wichtige Lockerung der Identifizierungsvorgaben dar. Nach bislang geltender Aufsichtspraxis setzte eine Verifikation immer die persönliche Anwesenheit der zu identifizierenden Person voraus.[143] Für den Fall einer Fernidentifizierung gelten die verstärkten Sorgfaltspflichten gem. § 6 Abs. 2 Nr. 2 GwG. [144]

(2) Vorgaben für die Identifizierung einer juristischen Person oder Personengesellschaft

Mit § 4 Abs. 3 Nr. 2 GwG erhält das Geldwäschegesetz eigene gesetzliche Vorgaben zur Identifikation von juristischen Personen und Personengesellschaften. Ein Rückgriff auf die bislang maßgeblichen Erläuterungen zu § 154 AO ist allerdings teilweise immer noch erforderlich. Nach der Gesetzesbegründung sind die Vorgaben aus § 4 GwG zur Identifizierung juristischer Personen mit § 154 Abs. 2 AO in der Form abgestimmt, dass die in Nummer 7k des Anwendungserlasses zur Abgabenordung (AEAO)[145] eingeräumten Erleichterungen auch für die Identifizierung nach dem Geldwäschegesetz gelten.[146]

Welche Daten beim zu Identifizierenden zu erheben sind, gibt § 4 Abs. 3 Nr. 2 GwG vor. Hiernach sind bei einer juristischen Person oder einer Personengesellschaft Firma, Name oder Bezeichnung, Rechtsform, Registernummer (soweit vorhanden), Anschrift des Sitzes oder der Hauptniederlassung und die Namen der Mitglieder des Vertretungsorgans oder der gesetzlichen Vertreter zu erfassen. Klarzustellen ist hier, dass mit Erhebung der Namen der Mitglieder des Vertretungsorgans oder der gesetzlichen Vertreter keine Identifizierung dieser Personen im Sinne des Geldwäschegesetzes gemeint ist. Eine Überprüfung dieser Angaben ist grundsätzlich nicht erforderlich. Es reicht insoweit ihre Erfassung aus. Eine Überprüfungspflicht könnte sich allerdings aus der Verpflichtung zur risikobasierten Umsetzung der Sorgfaltspflicht gem. § 3 Abs. 4 GwG ergeben.

Sofern ein Mitglied des Vertretungsorgans oder der gesetzliche Vertreter ebenfalls eine juristische Person ist, müssen auch für diese juristische Person die obigen Daten erhoben werden, § 4 Abs. 3 Nr. 2, 2. Halbsatz GwG. Die Namen der Mitglieder des Vertretungsorgans oder der gesetzlichen Vertreter sind auf dieser Ebene nicht zu erfassen vgl. § 4 Abs. 3 Nr. 2, 2. Halbsatz GwG.

---

143 Vgl. BaFin Verlautbarung vom 30.03.1998.

144 Näher hierzu unten in Kap. 3 III. 1 b).

145 Anwendungserlass zur Abgabenordung (AEAO), abrufbar unter: www.bundesfinanzministerium.de.

146 BT-Drs. 16/9038, S. 36 f.

§ 4 GwG ist mit § 154 Abs. 2 AO in der Form abgestimmt, dass die in Ziffer 7 h-k des Anwendungserlasses zur Abgabenordung (AEAO)[147] eingeräumten Erleichterungen auch für die Identifizierung nach dem Geldwäschegesetz gelten.[148] Hiernach kann bei juristischen Personen des öffentlichen Rechts und bei Kreditinstituten und Versicherungsunternehmen von einer Erhebung der Angaben zu den Mitgliedern des Vertretungsorgans abgesehen werden. Gleiches gilt für die Vertretungsorgane von Unternehmen, sofern mindestens 5 Personen, die in ein öffentliches Register eingetragen sind bzw. bei denen eine Legitimationsprüfung stattgefunden hat, Verfügungsbefugnis haben.[149]

Die Art und Weise der Erfassung der Daten ist auch hier den Verpflichteten freigestellt. Neben der schriftlichen und elektronischen Erfassung kommt Erfassung der Angaben durch das Kopieren der Unterlagen in Betracht.[150]

Zur Überprüfung der Identität des Vertragspartners ist gem. § 4 Abs. 4 S.1 Nr. 2 GwG ein in- oder ausländisches amtlichen Register bzw. Verzeichnis, die Gründungsdokumente oder ein gleichwertig beweiskräftiges Dokument heranzuziehen. Die Gesetzesbegründung nennt als in Frage kommende öffentliche Register, neben den im Gesetzestext genannten Handels- und Genossenschaftsregister, das Partnerschaftsregister und das Vereinsregister.[151] Bei Stiftungen können auch die Stiftungsverzeichnisse herangezogen werden.[152] Bei Gesellschaften Bürgerlichen Rechts sind, mangels Eintragungspflicht in öffentliche Register, die Gründungsdokumente heranzuziehen.[153] Die Ein-

---

147 Anwendungserlass zur Abgabenordung (AEAO), abrufbar unter: www.bundesfinanzministerium.de.

148 BT-Drs. 16/9038, S. 37f.

149 Ziffer 7 h-k des Anwendungserlass zur Abgabenordung (AEAO), abrufbar unter: www.bundesfinanzministerium .de. Der Anwendungserlass zur Abgabenordnung enthält in Ziffer 7 auf das Verhältnismäßigkeitsprinzip gestützte Erleichterungen bei der Legitimationsprüfung nach § 154 Abs. 2 AO.

150 Ziffer 12 der Auslegungs- und Anwendungshinweise zur Geldwäschebekämpfung, vgl. insoweit auch § 8 Abs. 2 S. 1 GwG.

151 BT-Drs. 16/9038, S. 38.

152 BT-Drs. 16/9038, S. 38.

153 Aufforderungen des Bundesrats (vgl. Stellungnahme des Bundesrats zum GwBekErgG, BT-Drs. 16/9038, S. 38) und der Kreditwirtschaft (vgl. Stellungnahme des ZKA zum GwBekErgG, S. 5) zusätzliche Veröffentlichungspflichten für die Eigentumsverhältnisse an Personengesellschaften zu schaffen wurden vom Gesetzgeber nicht umgesetzt. Die Bundesregierung begründet dies damit, dass bereits ausreichende Regelungen bestehen und verweist auf die Veröffentlichungspflichten in §§ 21 WpHG und § 40 GmbHG. Für die selbst vom Gesetzgeber als risikoträchtig eingestuften Personengesellschaften bestehen bisher allerdings keine solchen Transparenzregelungen. Die Versagung solcher Regelungen steht im Widerspruch zu den Bemühungen des Gesetzgebers um eine verstärkte Transparenz bei diesen Gesellschaftsformen. Vgl. hierzu auch die kritischen Feststellung der FATF auf S. 17 ihres Prüfberichts, Mutual Evaluation Report-Germany, abrufbar unter: www.fatf-gafi.org.

sichtnahme in diese Dokumente reicht aus.[154] Mit Blick auf die Aufzeichnungs- und Aufbewahrungspflichten nach § 8 Abs. 1 S. 3 GwG sollte vom entsprechenden Dokument allerdings eine Kopie bzw. ein Ausdruck erstellt werden.

dd) Bußgeld bei Verstoß gegen die Pflicht zur Identifizierung des Vertragspartners

Die Bußgeldbestimmungen des Geldwäschegesetzes sind in § 17 GwG zusammengefasst.[155] Nicht alle Sorgfaltspflichten nach dem Geldwäschegesetz sind bußgeldbewehrt.[156] Grund hierfür dürfte sein, dass manche Bestimmungen derart unbestimmt sind, dass die Anknüpfung von Sanktionen gegen das verfassungsrechtliche Bestimmtheitsgebot verstoßen dürfte.[157] Hiernach setzt die Pönalisierung eines bestimmten Verhaltens eine hinreichende Bestimmbarkeit der Grenzen erlaubten Verhaltens voraus.[158] Um einen Konflikt mit dem Bestimmtheitsgrundsatz zu vermeiden, hat der Gesetzgeber weitestgehend davon abgesehen, solche Sorgfaltspflichten bußgeldbewehrt zu gestalten, die Beurteilungsspielräume enthalten. So lässt die bußgeldbewehrte Vorgabe, eine Identifizierung vorzunehmen, keinen Raum für eine differenzierte Umsetzung. Lediglich die Art der Identifizierung ist mit einem Beurteilungsspielraum versehen.

---

154 BT-Drs. 16/9038, S. 38.

155 Die Verpflichtung zur Schaffung der Bußgeldtatbestände folgt aus Art. 39 Abs. 1 der Dritten EG-Geldwäscherichtlinie. Geldwäscherechtliche Bußgeldbestimmungen sind auch im Kreditwesengesetz enthalten, vgl. § 56 Abs. 4 S. 1 KWG der bei vorsätzlicher oder fahrlässiger Verletzung der Pflichten hinsichtlich der Übermittlung des vollständigen Auftraggeberdatensatzes nach der Geldtransfer-Verordnung greift (EG-VO 1781/2006).

156 Die Bußgeldbestimmungen des Geldwäschegesetzes wurden von der FATF als nicht proportional, abschreckend und effektiv genug eingesetzt gerügt, vgl. S. 13 f. des Mutual Evaluation Report-Germany, abrufbar unter www.fatf-gafi.org. Dort heißt es u.a. „Administrative fines in place are not proportionate (very low number of administrative fines available under the AML Act) nor sufficiently dissuasive (more serious violations of the AML Act attract lower levels of administrative fines); and the maximum amounts of fines under the AML Act are low (especially considering the large size of many German financial institutions); and, due to the criminal nature of the penalties, high penalties can only be applied for gross negligence or deliberate intent). Administrative fines are not applied effectively – the BaFin has only ever applied one administrative fine many years ago. Failure by the supervisory boards to comply with their obligation to supervise management may result in uncertainty as to whether administrative fines apply to individual members of such boards."

157 Vgl. hierzu auch den Prüfbericht der FATF vom 19.02.2010 dort heißt es auf S. 7 „Due to the constitutional principle of specificity, there are no administrative fines for violations of obligations to establish appropriate internal safeguards under all sector-specific laws […]." Mutual Evaluation Report-Germany, abrufbar unter: www.fatf-gafi.org.

158 Vgl. hierzu die Gegenäußerung der Bundesregierung in BT-Drs. 12/2704, S. 28.

Adressaten der Bußgeldbestimmungen sind die Verpflichteten nach § 2 GwG. Verletzt eine juristische Person eine Sorgfaltspflicht, kann gem. § 30 OWiG auch ein Bußgeld gegen die juristische Person verhängt werden. In Betracht kommt auch ein Bußgeld gegen den Geldwäschebeauftragten des betreffenden Instituts. Er gilt nach allgemeiner Auffassung als eine Person mit besonderer Leitungsfunktion gem. § 9 Abs. 2 Nr. 2 OWiG.[159] Als Geldwäschebeauftragter ist er eine vom Inhaber des Betriebes damit beauftragte Person, in eigener Verantwortung Pflichten zu erfüllen, die den Inhaber des Betriebs betreffen.

Die für die Bußgeldverhängung zuständige Verwaltungsbehörde im Sinne des § 36 Abs. 1 Nr. 1 OWiG ist für die Kreditinstitute die BaFin als zuständige Aufsichtsbehörde, § 17 Abs. 4 GwG i.V.m. § 16 Abs. 2 Nr. 2 und 3 GwG.

Gem. § 17 Abs. 1 Nr. 1 GwG macht sich bußgeldpflichtig, wer vorsätzlich oder leichtfertig entgegen § 3 Abs. 1 Nr. 1 GwG die Identifizierung des Vertragspartners unterlässt. Das Vergehen ist gem. § 17 GwG Abs. 1 GwG mit einem Bußgeld bis zu 100.000 Euro bewährt. Der Inhalt dieser Bestimmungen deckt sich mit der bislang geltenden Rechtslage.

b) Ermittlung des Zwecks und der Art der Geschäftsbeziehung, § 3 Abs. 1 Nr. 2 GwG

aa) Inhalt der Pflicht

Gem. § 3 Abs. 1 Nr. 2 GwG haben die Verpflichteten Informationen über den Zweck und die Art der mit dem Vertragspartner angestrebten Geschäftsbeziehung einzuholen. Anhand der Informationen ist ein Profil des Kunden zu erstellen. Die Regelung ist neu und geht auf Art. 8 Abs. 1 Buchstabe d der Dritten EG-Geldwäscherichtlinie zurück. Sie steht im engen Zusammenhang zur Verpflichtung zur Überwachung einer Geschäftsbeziehung gem. § 3 Abs. 1 Nr. 4 GwG und § 25c KWG-a.F. (*Monitoring*). Die nun ausdrücklich als Sorgfaltspflicht formulierte Verpflichtung zur Ermittlung dieser Informationen bestand bereits nach altem Recht. Sie ergab sich aus der Verpflichtung zur Vorhaltung von EDV-Überwachungssystemen. Ein sinnvolles *Monitoring* setzt zwangsläufig die Erstellung eines Kundenprofils voraus. Ohne Angaben dazu, welche Transaktionen und Geschäfte zu erwarten sind, lassen sich geldwäscheverdächtige atypische Transaktionen nicht erkennen. Die Abklärung des Hintergrunds der Geschäftsbeziehung gilt als Kernstück der unternehmensinternen *Due-Dilligence* Maßnahmen und als Ausprägung des „Know Your Customer"-Prinzips.[160]

---

159 Näher hierzu *Bruchner* / *Fischbeck* in: Schimansky / Bunte / Lwowski, Bankrechts-Handbuch, § 42 Rn. 315.

160 BT-Drs. 16/9038, S. 33.

Bis zu welchem Zeitpunkt die Verpflichtung zur Einholung der Informationen zu erfüllen ist, ist im Geldwäschegesetz nicht geregelt. Eine ausdrückliche Regelung wird vom Gesetz nur für die Pflicht gem. § 3 Abs. 1 Nr. 1 GwG getroffen.[161] Mithin kann die Pflicht mangels entgegenstehender Regelung auch während der laufenden Geschäftsbeziehung erfüllt werden.[162] Aus praktischen Gründen wird empfohlen, eine Erfassung der Informationen bereits im Rahmen der Identifizierung vorzunehmen.[163]

Wie tief das Kundenprofil zu gestalten ist, wird vom Gesetzgeber ebenfalls nicht vorgegeben. Die pauschale Deklarierung eines Kontos als „für geschäftliche Zwecke“ dürfte kein sinnvolles Monitoring ermöglichen und daher nicht ausreichend sein.[164]

Eine Verpflichtung zur Einholung der Informationen besteht nicht, sofern sich die Informationen bereits zweifelsfrei aus der Geschäftsbeziehung ergeben, § 3 Abs. 1 Nr. 2 GwG am Ende. Wann dies der Fall ist, ist vom Verpflichteten selbst einzuschätzen. Dies folgt aus der von § 3 Abs. 4 GwG geforderten risikobasierten Umsetzung der Sorgfaltspflichten.[165] In ihrem Bestreben, die Vorgaben des Geldwäschegesetzes für das Massengeschäft handhabbar zu machen, zählen die Auslegungs- und Anwendungshinweise zur Geldwäschebekämpfung eine Reihe von Bankprodukten auf, bei denen sich die Art und der Zweck der Geschäftsbeziehung grundsätzlich zweifelsfrei aus der Geschäftsbeziehung selbst ergeben soll.[166] Als Kriterium zur Bewertung des Geldwäsche- und Terrorismusfinanzierungsrisikos wird in den Auslegungs- und Anwendungshinweisen die Komplexität des jeweiligen Finanzproduktes herangezogen. Weiteres Kriterium für die Risikobewertung ist, ob das Produkt gewerblich oder privat genutzt werden soll. So soll bei einer Geschäftsbeziehung mit Verbrauchern grundsätzlich angenommen werden dürfen, dass der Zweck der Geschäftsbeziehung die allgemeine private Nutzung des entsprechenden Produkts bzw. der Dienstleistung ist.[167] Problematisch ist, dass die Auslegungs- und Anwendungshinweise eine Umkehrung des vom Gesetzes-

161 Gem. § 4 Abs. 1 S. 1 GwG hat die Identifizierung vor Begründung der Geschäftsbeziehung zu erfolgen.

162 Vgl. BT-Drs. 16/9038, S. 34.

163 Vgl. Ziffer 17 der Auslegungs- und Anwendungshinweise zur Geldwäschebekämpfung.

164 So aber die Auslegungs- und Anwendungshinweise zur Geldwäschebekämpfung, vgl. Ziffer 17. Hiernach reicht es aus sich vom Kunden die Bestätigung der Absicht zur Nutzung des Kontos aus Geschäftskonto zu holen.

165 Ziffer 16 der Auslegungs- und Anwendungshinweise zur Geldwäschebekämpfung.

166 Hiernach darf beispielsweise beim Kontokorrentkonto von der Zweckbestimmung: „Abwicklung des Zahlungsverkehrs“ ausgegangen werden. Weitere Zweckbestimmungen für Standardbankprodukte unter Ziffer 16 der Auslegungs- und Anwendungshinweise zur Geldwäschebekämpfung.

167 Ziffer 16 der Auslegungs- und Anwendungshinweise zur Geldwäschebekämpfung.

wortlaut vorgegeben Regel-Ausnahme-Verhältnisses vornehmen. Eine Einholung von Informationen beim Kunden soll nur erforderlich sein, sofern Hinweise bestehen, die Anlass dazu gegeben, an der Richtigkeit der vom Kunden gemachten Angaben zu zweifeln.[168] Zum Grundfall entsprechend der Auslegungs- und Anwendungshinweise wird somit, dass sich Zweck und Art der Geschäftsbeziehung zweifelsfrei aus der Geschäftsbeziehung ergibt. Diese Auslegung kann im Zusammenhang mit der Dokumentationsverpflichtung der Verpflichteten eine Rolle spielen. Gem. § 3 Abs. 4 S. 2 GwG haben die Verpflichteten gegenüber der entsprechenden Aufsichtsbehörde auf Verlangen darzulegen, dass der Umfang der von ihnen getroffenen Maßnahmen im Hinblick auf die Risiken der Geldwäsche und der Terrorismusfinanzierung als angemessen anzusehen ist. Da der Gesetzeswortlaut das Absehen von der Einholung von Informationen als Ausnahme formuliert, haben die Verpflichten zu dokumentieren, dass und warum keine Zweifel bestanden. Die von den Auslegungs- und Anwendungshinweisen vorgenommene Umkehrung des Regel-Ausnahme-Verhältnisses führt dazu, dass die Nichteinholung von Informationen der Regelfall ist und das Vorliegen von Zweifeln zu dokumentieren ist. Diese für die verpflichteten Institute vorteilhafte Lesart wird allerdings vom Gesetzeswortlaut nicht getragen und ist daher abzulehnen.

bb) Die Pflicht nach § 3 Abs. 1 Nr. 2 GwG auslösende Geschäftsvorfälle

Dem Gesetzeswortlaut nach besteht die Sorgfaltspflicht zur Einholung von Informationen über die Art und den Zweck der angestrebten Geschäftsbeziehung in allen Fällen des § 3 Abs. 2 GwG. Allerdings ist sie offensichtlich ihrem Sinn und Zweck nach vor allem auf die Fallgruppe in § 3 Abs. 2 S. 1 Nr. 1 GwG, also bei Begründung einer Geschäftsbeziehung, zugeschnitten. In der Fallgruppe nach § 3 Abs. 2 S. 1 Nr. 2 GwG (Transaktionen außerhalb einer Geschäftsbeziehung) dürfte die Ermittlung des Sinns und Zwecks einer Geschäftsbeziehung mangels eben einer solchen Geschäftsbeziehung nicht möglich sein. [169] Für eine Anwendung der Pflicht nach § 3 Abs. 1 Nr. 2 GwG bei Verdacht auf Geldwäsche oder Terrorismusfinanzierung (§ 3 Abs. 2 S. 1 Nr. 3 GwG) und bei Zweifeln hinsichtlich der Identität des Vertragspartners oder des wirtschaftlich Berechtigten (§ 3 Abs. 2 S. 1 Nr. 4 GwG) ist im Regelfall ebenfalls kein Raum. Die Verpflichtung zur Erstellung des Kundenprofils dürfte in solchen Fallgestaltungen bereits aus den Fallgruppen § 3 Abs. 2 S. 1 Nr. 1 GwG und § 3 Abs. 2 S. 1 Nr. 2 GwG folgen. Die Fallgruppen kommen lediglich bei Durchführung von Transaktionen außerhalb einer Geschäftsbeziehung zum Zug, wenn die Schwellenwerte in § 3 Abs. 2 S. 1 Nr. 2 GwG

---

168 Ziffer 16 der Auslegungs- und Anwendungshinweise zur Geldwäschebekämpfung.

169 Ebenso mit einer abweichenden Begründung Ziffer 17 der Auslegungs- und Anwendungshinweise zur Geldwäschebekämpfung.

nicht erreicht werden. § 3 Abs.1 Nr. 3 GwG und § 3 Abs.1 Nr. 4 GwG fungieren damit *de facto* als eine Ausnahme von § 3 Abs. 2 S. 1 Nr. 2 GwG.

c) Identifizierung des wirtschaftlich Berechtigten, § 3 Abs. 1 Nr. 3 GwG

Gem. § 3 Abs. 1 Nr. 3 GwG haben die Verpflichteten in den die Sorgfaltspflichten auslösenden Fällen des § 3 Abs. 2 GwG abzuklären, ob ein vom Vertragspartner abweichender wirtschaftlicher Berechtigter[170] existiert. Ist dies der Fall, ist der wirtschaftlich Berechtigte gem. § 4 Abs. 5 GwG zu identifizieren, § 3 Abs. 1 Nr. 3 GwG.

Auch nach altem Recht hatten die Verpflichteten sich beim Vertragspartner zu erkundigen, ob er auf eigene Rechnung handelt, § 8 Abs. 1 S. 1 GwG a.F.[171] Sofern der Vertragspartner erklärte, nicht für eigene Rechnung zu handeln, hatten die zur Identifizierung Verpflichteten Namen und Anschrift des wirtschaftlich Berechtigten zu erfassen, § 8 Abs. 1 S. 2 GwG a.F. Dies konnte „nach Angaben des Vertragspartners" erfolgen. Eine darüber hinausgehende Verpflichtung zur Überprüfung der Angaben bestand nur für Institute gem. § 1 Abs. 4 GwG a.F. Gem. § 8 Abs. 1 S. 3 GwG a.F. hatte ein Institut beim Vorliegen äußerer Umstände, die Zweifel an den Angaben des Kunden aufwarfen, die Angaben mittels angemessener Maßnahmen zu überprüfen.[172]

Mit der Verpflichtung zur Identifizierung des wirtschaftlich Berechtigten verfolgt der Gesetzgeber das Ziel, denjenigen sichtbar zu machen, in dessen wirtschaftlichem oder rechtlichen Interesse eine Transaktion oder Geschäftsbeziehung erfolgt.[173] Nachfolgend sollen die durch das *GwBekErgG* vorgenommenen Änderungen vorgestellt und diskutiert werden.

---

170 Die deutsche Fassung der Dritten EG-Geldwäscherichtlinie nutzt den Begriff „wirtschaftlicher Eigentümer", vgl. z.B. Art. 3 Nr. 6 der Dritten EG-Geldwäscherichtline. Richtigerweise hat man bereits bei Einführung des Geldwäschegesetzes auf diese irreführende und im deutschen Recht nicht existierende Bezeichnung verzichtet und stattdessen den Begriff des wirtschaftlich Berechtigten eingeführt.

171 Der Begriff des „erkundigen" deckt sich mit dem des „abklären". Insoweit ist keine Änderung erfolgt.

172 Vgl. hierzu BT-Drs. 14/8739, S. 30 und *Bruchner* / *Fischbeck* in: Schimansky / Bunte / Lwowski, Bankrechts-Handbuch, § 42 Rn. 177 ff.

173 BT-Drs. 16/9038, S. 30.

aa) Definition des wirtschaftlich Berechtigten, § 1 Abs. 6 S. 1 GwG

Das neue Recht enthält, entsprechend der Vorgabe in Art. 3 Nr. 6 der Dritten EG-Geldwäscherichtlinie,[174] eine neue, wesentlich weitere Definition des wirtschaftlich Berechtigten. Gem. § 1 Abs. 6 S. 1 GwG ist wirtschaftlich Berechtigter

> „die natürliche Person, in deren Eigentum oder unter deren Kontrolle der Vertragspartner letztlich steht, oder die natürliche Person, auf deren Veranlassung eine Transaktion letztlich durchgeführt oder eine Geschäftsbeziehung letztlich begründet wird."

Nach altem Recht galt als wirtschaftlich Berechtigter die Person, auf deren Rechnung der Vertragspartner handelt, § 8 Abs. 1 S. 1 GwG a.F. Die Regelung enthielt keine Vorgaben für den Umgang mit den wirtschaftlich Berechtigten einer juristischen Person oder sonstigen Gesellschaft.[175] Sie konzentrierte sich auf die Fälle in denen der Vertragspartner eine natürliche Person ist.[176] Bei einem Vergleich der neuen Definition mit der alten Regelung in § 8 Abs. 1 S. 1 GwG a.F. ist Folgendes festzustellen: Nach wie vor ist bei der Bestimmung des wirtschaftlich Berechtigten abzuklären, ob der entsprechende Vermögensgegenstand einem vom Vertragspartner abweichenden wirtschaftlich Berechtigten zugeordnet werden kann. Es ist die im Hintergrund stehende Person zu ermitteln, die letztlich von der Geschäftsbeziehung oder der Transaktion wirtschaftlich profitiert.[177] Bei einer Kontoeröffnung und einer Kontoführung ist damit beispielsweise zu prüfen, ob die Buchungen und der Zahlungsverkehr einem vom Vertragspartner bzw. nominellen Kontoinhaber abweichenden Dritten zugeordnet werden müssen. In der Praxis erfolgt dies im Regelfall durch eine entsprechende Rückfrage beim Vertragspartner und die Überwachung der Geschäftsbeziehung auf gegenteilige Hinweise.

Erste wesentliche Neuerung ist, dass nach neuem Recht nur natürliche Personen als wirtschaftlich Berechtigte in Betracht kommen, vgl. § 1 Abs. 6 S. 1

---

174 Hiernach ist „wirtschaftlicher Eigentümer" die natürliche(n) Person(en), in deren Eigentum oder unter deren Kontrolle der Kunde letztlich steht und / oder die natürliche Person, in deren Auftrag eine Transaktion oder Tätigkeit ausgeführt wird", vgl. Art. 3 Nr. 6 der Dritten EG-Geldwäscherichtline.

175 Der Begriff Gesellschaft in § 1 Abs. 6 S. 2 Nr. 1 GwG soll alle nach deutschem und ausländischem Recht möglichen Gesellschaftsformen erfassen. Erfasst sind sowohl Personen- als auch Kapitalgesellschaften. Von einer Aufzählung der einzelnen Gesellschaftsformen wurde aufgrund der Vielzahl an in- und ausländischen Gesellschaftsformen und Rechtsgestaltungen abgesehen, vgl. BT-Drs. 16/9038, S. 30. Eine rechtliche Eingruppierung der BGB-Gesellschaft ist damit nicht erforderlich.

176 So räumt die Gesetzesbegründung ein, dass nach altem Recht unklar blieb, wer bei juristischen Personen oder sonstigen rechtsfähigen Vereinigungen als wirtschaftlich Berechtigter anzusehen war, vgl. BT-Drs. 16/9038, S. 30.

177 BT-Drs. 16/9038, S. 3.

GwG. Die Auslegungs- und Anwendungshinweise zur Geldwäschebekämpfung fordern insoweit sehr plastisch, dass bei zwischengeschalteten juristischen Personen „durch diese hindurch auf die dahinter stehende natürliche Person geschaut wird."[178]

Ebenfalls neu sind die Kriterien, die von den Verpflichteten bei Bestimmung des wirtschaftlich Berechtigten heranzuziehen sind. § 1 Abs. 6 S. 1 GwG erweitern im Vergleich zur Altregelung in § 8 Abs. 1 GwG a.F. den als wirtschaftlich Berechtigter in Betracht kommenden Personenkreis, indem die Norm mehrere Bestimmungsansätze vorgibt. § 1 Abs. 6 S. 1 GwG fragt nach der natürlichen Person, die Eigentümer, Kontrolleur des Vertragspartners oder Veranlasser einer Transaktion oder einer Geschäftsbeziehung ist und stellt damit eine Abkehr vom alten singulären Bestimmungsansatz dar. Nachfolgend werden die einzelnen Bestimmungsansätze näher dargestellt.

(1) Veranlasser einer Transaktion oder Geschäftsbeziehung, § 1 Abs. 6 S. 1, 3. Var. GwG

Gem. § 1 Abs. 6 S. 1, 3. Var. GwG ist die natürliche Person, auf deren Veranlassung eine Transaktion letztlich durchgeführt wird oder eine Geschäftsbeziehung letztlich begründet wird, wirtschaftlich Berechtigte im Sinne des Geldwäschegesetzes. Ein Handeln auf Veranlassung eines Anderen liegt u.a. dann vor, wenn der Vertragspartner die Geschäftsbeziehung in der Absicht eingeht, die vertraglich gewährten Leistungen bzw. Produkte nicht im eigenen, sondern im Interesse eines Dritten zu nutzen.[179] Die Bestimmungsvariante „Veranlasser" zielt auf die Fälle ab, in denen der Vertragspartner eine natürliche Person ist.[180] Erfasst werden sollen vor allem Treuhandkonstellationen und Fälle verdeckter Stellvertretung.[181] Die erste Alternative (Veranlassung einer Transaktion) stellt auf Geschäftsvorfälle ab, in denen keine dauerhafte Geschäftsbeziehung mit dem Kunden begründet wird. Es besteht grundsätzlich keine Verpflichtung zu prüfen, ob eine innerhalb einer Geschäftsbeziehung getätigte Transaktion auf Veranlassung eines Dritten erfolgt ist. Innerhalb einer Geschäftsbeziehung ist lediglich entsprechend der 2. Alternative (Veranlassung einer Geschäftsbeziehung) zu prüfen, ob die Geschäftsbeziehung in ihrer Gesamtheit auf Veranlassung eines Dritten unterhalten wird.[182]

Gänzlich ignorieren können die Verpflichteten die im Rahmen einer Geschäftsbeziehung getätigten Transaktionen allerdings nicht. Die Durchführung

178 Ziffer 24 der Auslegungs- und Anwendungshinweise zur Geldwäschebekämpfung.

179 Ziffer 26 der Auslegungs- und Anwendungshinweise zur Geldwäschebekämpfung.

180 Ziffer 26 der Auslegungs- und Anwendungshinweise zur Geldwäschebekämpfung.

181 Ziffer 26 der Auslegungs- und Anwendungshinweise zur Geldwäschebekämpfung.

182 Ziffer 26 der Auslegungs- und Anwendungshinweise zur Geldwäschebekämpfung.

einzelner Transaktionen für einen Dritten kann ein Indiz dafür sein, dass die gesamte Geschäftsbeziehung auf Veranlassung eines Dritten unterhalten wird.[183] Dies führt letztendlich zu einer Verpflichtung, auch die innerhalb einer Geschäftsbeziehung getätigten einzelnen Transaktionen auf die Indizwirkung hin zu überwachen.

(2) Eigentümer oder Kontrolleur des Vertragspartners, § 1 Abs. 6 S. 1, 1. und 2 Var. GwG

Die Bestimmungsvarianten Eigentümer und Kontrolleur sind nur bei juristischen Personen und Personengesellschaften denkbar („Gesellschaften").[184] Eigentümer im Sinne des § 1 Abs. 6 S. 1, 1. Var. GwG sind die Gesellschafter bzw. Aktionäre einer Gesellschaft. Eine Person ist Kontrolleur einer Gesellschaft, wenn die betreffende Person über tatsächliche Beherrschungsmöglichkeiten verfügt.[185] Dies ist beispielsweise dann anzunehmen, wenn die Person in der Lage ist, die Unternehmenspolitik des Vertragspartners zu steuern und die gesetzlichen Vertreter und Organe zu bestimmen.[186] Kontrolleur kann auch der Kapitalgeber einer Gesellschaft sein, sofern er sich eine wesentliche Kontrolle über die Verwendung des bereitgestellten Vermögens einräumen lässt.[187] Eigentümer gem. § 6 Abs. 1 S. 1, Var. 1 und 2 GwG – und damit wirtschaftlich Berechtigter – kann grundsätzlich jeder Gesellschafter oder Aktionär sein, unabhängig davon, wie hoch der von ihm gehaltene Kapitalanteil ist. Dies ist vom Gesetzgeber in dieser Weite allerdings schon aus praktischen Gründen nicht gewollt. Eine Identifizierung jedes Aktionärs einer nicht börslich notierten Aktiengesellschaft dürfte regelmäßig nicht umsetzbar sein.

§ 1 Abs. 6 S. 2 GwG enthält eine gesetzliche Vermutung dazu, in welchen Fällen ein wirtschaftlich Berechtigter anzunehmen ist. Die Vermutung in § 1 Abs. 6 S. 2 Nr. 1 GwG differenziert nach Gesellschaftstypen, während § 1 Abs. 6 S. 2 Nr. 2 GwG eine Spezialregelung für treuhänderische Rechtsgestaltungen enthält.

---

183 Ziffer 26 der Auslegungs- und Anwendungshinweise zur Geldwäschebekämpfung.

184 Ziffer 27 der Auslegungs- und Anwendungshinweise zur Geldwäschebekämpfung.

185 Ziffer 27 der Auslegungs- und Anwendungshinweise zur Geldwäschebekämpfung.

186 Ziffer 27 der Auslegungs- und Anwendungshinweise zur Geldwäschebekämpfung. Der Begriff der „Kontrolle" deckt sich mit dem Begriff der „Beherrschung" aus dem Konzernrecht. Für eine Kontrolleursposition im Sinne des § 1 Abs. 6 S. 2 Nr. 1 GwG liegt mithin auch vor, sofern eine faktische Kontrolle im Sinne des AktienG besteht. Eine solche wird sich im Regelfall aus vertraglichen Abreden ergeben.

187 BT-Drs 16/9038 S. 30; vgl. auch Erwägungsgrund 12 der Dritten EG-Geldwäscherichtlinie.

(3) Die gesetzliche Vermutung nach § 1 Abs. 6 S. 2 Nr. 1 GwG

Als wirtschaftlich Berechtigte zählen gem. § 1 Abs. 6 S. 2 Nr. 1 GwG insbesondere:

> „bei Gesellschaften, die nicht an einem organisierten Markt im Sinne des § 2 Abs. 5 des Wertpapierhandelsgesetzes notiert sind und keinen dem Gemeinschaftsrecht entsprechenden Transparenzanforderungen im Hinblick auf Stimmrechtsanteile oder gleichwertigen internationalen Standards unterliegen, jede natürliche Person, welche unmittelbar oder mittelbar mehr als 25 Prozent der Kapitalanteile hält oder mehr als 25 Prozent der Stimmrechte kontrolliert."

Von besonderer Bedeutung für die Eingrenzung der als wirtschaftlich Berechtigte in Betracht kommenden Personen ist die Frage, wie hoch der Gesellschaftsanteil bzw. der Anteil an kontrollierten Stimmrechten sein muss, damit eine Person als wirtschaftlich Berechtigter im Sinne des § 1 Abs. 6 S. 1, Var. 1 bzw. 2 GwG ist. § 1 Abs. 6 S. 2 Nr. 1 GwG bestimmt, dass ***insbesondere*** jede natürliche Person, welche unmittelbar oder mittelbar mehr als 25 % der Kapitalanteile hält oder mehr als 25 % der Stimmrechte kontrolliert, als wirtschaftlich Berechtigter gilt.[188] Die in § 6 Abs. 6 S. 2 GwG genannten Werte sind als Richtwerte zu verstehen.[189] Dies folgt aus dem Wortlaut („insbesondere") und dem Umstand, dass die Frage, ob jemand als wirtschaftlich Berechtigter zu identifizieren ist, nach neuem Recht risikobasiert zu erfolgen hat, vgl. Art. 3 Abs. 4 S. 1 GwG. Bei einer Gesellschaft mit erhöhtem Geldwäsche- oder Terrorismusfinanzierungsrisiko kann bereits ein einstelliger Prozentsatz ausreichen, um die Existenz eines wirtschaftlich Berechtigten zu bejahen und damit die Identifikationspflicht auszulösen. § 1 Abs. 6 S. 1 GwG verpflichtet daher dazu, das Risiko der Geschäftsbeziehung oder Transaktion mit dem jeweiligen Vertragspartner zu evaluieren und anschließend in risikoangemessener Weise zu entscheiden, welche Prozentwerte für die entsprechende Gesellschaft herangezogen werden sollen. Bei der Risikoabwägung ist auch das von der Rechtsform des Vertragspartners ausgehende Missbrauchsrisiko zu berücksichtigen. Bestimmte Gesellschaftsformen verfügen nach Auffassung des Gesetzgebers *per se* über ein erhöhtes Geldwäsche- und Terrorismusfinanzierungsrisiko. Die BGB-Gesellschaft gilt als eine solche Gesellschaft.[190] Das

---

188 Der erste Richtlinienentwurf zur Dritten EG-Geldwäscherichtlinie sah eine Identifizierungspflicht bereits ab einer Schwelle von 10 Prozent vor. Ein derartig niedriger Schwellenwert hätte jedoch zahlreiche Änderungen in den Transparenzvorschriften bedurft und ist daher fallen gelassen worden, ausführlich zum ersten Richtlinienentwurf zur Dritten EG-Geldwäscherichtlinie Höche, WM 2005, S. 9.

189 BT-Drs. 16/9038, S. 30

190 Die Begründung im Referentenentwurf sah deshalb noch vor, dass jeder Gesellschafter unabhängig von seinem Stimmrechtsanteil als wirtschaftlich Berechtigter zu qualifizieren sei, vgl. Referentenwurf zum GwBekErgG, Stand: 11.10.2007, S. 10. Der ZKA kritisiert diese Einstufung als pauschale nicht empirisch begründete Festlegung, die der

erhöhte Missbrauchsrisiko wir mit der oft nur geringen Transparenz der Gesellschaft begründet.[191] Anders verhält es sich nach Auffassung des Gesetzgebers hingegen bei der Wohnungseigentümergemeinschaft. Aufgrund ihres geringen Geldwäscherisikos ist im Regelfall eine weniger strenge Überprüfung der Identität der wirtschaftlich Berechtigten möglich.[192] Hier soll es regelmäßig ausreichen, eine jährlich zu aktualisierende Liste der Wohnungseigentümer einzufordern.[193] Nur wenn die Risikobewertung zu dem Ergebnis kommt, dass das Geldwäsche- bzw. Terrorismusfinanzierungsrisiko im konkreten Fall als gering einzustufen ist, kann bei der Bestimmung der Eigentümer und Kontrolleure auf die Schwellenwerte in § 1 Abs. 6 S. 2 Nr. 1 GwG abgestellt werden.[194] Ein pauschaler Rückgriff auf die Werte in § 1 Abs. 6 S. 2 Nr. 1 GwG ohne eine konkrete Risikobewertung der entsprechenden Kundenbeziehung dürfte mangels ausreichender Berücksichtigung des risikobasierten Ansatzes sowohl mit dem Geldwäschegesetz also auch mit der Dritten EG-Geldwäscherichtlinie unvereinbar sein.

§ 1 Abs. 6 S. 2 Nr. 1 GwG stellt klar, dass es für die Stellung als wirtschaftlich Berechtigter ausreicht, dass die Anteile nur mittelbar, also beispielsweise durch Anteile an einem Unternehmen, das wiederum seinerseits Anteile am Vertragspartner hält, gehalten oder kontrolliert werden. Für den mittelbar am

---

Idee vom risikobasierten Ansatz zuwiderläuft, vgl. S. 13 der ZKA-Stellungnahme zum GwBekErgG.

191 Vgl. BT-Drs. 16/9038, S. 30. Es bestehen für die BGB-Gesellschaft keine handelsrechtlichen Eintragungspflichten. Ferner kann die Transparenz der Gesellschaft durch die größtenteils dispositiven Bestimmungen weiter verringert werden. Die der BGB-Gesellschaft durch den BGH zugebilligte Teilrechts- und Kontofähigkeit ermöglicht es den Gesellschaftern die Vorzüge einer juristischen Person zu nutzen ohne die entsprechenden Transparenzstandards erfüllen zu müssen.

192 BT-Drs. 16/9038, S. 30.

193 Ebenfalls risikoerhöhend dürfte zu berücksichtigen sein, wenn eine gem. § 6 Abs. 1 Nr. 1 GwG als PEP zu klassifizierende wirtschaftlich Berechtigte des Vertragspartners ist. Vgl. insoweit die dahingehende Auslegung der FATF in ihrem Prüfbericht vom 19. Februar, S. 7 des Mutual Evaluation Report-Germany, abrufbar unter: www.fatf-gafi.org. Dort wird kritisch angemerkt, dass das Geldwäschegesetz keine Vorgaben für den Fall enthält, dass PEP im engen Sinne wirtschaftlich Berechtige des Vertragspartners sind.

194 BT-Drs. 16/9038, S. 30. Dies könnte beispielsweise über den Hausverwalter geschehen. Bei Investmentfonds die grundsätzlich jedermann offen stehen (Publikumsfonds) ist Eigentümer die den Fonds auflegenden und verwaltende Investmentgesellschaft. Der Inhaber eines Investmentanteils kann grundsätzlich Begünstigter im Sinne des § 1 Abs. 6 S. 1 Nr. 2 GwG und damit wirtschaftlich Berechtigter sein. Allerdings dürften die hierfür nach § 1 Abs. 6 S. 1 Nr. 2 GwG erforderlichen Schwellenwerte bei einem Publikumsfonds im Regelfall nicht erreicht werden. Anders verhält es sich bei einem Spezialfonds. Ein derartiger Fonds wird oft nur für eine kleine Gruppe von institutionellen Anlegern aufgelegt. Hier ist ein Erreichen der Schwellenwerte denkbar, vgl. Ziffer 35 der Auslegungs- und Anwendungshinweise zur Geldwäschebekämpfung.

Vertragspartner gehaltenen Anteil gelten ebenfalls die Werte aus § 1 Abs. 6 S. 2 Nr. 1 GwG, womit ein Anteil von 25 % ausreicht.

Bedeutsam für Kreditinstitute und die übrigen Verpflichteten ist die Frage, bis zu welcher Ebene bei der Ermittlung wirtschaftlich Berechtigter vorzudringen ist, sofern mehre juristische Personen hintereinander geschaltet sind. Mangels gegenteiliger gesetzlicher Festlegung dürfte die Pflicht wohl grundsätzlich erst enden, wenn der Verpflichtete auf eine natürliche Person oder eine befreite juristische Person oder Personengesellschaft trifft.[195] Bei mittelbaren Beteiligungen am Vertragspartner über eine zwischengeschaltete Gesellschaft gelten nach der von der Aufsicht in den Auslegungs- und Anwendungshinweisen vertretenen Auffassung für die Beteiligungsverhältnisse an der zwischengeschalteten Gesellschaft nicht die für die Beteiligung am Vertragspartner geltenden Werte aus § 1 Abs. 6 S. 2 Nr. 1 GwG. Auf dieser Ebene ist vielmehr erforderlich, dass die entsprechende Person die zwischengeschaltete Gesellschaft durch eine Mehrheitsbeteiligung oder auf sonstige Art und Weise kontrolliert bzw. beherrscht.[196] Bei der Bestimmung des Eigentümers kommt es damit auf der zweiten Ebene nicht nur auf den Umfang der Eigentumsanteile an. Gefordert wird vielmehr eine Gesamtbetrachtung.

Eine Erleichterung besteht für die Verpflichteten darin, dass auch diese Maßnahmen einer Risikobewertung zugänglich sind. Den Verpflichteten ist es daher möglich, bereits auf früheren Ebenen die Prüfung abzubrechen, sofern die zu treffende Risikobewertung dies rechtfertigt.

Gem. § 1 Abs. 6 S. 2 Nr. 1 GwG findet die gesetzliche Vermutung ausschließlich Anwendung auf Gesellschaften, die nicht an einem organisierten Markt im Sinne des § 2 Abs. 5 WpHG notiert sind und keinen dem EG-Gemeinschaftsrecht entsprechenden Transparenzanforderungen im Hinblick auf Stimmrechtsanteile oder gleichwertigen internationalen Standards unterliegen. Hieraus wird teilweise gefolgert, dass bei börsennotierten Gesellschaften keine Verpflichtung zur Identifizierung des wirtschaftlich Berechtigten besteht.[197] Dieser Umkehrschluss dürfte allerdings nicht zulässig sein. Die Formulierung „hierzu zählen insbesondere […]“ macht deutlich, dass die Regelung nicht abschließend sein soll und es sich bei der Regelung lediglich um ein Beispiel handelt.[198] Eine Befreiung börsennotierter Gesellschaften von der Verpflichtung zur Identifizierung des wirtschaftlich Berechtigten wäre vom Gesetzgeber allerdings aus systematischen Gründen in die Definition des

---

195 So auch Ziffer 27 der Auslegungs- und Anwendungshinweise zur Geldwäschebekämpfung.

196 Vgl. Ziffer 28 der Auslegungs- und Anwendungshinweise zur Geldwäschebekämpfung.

197 So wohl *Sotiriadis / Heimerdinger*, BKR 2009, S. 238 und *Warius*, GwG, § 1 Rn. 48.

198 BT-Drs. 16/9038, S. 30.

wirtschaftlich Berechtigten in § 1 Abs. 6 S. 1 GwG aufzunehmen gewesen. Durch die Ausklammerung der börsennotierten Gesellschaften in § 1 Abs. 6 S. 2 Nr. 1 GwG sollte wohl lediglich der höheren Transparenz dieser Gesellschaften im Vergleich zu den nicht börsennotierten Gesellschaften Rechnung getragen werden.[199] Eine Erleichterung der Sorgfaltspflichten gegenüber dieser Gruppe ergibt sich allerdings regelmäßig aus § 5 Abs. 2 Nr. 2 GwG. Hiernach können Verpflichtete bei Begründung von Geschäftsbeziehungen mit börsennotierten Gesellschaften, deren Wertpapiere zum Handel auf einem organisierten Markt im Sinne des § 2 Abs. 5 WpHG in einem EG-Mitgliedstaat zugelassen sind, und bei Begründung von Geschäftsbeziehungen mit börsennotierten Gesellschaften aus bestimmten Drittstaaten in den Fällen des § 3 Abs. 2 Satz 1 Nr. 1, 2 und 4 GwG von der Erfüllung der allgemeinen Sorgfaltspflichten absehen.[200]

(4) Wirtschaftlich Berechtigter bei treuhänderischen Rechtsgestaltungen

§ 1 Abs. 6 S. 2 Nr. 2 GwG liefert eine beispielhafte Aufzählung dazu, welche Personen bei rechtsfähigen Stiftungen und Rechtsgestaltungen, die treuhänderisch Vermögen verwalteten, als wirtschaftlich Berechtigte in Frage kommen.[201] Hiernach ist wirtschaftlich Berechtigter jede natürliche Person, die 25 Prozent oder mehr des Vermögens kontrolliert (Buchstabe a), oder als Begünstigte von 25 Prozent oder mehr des verwalteten Vermögens bestimmt worden ist (Buchstabe b). Wenn die natürliche Person, die Begünstigte des verwalteten Vermögens werden soll, noch nicht bestimmt ist, ist auf die Person oder Personengruppe abzustellen, zu deren Gunsten das Vermögen hauptsächlich verwaltet oder verteilt werden soll (Buchstabe c). Ab welcher Größenordnung die Verwaltung oder Verteilung hauptsächlich für eine bestimmte Person erfolgt, wird vom Gesetzgeber nicht vorgegeben. Auch hier dürfte mangels gegenteiliger Angaben eine Einzelfallbetrachtung gefordert sein.[202] Hierbei sind u.a. die Anteile der in Frage kommenden Personen ins Verhältnis zuein-

---

199 Eine wenn auch nur geringfügige Privilegierung für diese Gruppe besteht dahingehend, dass keine Positivvermutung für die Existenz Identifizierungspflichtiger wirtschaftlich Berechtigter formuliert wird.

200 Ausführlich hierzu unten in Kap. 3 C) II. 1 b). Zu beachten ist, dass die Befreiung gem. § 5 Abs. 1 S. 1 GwG nicht gilt, sofern ein Fall der verstärkten Sorgfaltspflichten vorliegt oder gem. § 5 Abs. 3 GwG im Hinblick auf eine konkrete Transaktion oder Geschäftsbeziehung dem Verpflichteten Informationen vorliegen, die darauf schließen lassen, dass das Risiko der Geldwäsche oder der Terrorismusfinanzierung nicht gering ist.

201 Die Maßnahmen im Bereich der Stiftungen und Treuhandverhältnisse wurden von de FATF in ihrem Bericht zu Deutschland als unzureichend kritisiert, S. 17 des Mutual Evaluation Report-Germany, abrufbar unter: www.fatf-gafi.org

202 Vgl. Ziffer 28 der Auslegungs- und Anwendungshinweise zur Geldwäschebekämpfung.

ander zu setzen.[203] Können diese Personen noch nicht bestimmt werden, besteht die Verpflichtung hierzu nicht.[204] Für den Vertragspartner besteht gem. § 4 die Verpflichtung, diese Informationen nachzureichen, sobald ihm dies möglich ist. [205]

bb) Die Pflicht nach § 3 Abs. 1 Nr. 3 GwG auslösende Geschäftsvorfälle

Aus § 3 Abs. 2 S. 1 Nr. 1 GwG i.V.m. § 3 Abs. 1 Nr. 3 GwG folgt die Verpflichtung zur Ermittlung und Identifizierung des wirtschaftlich Berechtigten bei Begründung einer Geschäftsbeziehung. Auch die alte Rechtslage in § 8 GwG a.F. sah eine Verpflichtung zur Abklärung des wirtschaftlich Berechtigten in dieser Fallgruppe vor. Gem. § 3 Abs. 1 Nr. 3 GwG i.V.m. § 3 Abs. 2 S. 1 Nr. 2 GwG ist der wirtschaftlich Berechtigte bei der Durchführung einer außerhalb einer bestehenden Geschäftsbeziehung anfallenden Transaktion im Wert von 15.000 Euro oder mehr zu ermitteln und zu identifizieren. Sofern Anhaltspunkte dafür vorliegen, dass zwischen ihnen eine Verbindung besteht, besteht diese Verpflichtung auch, wenn mehrere Transaktionen durchgeführt werden, die zusammen einen Betrag im Wert von 15.000 Euro oder mehr ausmachen. Die Fallgruppe ähnelt der im Rahmen des Geldwäschebekämpfungsgesetzes gestrichenen Verpflichtung zur Abklärung des wirtschaftlich Berechtigten bei Bartransaktionen.[206] Die Regelung in § 3 Abs. 1 Nr. 3 GwG i.V.m. § 3 Abs. 2 S. 1 Nr. 2 GwG stellt insoweit eine, wenn auch abgewandelte, Wiedereinführung dieser Verpflichtung dar.[207]

Gem. § 3 Abs. 1 Nr. 3 GwG i.V.m. § 3 Abs. 2 S. 1 Nr. 3 GwG ist der wirtschaftlich Berechtigte zu ermitteln und zu identifizieren, sofern Tatsachen festgestellt werden, die darauf schließen lassen, dass eine Transaktion einer Geldwäsche oder Terrorismusfinanzierung dient, gedient hat oder im Falle ihrer Durchführung dienen würde. Bestehen beim Verpflichteten Zweifel darüber, ob die über den wirtschaftlich Berechtigten erhobenen Angaben zutreffend sind, ist er gem. § 3 Abs. 1 Nr. 3 GwG i.V.m. § 3 Abs. 2 S. 1 Nr. 4 GwG verpflichtet, eine erneute Abklärung und Identifizierung vorzunehmen.

---

203 Vgl. Ziffer 28 der Auslegungs- und Anwendungshinweise zur Geldwäschebekämpfung.

204 Vgl. Ziffer 28 der Auslegungs- und Anwendungshinweise zur Geldwäschebekämpfung.

205 Vgl. Ziffer 28 der Auslegungs- und Anwendungshinweise zur Geldwäschebekämpfung.

206 In seiner bis zum Geldwäschebekämpfungsgesetzes geltenden Fassung verwies § 8 Abs. 1 S. 1 GwG a.F. auch auf die Pflicht zur Identifizierung bei der Annahme von Bargeld und dem Bargeld gleichgestellten Vermögenswerten. Zum Recht einer Bank eine Auszahlung zu Verweigern, sofern Angaben zu wirtschaftlich Berechtigten verweigert werden, vgl. OLG Hamburg ZIP 1995, S. 1578, vgl. auch EWiR 1995, S. 1003.

207 Ausführlich zur alten Regelung und zur abweichende Aufsichtspraxis *Langweg* in: Fülbier / Aepfelbach / Langweg, GwG-Kommentar, § 8 Rn. 5.

Für die Fallgruppen nach Nr. 3 und Nr. 4 dürfte aufgrund der Weite der Fallgruppen nach Nr. 1 und Nr. 2 in den meisten Fällen kein Raum sein.[208]

cc) Durchführung der Identifizierung des wirtschaftlich Berechtigten

Die bei der Identifizierung des wirtschaftlich Berechtigten einzuhaltenden Vorgaben sind in § 4 Abs. 5 GwG geregelt. Hiernach hat die Identifizierung des wirtschaftlich Berechtigten ebenso wie die Identifizierung des Vertragspartners in zwei Stufen zu erfolgen. In einem ersten Schritt haben die Verpflichteten den Namen des wirtschaftlich Berechtigten zu erheben. Name meint hier mindestens einen Vornamen und den Nachnamen.[209] Die Erhebung weiterer Identifizierungsmerkmale hat nur zu erfolgen, soweit dies in Ansehung des im Einzelfall bestehenden Risikos der Geldwäsche oder der Terrorismusfinanzierung angemessen ist, § 4 Abs. 5 S. 1 GwG.[210] In einem zweiten Schritt haben die Verpflichteten eine Überprüfung der erhobenen Angaben durch risikoangemessene Maßnahmen vorzunehmen, § 4 Abs. 5 S. 2 GwG. Abweichend von der Regelung zur Identifizierung des Vertragspartners in § 4 Abs. 4 GwG werden vom Gesetz keine Vorgaben dazu gemacht, welche Maßnahmen vom Verpflichteten im einzelnen bei der Überprüfung der Angaben zu treffen sind und welche Dokumente er zur Verifizierung der Angaben heranziehen darf.

In der praktischen Umsetzung stellt sich für die Verpflichteten die Frage, welche Informationsquellen für die Erhebung und Überprüfung der Angaben herangezogen werden können. Bei einer GmbH lassen sich die Eigentumsverhältnisse nach Auffassung des Gesetzgebers anhand der gem. § 40 GmbHG zu erstellenden Gesellschafterliste überprüfen. Für die Aktiengesellschaft wird auf die aktienrechtlichen Transparenzvorgaben verwiesen. Einzig und allein für die GbR wird vom Gesetzgeber ein Transparenzdefizit eingeräumt. Bei ihr werden die Verpflichteten wohl mangels einer Eintragungspflicht in öffentlichen Registern auf die Angaben des Verpflichteten angewiesen sein.[211] Aufforderungen des Bundesrats und der Kreditwirtschaft, zusätzliche Veröffent-

208 Vgl. insoweit die Ausführungen oben in Kap. 3 C) I. 2.

209 Vgl. Ziffer 30 der Auslegungs- und Anwendungshinweise zur Geldwäschebekämpfung.

210 Die Regelung wurde vom Bundesrat als aus polizeilicher Sicht ungenügend kritisiert, da eine Identifizierung allein aufgrund des Namens nicht möglich sei. Weitere Identifizierungsmerkmale (Geburtsort, -datum und Anschrift) seinen daher als Pflichtangaben notwendig, vgl. Stellungnahme des Bundesrats zum GwBekErgG, BT-Drs. 16/9038, S. 63.

211 Kritisch zur Möglichkeit der Überprüfung der bei der Gesellschaften erhobenen Angaben:, S. 17 des FATF Prüfbericht vom 19.02.2010, Mutual Evaluation Report-Germany, abrufbar unter: www.fatf-gafi.org; vgl. auch die Stellungnahme des Bundesrats zum GwBekErgG, BT-Drs. 16/9038, S. 38.

lichungspflichten für die Eigentumsverhältnisse an Personengesellschaften zu schaffen, wurden vom Gesetzgeber nicht umgesetzt.[212]

Wesentlich größere Schwierigkeiten dürfte regelmäßig die Feststellung und Überprüfung einer Kontrolleur-Funktion sein. So dürfte es den Verpflichteten ohne Mithilfe des Vertragspartners nicht möglich sein, die Kontrolleure einer Gesellschaft zu ermitteln, sofern die Beherrschungsverträge nicht veröffentlicht wurden. Angesichts dieser Situation wurde vom Gesetzgeber eine Mitwirkungspflicht des Vertragspartners in das Geldwäschegesetz aufgenommen. Gem. § 4 Abs. 6 GwG hat der Vertragspartner dem Verpflichteten die zur Erfüllung der Pflichten nach § 4 GwG notwendigen Informationen und Unterlagen zur Verfügung zu stellen und im weiteren Verlauf der Geschäftsbeziehung sich ergebende Änderungen unverzüglich anzuzeigen.[213] Um den Aufsichtsbehörden die Überprüfung der Angemessenheit der Verifizierungsmaßnahmen zu ermöglichen, sind die hierbei getroffenen Maßnahmen zu dokumentieren, vgl. § 3 Abs. 4 S. 2 GwG. Der Verpflichtung aus § 3 Abs. 1 Nr. 3 GwG, die Eigentums- und Kontrollstruktur des Vertragspartners mit angemessenen Mitteln in Erfahrung zu bringen,[214] kann durch Erstellung eines Konzerndiagramms oder durch Anfertigen sonstiger Aufzeichnungen nachgekommen werden.[215]

Die Vorgabe, die erhobenen Angaben durch risikobasierte Maßnahmen zu verifizieren, wurde von der Aufsicht zunächst dahingehend interpretiert, dass in den Fällen normalen Risikos keine Verpflichtung zur Überprüfung der Unterlagen besteht.[216] Eine Verpflichtung zur Überprüfung der Unterlagen sollte nur bestehen, sofern Zweifel bezüglich der Richtigkeit der erhobenen Angaben vorlagen.[217] Zweifel sollten insbesondere dann bestehen, wenn die Angaben des Vertragspartners zum wirtschaftlich Berechtigten widersprüchlich oder offensichtlich zweifelhaft sind oder in sonstiger Weise Anzeichen für ein erhöhtes Geldwäsche- oder Terrorismusfinanzierungsrisiko geben.[218] Auf

---

212 Vgl. Stellungnahme des Bundesrats zum GwBekErgG, BT-Drs. 16/9038, S. 38 und vgl. Stellungnahme des ZKA zum GwBekErgG, S. 5. Auch die FATF kritisiert in ihrem Prüfbericht vom 19.02.2010 die eingeschränkten Überprüfungsmöglichkeiten, vgl. S. 17 des Mutual Evaluation Report-Germany, abrufbar unter: www.fatf-gafi.org.

213 Die Verpflichtung ist ausschließlich an den Vertragspartner adressiert. Eine öffentlich-rechtliche Verpflichtung des wirtschaftlich Berechtigten besteht somit nicht.

214 Diese Regelung ist völlig neu und geht auf Art. 8 Abs. 1 Buchstabe b letzter Halbsatz der Dritten EG-Geldwäscherichtlinie zurück.

215 Ziffer 27 der Auslegungs- und Anwendungshinweise zur Geldwäschebekämpfung.

216 Ziffer 31 der Auslegungs- und Anwendungshinweise zur Geldwäschebekämpfung.

217 Ziffer 31 der Auslegungs- und Anwendungshinweise zur Geldwäschebekämpfung.

218 Ziffer 31 der Auslegungs- und Anwendungshinweise zur Geldwäschebekämpfung. Diese Auslegung deckt sich mit der für Institute bislang ohnehin geltende Rechtslage. Gem. § 8 Abs. 1 S. 2. GwG a.F. hatte ein Institut beim vorliegen äußerer Umstände die

Druck der FATF hat die BaFin eine Korrektur dieser Aufsichtspraxis vorgenommen. Nach dem Rundschreiben 14/2009 hat eine Überprüfung der Identität des wirtschaftlich Berechtigten nun auch dann zu erfolgen, wenn keine Zweifel hinsichtlich der erhobenen Angaben bestehen.[219] Das Rundschreiben stellt klar, dass das Ersuchen des Kunden um zweckdienliche Daten keine Maßnahme zur Überprüfung der Identität darstellt. Hierin könne allenfalls eine Maßnahme im Rahmen der Erhebung der Daten des wirtschaftlich Berechtigten gesehen werden.[220]

dd) Bußgeld bei Verstoß gegen die Sorgfaltspflichten im Zusammenhang mit dem wirtschaftlich Berechtigten

Gem. § 17 Abs. 2 Nr. 1 GwG handelt ordnungswidrig, wer entgegen § 3 Abs. 1 Nr. 3 GwG das Vorhandensein eines wirtschaftlich Berechtigten nicht abklärt. Gem. § 17 Abs. 2 Nr. 2 GwG handelt ferner ordnungswidrig, wer entgegen 4 Abs. 5 S.1 GwG den Namen des wirtschaftlich Berechtigten nicht erhebt. Für die Ordnungswidrigkeiten kann gem. § 17 Abs. 3 GwG ein Bußgeld in Höhe von maximal 50.000 Euro verhängt werden.

ee) Zwischenfazit zu den neuen Vorgaben im Zusammenhang mit dem wirtschaftlich Berechtigten

Die Sorgfaltspflichten im Zusammenhang mit dem wirtschaftlich Berechtigten weichen in Teilen stark von der alten Rechtslage ab. In den Fällen, in denen der Vertragspartner eine natürliche Person ist, kommt das neue Recht allerdings zu keinen vom alten Recht abweichenden Ergebnissen. Auch wenn die neue Regelung dies nicht ausdrücklich erklärt, dürften wohl nur Fälle denkbar sein, in denen der Vertragspartner auf Veranlassung und damit auf Rechnung eines anderen handelt. Die Bestimmungsalternativen Eigentümer und Kontrolleur sind bei einer natürlichen Person nicht denkbar.

Problematisch und schwer zu handhaben sind die Regeln zur Bestimmung des wirtschaftlich Berechtigten ausgerechnet bei Anwendung auf die Gruppe, die durch die Umgestaltung der Vorschrift besser erfasst werden sollte, die Gruppe der nicht-natürlichen Personen.[221] Bereits nach altem Recht waren zum Teil

---

Zweifel an den Angaben des Kunden aufwerfen, die Angaben mittels angemessener Maßnahmen zu überprüfen. Vgl. hierzu auch BT-Drs. 14/8739, S. 30 und Bruchner / Fischbeck in: Schimansky / Bunte / Lwowski, Bankrechts-Handbuch, § 42 Rn. 177 ff. Die übrigen Verpflichteten durften grundsätzlich darauf vertrauen, dass die vom Vertragspartner über den wirtschaftlich Berechtigten gemachten Angaben der Wahrheit entsprechen.

219 BaFin-Rundschreiben 14/2009 (GW) vom 29.07.2009 mit Verweis auf die Empfehlung Nr. 5 der FATF.

220 BaFin-Rundschreiben 14/2009 (GW) vom 29.07.2009.

221 Vgl. BT-Drs. 16/9038, S. 30 zur dahingehenden Zielsetzung des Gesetzgebers.

komplizierte Überlegungen anzustellen, um den wirtschaftlich Berechtigten zu ermitteln. Nach neuem Recht müssen sich die Verpflichteten aufgrund der vielfältigen Bestimmungsansätze wesentlich mehr Fragen stellen, um festzustellen, ob eine Person wirtschaftlich Berechtigter ist. Erschwerend kommt hinzu, dass die neue Definition des wirtschaftlich Berechtigten in § 1 Abs. 6 GwG äußerst unbestimmt und vage ist. So dürfte sich den Verpflichteten nicht auf Anhieb erschließen, wer als Kontrolleur einer juristischen Person zu gelten hat. Der Konturlosigkeit der Definition versucht der Gesetzgeber vergeblich durch eine Beispielliste entgegenzutreten. Die Liste wirft vielmehr ihrerseits eine Reihe von Auslegungsfragen auf. Sie beschränkt sich auf die Nennung von Prozentwerten, denen lediglich Indizwirkung zugedacht wird. Insbesondere der Begriff des Kontrolleurs hätte einer näheren Bestimmung bedurft. Die aufsichtskonforme Umsetzung der Vorgaben wird den Verpflichteten zudem zusätzlich dadurch erschwert, dass aufgrund des zu beachtenden risikobasierten Ansatzes sich jegliche schematische Herangehensweise verbietet. Auch das Erläuterungsschreiben der Aufsicht vom 29.07.2009 stellt den Verpflichteten keine Instrumente zur zuverlässigen Bestimmung des wirtschaftlich Berechtigten bereit. Natürlich lässt sich argumentieren, dass die oben aufgeführten Zweifelsfragen von den Verpflichteten risikobasiert zu beantworten sind. Dies setzt allerdings voraus, dass die Aufsichtsbehörde Beurteilungsspielräume anerkennt. Die Aufsicht hat jedoch in ihrem Erläuterungsrundschreiben zum *GwBekErgG* klargestellt, dass die Erfüllung der Bestimmung nicht in dem Maß zur Disposition der Verpflichteten steht, wie es der Wortlaut vermuten lässt.[222]

d) Kontinuierliche Überwachung der Geschäftsbeziehung, § 3 Abs. 1 Nr. 4 GwG

aa) Inhalt der Pflicht

§ 3 Abs. 1 Nr. 4 GwG fordert von den Verpflichteten die kontinuierliche Überwachung der unterhaltenen Geschäftsbeziehungen. Die auch als *Monitoring*[223] bezeichnete Verpflichtung schließt gem. § 3 Abs. 1 Nr. 4 GwG die Überwachung der im Verlauf der Geschäftsbeziehung vorgenommenen Transaktionen ein. Das *Monitoring* erfolgt zur Überprüfung der beim Verpflichteten vorhandenen Informationen über den Vertragspartner und den wirtschaftlich Berechtigten, § 3 Abs. 1 Nr. 4 GwG. Die Verpflichtung ist Ausprägung des „Know Your Customer"-Prinzips und findet bei Kreditinstituten und Finanz-

222 Vgl. die korrigierenden Erläuterungen der Aufsicht im BaFin-Rundschreiben 14/2009 (GW) vom 29.07.2009.

223 Der Begriff deckt sich mit dem bisher vom Gesetzgeber und der Bankaufsicht verwendeten Begriff des Researchs. Zur Herkunft und Bedeutung des Begriffs vgl. *Ackmann / Reder*, WM 2009, Fn. 24.

dienstleistungsunternehmen schon insofern statt, als insbesondere Kredit-, Betrugs- und sonstige kundenbezogene Risiken Banken zwingen, ihre Geschäftsbeziehungen kontinuierlich zu überwachen und die entsprechen Risiken immer wieder aufs Neue zu bewerten. Abhängig vom im konkreten Fall bestehenden Geldwäsche- bzw. Terrorismusfinanzierungsrisiko sind auch Informationen über die Herkunft der Vermögenswerte zu erheben und abzugleichen. Sofern es sich bei dem betroffenen Kunden um keine politisch exponierte Person (PEP) handelt, besteht nach Auffassung der Aufsicht grundsätzlich keine Verpflichtung, routinemäßig bei allen Kunden die Vermögensherkunft abzuklären.[224]

Gem. § 3 Abs. 1 Nr. 4 GwG, letzter Halbsatz ist im Rahmen der kontinuierlichen Überwachung sicherzustellen, dass die beim Verpflichteten über den Vertragspartner und den wirtschaftlich Berechtigten vorhandenen Dokumente, Daten und sonstigen Informationen in angemessenem zeitlichen Abstand aktualisiert werden.[225] Bei Bestandskunden, also den Personen, mit denen eine Vertragsbeziehung bereits vor In-Kraft-treten des neuen Rechts begründet wurde, ist dies zur „geeigneten Zeit auf risikobasierter Grundlage" nachzuholen.[226] Die Verpflichtung soll dazu dienen, die Effektivität und Aussagekraft der laufenden Überwachung sicherzustellen.[227] Welche Intervalle angemessen sind, ist vom Verpflichteten, basierend auf einer Risikoeinschätzung des Produkts und der Geschäftsbeziehung, im Rahmen der Gefährdungsanalyse selbst zu bestimmen.[228] Eine Verpflichtung zu einer starren, periodischen

---

224 Ziffer 20 der Auslegungs- und Anwendungshinweise zur Geldwäschebekämpfung. Vgl. insoweit auch § 6 Abs. 2 Nr. 1 Buchstabe b GwG, der nur für die Gruppe der PEP eine zwingende Verpflichtung zur Ermittlung der Herkunft der im Rahmen der Geschäftsbeziehung und der Transaktion eingesetzten Vermögenswerte vorsieht.

225 Die Regelung wurde im Gesetzgebungsverfahren vom Bundesrat als Übererfüllung der Richtlinie und für die Verpflichteten zu kostspielig kritisiert, vgl. Stellungnahme des Bundesrats zum GwBekErgG, BT-Drs. 16/9038, S. 61. Dem kann nicht gefolgt werden. Die Richtlinie verlang in Art. 8 Abs. 1 Buchstabe d letzter Satzteil eine „Gewährleistung, dass die jeweiligen Dokumente, Daten oder Informationen stets aktualisiert werden." Die Umsetzung dahingehend dass die Aktualisierung im „angemessenen zeitlichen Abstand" zu erfolgen hat, stellt insoweit keine Übererfüllung dar, vgl. hierzu auch die Unterrichtung durch die Bundesregierung, BT-Drs. 16/9080.

226 BT-Drs. 16/9038, S. 34. Vgl. auch Artikel 9 Abs. 6 der Dritten EG-Geldwäscherichtlinie, hiernach sind die Sorgfaltspflichten nicht nur auf alle neuen Vertragspartner sondern auch auf die Bestandskunden anzuwenden. Zu von der Bankaufsicht gewährten Umsetzungsfrist, vgl. oben in Fn. 1.

227 BT-Drs. 16/9038, S. 34.

228 Entsprechend der Auslegungs- und Anwendungshinweise kann beispielsweise eine Einteilung der Kunden in Risikoklassen erfolgen. Die Intervalle können dann auf die jeweilige Risikoklasse bezogen werden. Darüber hinaus sollten auch Auffälligkeiten im Rahmen der dem Verpflichteten gem. § 31 Abs. 1 Nr. 4 GwG bzw. 9 GwG obliegenden Überwachung Aktualisierungsmaßnahmen initiieren, für ausführliche Umsetzungshin-

Aktualisierung des gesamten Datenbestandes besteht nicht.[229] Erleichtert werden die Aktualisierungsverpflichtungen durch die dem jeweiligen Vertragspartner obliegenden Mitwirkungspflichten.[230]

Die Pflicht zur kontinuierlichen Überwachung der Geschäftsbeziehung soll die Aktualität der im Rahmen der Sorgfaltspflichterfüllung gem. § 3 Abs. 1 Nr. 2 GwG erhobenen Informationen sicherstellen. Die Verpflichtung soll darüber hinaus helfen, Risiken erkennbar zu machen, welche im Zeitpunkt der Eingehung der Geschäftsbeziehung nicht erkennbar oder nicht existent waren.[231] Die Regelung wurde insbesondere mit Blick auf Dauerschuldverhältnisse geschaffen.[232] Ihr liegt die Annahme zu Grunde, dass das Risikoprofil eines Betroffenen sich insbesondere bei länger andauernden Geschäftsbeziehungen ändern kann und es daher einer dynamischen Prüfungspflicht der Verpflichteten bedarf. Im Rahmen des *Monitoring* haben die Verpflichteten daher das vom Kunden zu erstellende Risikoprofil ständig abzugleichen und gegebenenfalls anzupassen.

Eine geldwäscherechtliche Verpflichtung zum *Monitoring*, um einen Missbrauch zur Geldwäsche und Terrorismusfinanzierung zu verhindern bzw. zu erschweren, bestand – wenn auch nicht derart ausdrücklich – auch nach altem Recht. Gem. § 14 Abs. 2 Nr. 2 GwG a.F. hatten Verpflichtete interne Grundsätze zu entwickeln und angemessene geschäfts- und kundenbezogene Sicherungssysteme und Kontrollen zur Verhinderung der Geldwäsche und der Finanzierung terroristischer Vereinigungen vorzuhalten. Bei Kredit- und Finanzdienstleistungsinstituten lief dies auf ein *Monitoring* im Sinne des neuen Rechts hinaus.[233] Für Verpflichtete, die von *Monitoring* gem. § 14 Abs. 2 Nr. 2 GwG a.F. nicht befreit waren, zu denen die Kredit- und Finanzdienstleistungsinstitute zählen, ergeben sich daher keine Veränderungen.

---

weise hierzu, vgl. Ziffer 61 der Auslegungs- und Anwendungshinweise zur Geldwäschebekämpfung.

229 Ziffer 61 der Auslegungs- und Anwendungshinweise zur Geldwäschebekämpfung. So sind die nach § 8 Abs. 1 S.2 GwG zu erfassenden Daten nur bei offensichtlichen Fehlern neu zu erfassen.

230 Vgl. §§ 4 Abs. 6 , 6 Abs. 2 Nr. 1 GwG oder auch die AGB Sparkassen / Banken.

231 BT-Drs. 16/9038, S. 34.

232 BT-Drs. 16/9038, S. 34.

233 Die Verpflichtung zur Vorhaltung derartiger interner Sicherungsmaßnahmen gegen Geldäsche besteht nach wie vor und ist nun in § 9 Abs. 2 Nr. 2 GwG geregelt. Die Sonderregelung für dem Kreditwesengesetz unterworfenen Verpflichtete befindet sich in § 25c KWG. Zur Abgrenzung der Monitoringpflicht aus § 3 Abs. 1 Nr. 4 GwG und den internen Sicherungsmaßnahmen aus § 9 Abs. 2 Nr. 2 GwG bzw. 25c KWG vgl. unten in Kap. 3 D) III. 2.

bb) Geschäftsvorfälle, in denen die allgemeinen Sorgfaltspflichten anzuwenden sind

Dem Gesetzeswortlaut nach besteht die Verpflichtung zur Überwachung der Geschäftsbeziehung in allen 4 Fallgruppen des § 3 Abs. 2 GwG. Allerdings kommt die Sorgfaltspflicht lediglich in der Fallgruppe nach § 3 Abs. 2 S. 1 Nr. 1 GwG (Begründung einer Geschäftsbeziehung) voll zum Tragen. In der Fallgruppe nach § 3 Abs. 2 S. 1 Nr. 2 GwG, also bei Transaktionen außerhalb einer Geschäftsbeziehung, scheidet eine Überwachung einer Geschäftsbeziehung bereits begrifflich aus.[234] Auch im Verdachtsfall gem. § 3 Abs. 2 S. 1 Nr. 3 GwG dürfte im Regelfall mangels einer Geschäftsbeziehung kein Raum für eine Überwachung derselben bestehen. Gleiches gilt für Fallgruppe nach § 3 Abs. 2 S. 1 Nr. 4 GwG. Hiernach ist eine Überwachung der Geschäftsbeziehung bei Zweifeln zur Richtigkeit der Angaben über Identität des Vertragspartners und wirtschaftlich Berechtigten gefordert. Eine Überwachungspflicht folgt in diesen Fällen allerdings regelmäßig schon aus § 3 Abs. 2 S. 1 Nr. 1 oder 2 GwG.

5. Vorgehen bei Nichterfüllbarkeit der allgemeinen Sorgfaltspflichten

Welche Folgen es hat, wenn die Sorgfaltspflichten nicht erfüllt werden können, ist in § 3 Abs. 6 GwG geregelt.[235] Hiernach darf die Geschäftsbeziehung nicht begründet oder fortgesetzt werden, wenn die Verpflichteten die Sorgfaltspflichten nach Absatz 1 S. 1 Nr. 1 bis 3 GwG nicht erfüllen können. Entsprechendes gilt für die Durchführung einer Transaktion. Sofern die Geschäftsbeziehung bereits besteht, ist sie ungeachtet anderer gesetzlicher oder vertraglicher Bestimmungen durch Kündigung oder auf andere Weise zu beenden, § 3 Abs. 6 S. 2 GwG.[236] In solchen Fällen kann auch zusätzlich die

---

234 So auch ausdrücklich die Ziffer 20 der Auslegungs- und Anwendungshinweise zur Geldwäschebekämpfung. Vgl. insoweit auch die Ausführungen zur Pflicht aus § 3 Abs. 1 Nr. 2 GwG oben in Kap. 3 C) I. 4 b).

235 § 3 Abs. 6 erfolgt zur Umsetzung der Vorgabe aus Art. 9 Abs. 5 S. 1 der Dritten EG-Geldwäscherichtlinie.

236 Angehörige der Freien Berufe sind von der Verpflichtung zur Beendigung der Geschäftsbeziehung ausgenommen, sofern ihr Vertragspartner eine Rechtsberatung oder Prozessvertretung erstrebt, § 3 Abs. 6 S. 3 GwG. Eines Schutzes des Anwalt-Mandaten Verhältnisses bedarf es indes nicht, wenn es evident Missbraucht wird. Der Rechtsanwalt ist daher zur Niederlegung des Mandats verpflichtet sofern er weiß, dass die Rechtsberatung bewusst für den Zweck der Geldwäsche oder der Terrorismusfinanzierung in Anspruch nimmt, § 3 Abs. 6 S. 3 GwG am Ende. Kritisch zur Umfang der Privilegierung der Berufsgeheimnisträger: FATF in ihrem Prüfbericht vom 19.02.2010, vgl. S. 17 f. des Mutual Evaluation Report-Germany, abrufbar unter: www.fatf-gafi.org.

Erhebung einer Verdachtsanzeige gem. § 11 GwG geboten sein.[237] Die Beendigungspflicht gilt über den Verweis in § 6 Abs. 1 S. 2 GwG auch für die verstärkten Sorgfaltspflichten gem. § 6 GwG. Sie soll dem Verpflichteten einen schuldrechtlichen, außerordentlichen Kündigungsgrund liefern, der es ihm ermöglicht, seinen Verpflichtungen aus den GwG nachzukommen, ohne gegen andere gesetzliche und zivilrechtliche Pflichten zu verstoßen.[238] Dem Vertragspartner erwachsen insbesondere keine Schadensersatzansprüche gegen den Verpflichteten.[239] Die Haftungsfreistellung folgt aus allgemeinen zivilrechtlichen Grundsätzen und ist daher nicht in den Gesetztext aufgenommen worden.[240]

Die Aufnahme der Beendigungsverpflichtung in das Geldwäschegesetz ist sowohl vom Bundesrat[241] als auch von der Finanzwirtschaft kritisch gesehen worden.[242] Die Finanzwirtschaft begründet ihre ablehnende Haltung insbesondere damit, dass sich bei der Rückabwicklung des zu kündigenden Darlehens unabsehbare rechtliche und finanzielle Risiken für das jeweilige Kreditinstitut ergeben könnten. Hiergegen ist jedoch einzuwenden, dass § 3 Abs. 6 GwG in diesem Punkt mit anderen Verbotsgesetzen vergleichbar ist. Das Risiko, ein Geschäft rückabzuwickeln, besteht bei jedem Rechtsgeschäft, dem eine legale Grundlage fehlt. Die Verpflichteten erhalten mit § 3 Abs. 6 GwG einen Kündigungsgrund, der dem Kunden problemlos kommuniziert werden und als Argument bei der Informationsbeschaffung benutzt werden kann.

Gleichwohl ist einzuräumen, dass die Regelung einen nicht unwesentlichen Eingriff in die durch Art. 2 Abs. 1 GG geschützte Privatautonomie der Verpflichteten darstellt. Der Eingriff dürfte allerdings durch „überwiegende Gründe des Gemeinwohls" gerechtfertigt sein, da die Vorschrift dem wichtigen Ziel der Geldwäsche und Terrorismusfinanzierungsbekämpfung dient.[243]

---

237 Vgl. Art. 8 Abs. 5 der Dritten EG-Geldwäscherichtlinie. Vgl. auch die dahingehende Auslegung der FATF in ihrem Prüfbericht vom 19.02.2010, S. 11 Mutual Evaluation Report-Germany, abrufbar unter: www.fatf-gafi.org.

238 BT-Drs. 16/9038, S. 36.

239 BT-Drs. 16/9038, S. 36.

240 Vgl. Unterrichtung durch die Bundesregierung, BT-Drs. 16/9080 S. 3. Kritisch hierzu ZKA-Stellungnahme zum GwBekErgG, S. 26 ff.

241 Vgl. S. 62 der Stellungnahme des Bundesrats zum GwBekErgG, BT-Drs. 16/9038.

242 Vgl. S. 26 ff. ZKA-Stellungnahme zum GwBekErgG. Nach Auffassung des ZKA spricht gegen die Regelung auch, dass sie zu unbilligen Härten für die betroffenen Kunden führen könne. Der Kunde habe auf die Erfüllung der Maßnahmen gem. § 6 Abs. 2 Nr. 1 GwG keinen Einfluss. Mithin sei eine von ihm nicht verschuldete Beendigung der Geschäftsbeziehung möglich.

243 BT-Drs. 16/9038, S. 35 f. Der ZKA sieht in seiner Stellungnahme auch das Recht auf Eigentum aus Art. 14 GG verletzt. Vgl. S. 6 der ZKA-Stellungnahme zum GwBekErgG.

Die Regelung ist insbesondere auch verhältnismäßig. Zweifel hinsichtlich der Verhältnismäßigkeit der Regelung bestehen allenfalls in Fällen, in denen gewichtigen wirtschaftlichen Interessen des Verpflichteten nur ein geringes Geldwäsche- bzw. Terrorismusfinanzierungsrisiko gegenübersteht.[244] Allerdings räumt in solchen Fällen der Gesetzgeber den Verpflichteten die Möglichkeit ein, die Geschäftsbeziehung fortzusetzen. Dies lässt sich aus dem Gesetzeswortlaut zwar nicht entnehmen, wurde vom Gesetzgeber allerdings in der Gesetzesbegründung ausdrücklich klargestellt.[245] Eine Verpflichtung zur Kündigung besteht hiernach nur, wenn die Sorgfaltspflichten nachhaltig und andauernd verletzt werden.[246] Sorgfaltspflichtverletzungen, die kurzfristig behoben werden können oder von geringem Umfang sind, sollen nicht zu einer Kündigung verpflichten.[247] Bei der Beurteilung der Verhältnismäßigkeit der Regelung ist schließlich zu berücksichtigen, dass in den Fällen eines geringen Geldwäsche- oder Terrorismusfinanzierungsrisikos die Verpflichteten aufgrund des risikobasierten Ansatzes die Möglichkeit haben, die Sorgfaltspflichten einfacher und damit erfüllbarer zu gestalten.[248] Ist das Geldwäscherisiko zu groß, um eine Senkung der Sorgfaltsstandards zu erlauben, entfällt allerdings diese Erleichterungsmöglichkeit.

Wird aus Gründen der Verhältnismäßigkeit von einer Beendigung der Geschäftsbeziehung abgesehen, sind die Verpflichteten nach Auffassung der Aufsicht verpflichtet, dies und die der Entscheidung zu Grunde liegenden Gründe zu dokumentieren.[249] Dem sich durch das Absehen von einer Kündigung ergebenden erhöhten Risiko ist durch angemessene Maßnahmen Rechnung zu tragen.[250] Auch dies ist zu dokumentieren, um gegenüber den Aufsichtsbehörden und Prüfern eine ordnungsgemäße Sorgfaltspflichterfüllung belegen zu können.[251]

Nach der von der Aufsicht in den Auslegungs- und Anwendungshinweisen vertretenen Auffassung soll eine Verpflichtung zur Kündigung auch dann nicht bestehen, wenn es dem Verpflichteten unmöglich ist, den Sorgfaltspflichten

---

244 Der Bundesrat hielt es im Rahmen des Gesetzgebungsverfahren insbesondere für unangemessen, dass eine Beendigung einer Geschäftsbeziehung unabhängig vom Bestehen eines tatsächlichen Geldwäscherisikos oder eines verschulden des Vertragspartners eintreten soll, vgl. Stellungnahme des Bundesrats zum GwBekErgG, BT-Drs. 16/9038, S. 62.

245 BT-Drs. 16/9038, S. 36; vgl. Ziffer 63 der Auslegungs- und Anwendungshinweise zur Geldwäschebekämpfung.

246 BT-Drs. 16/9038, S. 36.

247 Ziffer 63 der Auslegungs- und Anwendungshinweise zur Geldwäschebekämpfung.

248 BT-Drs. 16/9038, S. 36.

249 Ziffer 63 der Auslegungs- und Anwendungshinweise zur Geldwäschebekämpfung.

250 Ziffer 63 der Auslegungs- und Anwendungshinweise zur Geldwäschebekämpfung.

251 Ziffer 63 der Auslegungs- und Anwendungshinweise zur Geldwäschebekämpfung.

nachzukommen und darüber hinaus keine konkreten Hinweise für ein Terrorismusfinanzierungs- oder Geldwäscherisiko besteht.[252] Fraglich ist hier bereits, wie mangels Erfüllung der Sorgfaltspflicht eine Einschätzung des konkreten Geldwäsche- bzw. Terrorismusfinanzierungsrisikos durch den Verpflichteten vorgenommen werden soll. Ferner dürfte diese Auslegung dem ausdrücklichen Wortlaut der Regelung widersprechen. § 3 Abs. 6 GwG stellt nicht auf ein Bemühen des Verpflichteten ab und dient auch nicht der Sanktionierung der Verpflichteten. Die Regelung hat vielmehr die Prävention von Geldwäsche bzw. Terrorismusfinanzierung zum Gegenstand. Mithin dürfte eine Beendigungsverpflichtung auch unabhängig von der Erfüllbarkeit der Sorgfaltspflichten bestehen.

II. Vereinfachte Sorgfaltspflichten

Das Geldwäschegesetz eröffnet den Verpflichteten in bestimmten Fällen die Möglichkeit, von der Erfüllung der allgemeinen Sorgfaltspflichten nach § 3 Abs. 2 Nr. 1, 2 und 4 GwG abzusehen, sofern ein geringes Risiko der Geldwäsche oder der Terrorismusfinanzierung besteht (vereinfachte Sorgfaltspflichten).[253] Für Institute bestimmt § 25d KWG weitere Fälle, in denen von einem geringen Missbrauchsrisiko ausgegangen werden kann und daher von einer Erfüllung der allgemeinen Sorgfaltspflichten abgesehen werden darf.[254] Auf die Erleichterungen in § 25d KWG kann gem. § 5 Abs. 2 S. 2 GwG auch von Finanzunternehmen zurückgegriffen werden.[255]

In welchen Fällen von einem nur geringen Geldwäsche- und Terrorismusfinanzierungsrisiko ausgegangen werden kann, ist für das Geldwäschegesetz im Wege einer widerlegbaren gesetzlichen Vermutung in § 5 Abs. 2 Nr. 1 bis 4 GwG abschließend aufgelistet (kundengruppenbezogen).[256] Anders als im Bereich der verstärkten Sorgfaltspflichten besteht hier keine Möglichkeit, weitere Ausnahmen von den allgemeinen Sorgfaltspflichten zu bestimmen (s. Gesetzestext: „ausschließlich").

---

252 Ziffer 63 der Auslegungs- und Anwendungshinweise zur Geldwäschebekämpfung.

253 Die Verdachtsfallidentifizierung nach § 3 Abs. 2 Nr. 3 GwG ist ausgenommen, da es bei ihr per definitionem keinen Fall eines geringen Risikos geben kann.

254 Die Spezialregung für Versicherungsunternehmen ist in § 80e VAG enthalten.

255 Hintergrund für die Ausnahmereglung ist, dass § 25d KWG nur für Institute gem. § 1 Abs. 1b KWG und damit nicht für Finanzunternehmen gilt. Die Regelung ist insbesondere mit Blick auf Leasinggesellschaften getroffen worden, vgl. BT-Drs. 16/9038, S. 39. Eine Aufsichtszuständigkeit der BaFin soll aus der Regelung nicht abgeleitet werden, vgl. BT-Drs. 16/9038, S. 39. Durch die Aufnahme des Finanzierungsleasings in den Katalog der Finanzdienstleistungen hat sich dieses Anliegen zumindest teilweise erübrigt.

256 Die Regelung erfolgt zur Umsetzung der Vorgaben aus Art. 11 der Dritten EG-Geldwäscherichtlinie.

Gem. § 5 Abs. 3 GwG ist ein Rückgriff auf die vereinfachten Sorgfaltspflichten nicht zulässig, wenn dem Verpflichteten im konkreten Einzelfall Informationen vorliegen, die darauf schließen lassen, dass das Risiko der Geldwäsche oder der Terrorismusfinanzierung nicht gering ist. Die Bestimmung trägt dem Umstand Rechnung, dass es sich bei den Fällen nach § 5 GwG und § 25d KWG um abstrakte Regelbeispiele handelt, die im konkreten Einzelfall widerlegt sein können. Die Regelung hat lediglich eine klarstellende Funktion.[257] Sie wird zu Recht als überflüssig erachtet.[258] Ihr Regelungsgehalt folgt bereits aus § 5 Abs. 1 S. 1 GwG.

Liegen die Tatbestandsvoraussetzungen für einen Fall der verstärkten Sorgfaltspflichten gem. § 6 GwG vor, ist gem. § 5 Abs. 1 GwG ein Rückgriff auf die Erleichterungen in § 5 Abs. 2 GwG ebenfalls ausgeschlossen.

Zu beachten ist, dass § 5 GwG entgegen seinem Wortlaut keinen völligen Verzicht auf die Erfüllung der Sorgfaltspflichten erlaubt. Eine Überwachung der Geschäftsbeziehung auf verdächtige Vorgänge entsprechend der Pflicht aus § 3 Abs. 1 Nr. 4 GwG muss auch in den Fällen vereinfachter Sorgfaltspflichten erfolgen.[259] Dies ergibt sich bereits daraus, dass der von der Regelung nicht ausgenommenen Verdachtsfallidentifikation wohl sonst nicht nachgekommen werden könnte.[260] Um die Entscheidung treffen zu können, ob ein Fall der vereinfachten Sorgfaltspflichten vorliegt, und um der Verpflichtung zu einer Verdachtsanzeige gem. § 11 GwG nachkommen zu können, fordert die Aufsicht in den Auslegungs- und Anwendungshinweisen weiterhin die zumindest formlose Feststellung der Identität des Vertragspartners.[261]

Entsprechend dem Verweis in § 5 Abs. 1 S. 2 GwG sind auch in den Fällen der vereinfachten Sorgfaltspflichten die Dokumentationspflichten gem. § 3 Abs. 4 S. 2 GwG zu erfüllen. Hierdurch soll eine ordnungsgemäße Überprüfung darüber ermöglicht werden, ob die Voraussetzungen für die Anwendung der

257 Vgl. BT-Drs. 16/9038, S. 39

258 Ebenso *Sotiriadis / Heimerdinger*, BKR 2009, S. 238.

259 Vgl. BT-Drs. 16/9038, S. 39 und Erwägungsgrund 6 der Durchführungsrichtlinie. So heißt es in der Gesetzesbegründung ausdrücklich, „Auch bei Erfüllung vereinfachter Sorgfaltspflichten sind die Verpflichteten […] gehalten, die Geschäftsbeziehungen zu überwachen, um komplexe und ungewöhnlich große Transaktionen ohne klar ersichtlichen wirtschaftlichen oder rechtmäßigen Zweck aufzudecken und gegebenenfalls einen Verdachtsfall anzuzeigen." Vgl. hierzu auch die Ausführungen im FATF Prüfbericht zu Deutschland vom 19.02.2010, S. 11 des Mutual Evaluation Report-Germany, abrufbar unter: www.fatf-gafi.org.

260 Das Gesetz spricht wohl daher auch von vereinfachten Sorgfaltspflichten.

261 Ziffer 56 der Auslegungs- und Anwendungshinweise zur Geldwäschebekämpfung.

vereinfachten Sorgfaltspflichten auch vorlagen und die vereinfachten Sorgfaltspflichten ordnungsgemäß erfüllt worden sind.[262]

1. Vereinfachte Sorgfaltspflichten nach § 5 GwG

a) Interbankengeschäfte, § 5 Abs. 2 Nr. 1 GwG

Gem. § 5 Abs. 2 GwG sind Transaktionen von oder zugunsten von und Geschäftsbeziehungen mit Verpflichteten im Sinne von § 2 Abs. 1 Nr. 1 bis 6 GwG („Interbankengeschäfte") in den Fällen des § 3 Abs. 2 Satz 1 Nr. 1, 2 und 4 GwG von den Allgemeinen Sorgfaltspflichten befreit. Hat das Unternehmen seinen Sitz außerhalb der Bundesrepublik, ist ein Absehen von den Sorgfaltspflichten nur zulässig, sofern das Unternehmen gleichwertigen Anforderungen und einer gleichwertigen Aufsicht unterliegt, § 5 Abs. 2 Nr.1 GwG am Ende.

Durch § 5 Abs. 2 Nr.1 GwG wird die bislang in § 2 Abs. 4 GwG enthaltene Privilegierung für Interbankengeschäfte weitestgehend übernommen. Eine wichtige Abweichung ist, dass anders als nach bisher geltendem Recht die Institute zur Erfüllung der vereinfachten Sorgfaltspflichten verpflichtet sind.

Auf Wunsch der Finanzwirtschaft[263] wurde von den EU-Mitgliedstaaten eine Liste mit Ländern und Gebieten zusammengestellt, deren Anforderungen bei der Verhinderung der Geldwäsche und Terrorismusfinanzierung als gleichwertig betrachtet werden („Drittlandäquivalenzliste").[264] Mit der Liste sollte den Verpflichteten eine eigene zeitraubende und kostspielige Einschätzung des jeweiligen Geldwäsche- und Terrorismusfinanzierungsrisikos erspart werden. Die Drittlandäquivalenzliste gilt auch für die übrigen Gleichwertigkeitsvorbehalte im Geldwäschegesetz, Kreditwesengesetz und Versicherungsaufsichtsgesetz.[265] Die Drittlandäquivalenzliste dürfte mit der von § 3 Abs. 4 S. 1 GwG geforderten risikobasierten Erfüllung der Sorgfaltspflichten nicht in Einklang stehen. Gem. § 3 Abs. 4 S. 1 GwG ist von den Verpflichteten bei Erfüllung der Sorgfaltspflichten der konkrete Umfang ihrer Maßnahmen entsprechend dem Risiko des jeweiligen Vertragspartners, der jeweiligen Geschäftsbeziehung oder der jeweiligen Transaktion zu bestimmen. Der Begriff *jeweils* steht im Konflikt mit jeglicher Form der schematischen Herangehensweise. Auch § 5 Abs. 1 S. 1 GwG selbst spricht gegen die Vereinbarkeit einer solchen Liste mit

262 BT-Drs. 16/9038, S. 39.

263 Vgl. hierzu *Höche*, WM 2005, S. 9.

264 BaFin-Rundschreiben 7/2008 (GW) vom 1.08.2008. Die Liste wurde vom Komitee zur Verhinderung von Geldwäsche und Terrorismusfinanzierung erarbeitet und soll regelmäßig auf Grundlage der jeweils neuesten Länderprüfungsberichte der FATF, ihrer Regionalgruppen (FATF-Style Regional Bodies – FSRBs), des IWF und Weltbank aktualisiert werden, BaFin-Rundschreiben 7/2008 (GW) vom 1.08.2008.

265 Vgl. §§ 5 Abs. 2 Nr. 1 und Nr. 3, 6 Abs. 2 Nr. 2, 7 Abs. 1 und 12 Abs. 1 Nr. 2 und 4 GwG; § 25d Abs. 1 Nr. 3 Buchstabe b) KWG; § 80e Abs. 1 Nr. 4 Buchstabe b) VAG.

dem risikobasierten Ansatz. Die Norm stellt die gewährten Privilegierungen unter dem Vorbehalt, dass das Risiko der Geldwäsche oder der Terrorismusfinanzierung nach Maßgabe von § 5 Abs. 2 GwG gering ist. Die Regelung wird dem Inhalt nach von § 5 Abs. 3 GwG quasi bekräftigend wiederholt, der bestimmt, dass die durch § 5 Abs. 1 und 2 GwG gewährten Befreiungen keine Anwendung finden, wenn dem Verpflichteten im Hinblick auf eine konkrete Transaktion oder Geschäftsbeziehung Informationen vorliegen, die darauf schließen lassen, dass das Risiko der Geldwäsche oder der Terrorismusfinanzierung nicht gering ist. Der Umstand, dass ein Großteil der Länder und Gebiete auf der Drittlandäquivalenzliste die FATF-Standards umgesetzt hat, vermag an dieser Einschätzung nichts zu ändern. Bei der Beurteilung der Gleichwertigkeit ist nicht die formelle Rechtslage in den entsprechenden Ländern und Gebieten entscheidend, sondern das jeweilige Risiko in der vom Verpflichteten zu bewertenden Geschäftsbeziehung. Dies folgt aus einer teleologischen Auslegung der Regelung. Würde sich die Verpflichtung in § 5 Abs. 2 Nr. 1 GwG darin erschöpfen, dass die formelle Rechtslage festzustellen und zu dokumentieren wäre, würde die Verpflichtung in der Tat – wie von *Höche*[266] befürchtet – einen unter Risikogesichtspunkten entbehrlichen bürokratischen Mehraufwand darstellen. Die Verpflichtung in § 5 Abs. 2 Nr. 1 GwG geht allerdings hierüber hinaus. Vom Verpflichten ist auch festzustellen und zu dokumentieren, ob die Standards in der jeweiligen Transaktion und Geschäftsbeziehung gewahrt sind.

Vor diesem Hintergrund ist auch die durch das Geldwäschegesetz selbst in § 5 Abs. 2 Nr. 1 GwG vorweggenommene Risikobeurteilung hinsichtlich der EG-Mitgliedsstaaten zu hinterfragen. Die Bankaufsicht rechtfertigte in ihrem Rundschreiben 7/2008 (GW) vom 1.08.2008 die pauschale Gleichstellung damit, dass die EU-Mitgliedsstaaten sowie die Staaten des Europäischen Wirtschaftsraums (EWR) durch ihre Implementierung der Dritten EG-Geldwäscherichtlinie keiner Gleichwertigkeitsqualifizierung bedürften.[267] Allerdings erfordern die zum Teil gravierenden, durch Prüfberichte der FATF belegten, Abweichungen der Geldwäsche- und Terrorismusfinanzierungsbekämpfungsstandards in den EU- und EWR-Staaten – auch bzgl. Staaten, die

---

266 *Höche*, WM 2005, S. 9.

267 BaFin-Rundschreiben 7/2008 (GW) vom 1.08.2008. Das Argument wird auch von Höche vorgetragen, vgl. *Höche*, WM 2005, S.9. Als gleichwertig gelten gem. dem Rundschreiben auch die Geldwäsche und Terrorismusfinanzierungsstandards in den nicht zur EU oder zum EWR gehörenden französischen (Mayotte, Neukaledonien, Französisch Polynesien, Saint-Pierre und Miquelon sowie Wallis and Futuna) und niederländischen Überseegebieten (Niederländische Antillen und Aruba). Begründet wird dies damit, dass die Überseegebiete im Rahmen der FATF als Teil von Frankreich bzw. den Niederlanden gelten, vgl. BaFin-Rundschreiben 7/2008 (GW) vom 1.08.2008.

die EG-Geldwäscherichtlinien umgesetzt haben[268] – eine konkrete Feststellung der Gleichwertigkeit der in diesen Ländern praktizierten Standards.

Diese Lesart des § 5 Abs. 2 Nr. 1 GwG scheint sich mittlerweile auch bei der Bankaufsicht durchgesetzt zu haben. Auf Drängen der FATF,[269] eine den FATF-Empfehlungen konforme Umsetzung sicherzustellen, weist die BaFin in ihrem Rundschreiben 14/2009 darauf hin, dass die Drittlandäquivalenzliste lediglich ein Indikator dafür sei, dass ein Unternehmen aus einem dort genannten Land oder Territorium Sorgfaltspflichten anwendet, die den Anforderungen innerhalb der EU entsprechen.[270] Bei Unternehmen mit Sitz in den dort aufgeführten Ländern oder Gebieten dürfe daher nicht stets „schematisch und ungeachtet im Einzelfall vorliegender Indikatoren für eine erhöhte Risikosituation“ von einem für die Anwendung des § 5 Abs. 2 Nr.1 GwG erforderlichen geringen Risiko ausgegangen werden.[271] Das Rundschreiben nimmt auch eine Relativierung der für die EU Staaten in § 5 Abs. 2 Nr.1 GwG postulierten Gleichwertigkeit vor. So fordert es die Verpflichteten auf, auch in Bezug auf Geschäftsbeziehungen oder Transaktionen mit Unternehmen, die in anderen EU-Mitgliedsstaaten ansässig sind, entsprechend der Vorgabe in § 5 Abs. 3 GwG auf die Erleichterungen des § 5 Abs. 2 Nr. 1 GwG nicht zurückzugreifen, sofern ihnen im Zusammenhang mit einer Transaktion oder einer konkreten Geschäftsbeziehung Informationen vorliegen, die darauf schließen lassen, dass das Missbrauchsrisiko nicht gering ist.[272] Der Auslegung der Bankaufsicht folgend kommt der Gleichwertigkeitsregelung in § 5 Abs. 2 Nr.1 GwG damit keine absolute Geltung zu. Sie ist vielmehr als eine widerlegbare gesetzliche Vermutung zu lesen.

Für die Verpflichteten bedeutet die geänderte Aufsichtspraxis, dass sie die Risikoeinstufung von Unternehmen im Ausland nun doch selbst vorzunehmen haben. Hierbei haben sie u.a. die im Rahmen der so genannten *mutual evaluations* erstellten Länderprüfungsberichte der FATF sowie der FATF-Style Regional Bodies (FSRBs) heranzuziehen.[273]

---

268 Vgl. die Prüfberichte der FATF zu Polen und Griechenland abrufbar unter: www.fatf-gafi.org.

269 Vgl. insoweit auch die kritischen Anmerkungen im Prüfbericht der FATF vom 19.02.2010 (Nr. 17). Dort wird „the treatment of all the EU/European Economic Area (EEA) member states and jurisdictions on the EU's third country equivalence list as a single-risk category when determining certain low-risk scenarios" als „problematic" bezeichnet.

270 BaFin-Rundschreiben 14/2009 (GW) vom 29.07.2009.

271 BaFin-Rundschreiben 14/2009 (GW) vom 29.07.2009.

272 BaFin-Rundschreiben 14/2009 (GW) vom 29.07.2009.

273 BaFin-Rundschreiben 14/2009 (GW) vom 29.07.2009. Die Prüfberichte sind abrufbar unter: www.fatf-gafi.org

b) Börsennotierte Gesellschaften, § 5 Abs. 2 Nr. 2 GwG

Da börsennotierten Gesellschaften weit reichenden Transparenzanforderungen unterliegen, gelten ihnen gegenüber gem. § 5 Abs. 2 Nr. 2 GwG die vereinfachten Sorgfaltspflichten.[274] Als börsennotierte Gesellschaft i.S.d. § 5 Abs. 2 Nr. 2 GwG gelten Unternehmen, deren Wertpapiere zum Handel an einem organisierten Markt im Sinne des § 2 Abs. 5 des WpHG in einem oder mehreren Mitgliedstaaten der EU zugelassen sind. Bei gleichwertigen Transparenzanforderungen im Hinblick auf die Stimmrechtsanteile gilt die Privilegierung aus § 5 Abs. 2 Nr. 2 GwG auch für börsennotierte Gesellschaften aus Drittstaaten.

c) Anderkonten, § 5 Abs. 2 Nr. 3 GwG

Gem. § 5 Abs. 2 Nr. 3 GwG kann bei Anderkonten von Angehörigen der Rechtsberufe von der Feststellung der Identität des wirtschaftlich Berechtigten abgesehen werden, sofern die Angaben auf Anfrage verfügbar gemacht werden können. Die Regelung schließt Sammelanderkonten ein.[275] Zu beachten ist, dass § 5 Abs. 2 Nr. 3 GwG keine Erleichterung für die unter Umständen ebenfalls zur Einhaltung der Sorgfaltspflichten verpflichteten Rechtsberater darstellt.[276] Die Regelung stellt lediglich eine Privilegierung für das kontoführende Institut dar und lässt den vom Rechtsberater zu erfüllenden Sorgfaltsmaßstab unverändert.[277]

Ebenfalls zu beachten ist, dass § 5 Abs. 2 Nr. 3 GwG lediglich die Sorgfaltspflicht im Zusammenhang mit der Ermittlung des wirtschaftlich Berechtigten gem. § 3 Abs. 1 Nr. 3 GwG heraus greift. Die Regelung gewährt entgegen der Ankündigung in § 5 Abs. 1 S. 1 GwG keine Befreiung von übrigen den Verpflichteten gegenüber dem Rechtsberater obliegenden allgemeinen Sorgfaltspflichten aus § 3 Abs. 1 GwG.[278]

Wie bereits oben festgestellt, wird der Pflichtenkatalog für Rechtsberater durch § 5 GwG nicht verändert. Der entsprechende Rechtsberater hat den Mandaten daher wie üblich gem. § 3 Abs. 1 Nr. 1 GwG zu identifizieren und die Geschäftsbeziehung gem. § 3 Abs. 1 Nr. 4 GwG zu überwachen. Eine Erleichterung ergibt sich für ihn aus § 5 GwG lediglich dadurch, dass die Regelung den Rechtsberater davon befreit, dem kontoführenden Institut die Angaben zu den

274 Vgl. die dahingehend Begründung in BT-Drs. 16/9038, S. 39.

275 BT-Drs. 16/9038, S. 39.

276 Zu den Voraussetzungen für eine Verpflichteteneigenschaft der Rechtsberater, vgl. die Ausführungen oben in Fn. 68.

277 So auch ausdrücklich BT-Drs. 16/9038, S. 39.

278 Vgl. BT-Drs. 16/9038, S. 39 und Erwägungsgrund 23 der Dritten EG-Geldwäscherichtlinie.

Mandanten zu übermitteln. Er hat die Informationen lediglich vorzuhalten, um sie auf Anfrage zur Verfügung stellen zu können. Die Regelung deckt sich damit weitestgehend mit der bisher gelten Aufsichtspraxis.[279] Die Privilegierung gilt auch für Angehörige der Rechtsberufe aus dem Ausland. Für Angehörige der Rechtsberufe mit Sitz in einem Drittstaat gilt sie unter der Voraussetzung, dass der entsprechende Rechtsberuf internationalen Standards entsprechenden Anforderungen zur Geldwäsche- und Terrorismusfinanzierungsbekämpfung unterworfen ist und insoweit einer Aufsicht unterliegt, § 5 Abs. 2 Nr. 3 GwG am Ende.[280]

d) Inländische Behörden, § 5 Abs. 2 Nr. 4 GwG

Ebenfalls privilegiert sind gem. § 5 Abs. 2 Nr. 4 GwG Transaktionen von und zugunsten von und die Begründung von Geschäftsbeziehungen mit inländischen Behörden. Zur Definition des Begriffs Behörde greift die Regelung auf die Legaldefinition in § 1 Abs. 4 VwVfG und die entsprechenden Regelungen der Länder zurück. Damit fallen auch juristische Personen des öffentlichen Rechts wie beispielsweise Körperschaften sowie Anstalten und Stiftungen des öffentlichen Rechts unter die Regelung.

§ 5 Abs. 2 Nr. 4 GwG gilt auch für ausländische Behörden und ausländische öffentliche Einrichtungen.[281] Voraussetzung hierfür ist gem. § 5 Abs. 2 Nr. 4 GwG, dass ihre Identität öffentlich nachprüfbar und transparent ist und zweifelsfrei feststeht. Weiterhin ist erforderlich, dass die Tätigkeiten und Rechnungslegung der Behörde bzw. Einrichtung transparent sind und eine Rechenschaftspflicht gegenüber einem Organ der Gemeinschaft oder gegenüber den Behörden eines Mitgliedstaats der EU oder anderweitige Kontroll- und Überwachungsmaßnahmen zur Überprüfung ihrer Tätigkeit besteht, § 5 Abs. 2 Nr. 4 GwG am Ende.

2. Vereinfachte Sorgfaltspflichten nach § 25d KWG

a) Allgemeines

In § 25d KWG sind zusätzliche, speziell für Institute geltende Fallgruppen aufgeführt, in denen kraft gesetzlicher Vermutung ein geringes Geldwäsche-

---

279 Ziffer 21 der Verlautbarung der BaKred vom 30.03.1998.

280 Vgl. die Drittlandäquivalenzliste zu den Ländern und Gebieten mit gleichwertigen Anforderungen bei der Verhinderung der Geldwäsche und Terrorismusfinanzierung im BaFin-Rundschreiben 7/2008 (GW) vom 1.08.2008. Die Liste wurde von den EU-Mitgliedstaaten im Komitee zur Verhinderung von Geldwäsche und Terrorismusfinanzierung zusammengestellt. Vgl. hierzu oben in Kap. 3 C) II. 1 a).

281 Vgl. die dahingehende Vorgabe in Art. 3 Abs. 1 der Durchführungsrichtlinie.

und Terrorismusfinanzierungsrisiko besteht.[282] Sofern nicht gleichzeitig ein Fall gem. § 25f KWG oder § 6 GwG vorliegt, dürfen Institute gem. § 25d Abs. 1 KWG i.V.m. § 5 GwG ihren Sorgfaltspflichten in vereinfachter Form nachkommen.

Die Regelung soll Instituten bei standardisierten Massenprodukten die Erfüllung vereinfachter Sorgfaltspflichten ermöglichen.[283] Die Auswahl der privilegierten Fallgestaltungen erfolgt in § 25d KWG, anders als in § 5 GwG, nicht kunden- sondern produktbezogen. Ebenso wie die Erleichterung in § 5 GwG schreibt § 25d Abs. 2 KWG vor, dass von den Erleichterungen kein Gebrauch gemacht werden kann, wenn im Hinblick auf eine konkrete Transaktion oder Geschäftsbeziehung Informationen vorliegen, die gegen ein geringes Risiko der Geldwäsche oder der Terrorismusfinanzierung sprechen. Die gesetzliche Vermutung dürfte in diesen Fällen als widerlegt gelten.[284]

Für einen Rückgriff auf die Erleichterungen des § 25d KWG haben die Verpflichteten eine auf die konkrete Ausgestaltung des Produkts basierende Überprüfung dahingehend vorzunehmen, ob das entsprechende Produkt oder die Transaktion den Risikokategorien in § 25d KWG zugeordnet werden kann.[285] Eine Klassifizierung anhand der Produktbezeichnung ist nicht zulässig. Der Anwendungsbereich der Erleichterung nach § 25d KWG dürfte aufgrund der hohen Anforderungen allzu oft leer laufen.[286] Nur eine geringe Anzahl marktgängiger Finanzprodukte dürfte den kumulativ zu erfüllenden Anforderungen des § 25d KWG entsprechen.[287]

b) Die Fallgruppen im einzelnen

aa) E-Geld, § 25d Abs. 1 Nr. 1 KWG

Bei der Ausgabe und Verwaltung von e-Geld ist es den Verpflichteten gem. § 25d Abs. 1 Nr. 1 KWG erlaubt, vereinfachte Sorgfaltspflichten anzuwenden,

282 Die Fallgruppen gehen auf Art. 11 der Dritten EG-Geldwäscherichtlinie und Art. 3 Abs. 3 der Durchführungsrichtlinie zurück. Eine in § 25d Abs. 3 KWG des Referentenentwurfs zum GwBekErgG enthaltene Möglichkeit zur Erweiterung der Fallgruppen durch Rechtsverordnung wurde nicht übernommen.

283 BT-Drs. 16/9038, S. 51.

284 Vgl. hierzu auch die Ausführungen oben in Kap. 3 C) II.

285 Vgl. BT-Drs. 16/9038, S. 51.

286 Vgl. hierzu auch S. 49 ZKA-Stellungnahme zum GwBekErgG. Die Anforderungen werden dort zu Recht als zu überzogen und zu komplex kritisiert. Den Verpflichten wird vom ZKA empfohlen von den in § 25d KWG aufgelisteten Erleichterungen keinen Gebrauch zu machen, und im Wege einer risikobasierten Anpassung des Allgemeinen Sorgfaltsmaßstabs Erleichterungen anzuwenden. Welche Erleichterungen im Rahmen eines solchen Vorgehens möglich sind, bleibt offen.

287 So auch S. 49 der ZKA-Stellungnahme zum GwBekErgG.

sofern die in § 25d Abs. 1 Nr. 1 KWG genannten Schwellenwerte eingehalten werden.[288] Das Gesetz differenziert bei der Festlegung der Schwellenwerte zwischen wiederaufladbaren und nicht wiederaufladbaren Datenträgern. Bei einem nicht wiederaufladbaren Datenträger darf der gespeicherte Betrag gem. § 25d Abs. 1 Nr. 1 Buchstabe a KWG nicht mehr als 150 Euro betragen. Bei einem wiederaufladbaren Datenträger darf sich der in einem Jahr ausgegebene oder verwaltete Betrag auf nicht mehr als 2.500 Euro belaufen, § 25d Abs. 1 Nr. 1 Buchstabe b KWG. Macht der Inhaber von seinem Rücktauschrecht aus § 22p Abs. 1 KWG gebrauch, gilt die Erleichterung nicht, sofern der in einem Jahr zurück getauschte Betrag 1.000 Euro übersteigt, § 25 Abs. 1 Nr. 1 Buchstabe b KWG am Ende.

bb) Die Privilegierung der in § 25d Abs. 1 Nr. 2 KWG aufgeführten Finanzprodukte

§ 25d Abs. 1 Nr. 2 KWG listet eine Reihe von Produkten auf, bei denen, vorbehaltlich der Schwellenwerte in § 25d Abs. 1 S. 2 KWG, das Gesetz von einem geringen Geldwäsche- und Terrorismusfinanzierungsrisiko ausgeht. Hierzu gehören zunächst staatlich geförderte, kapitalgedeckte Altersvorsorgeverträge (§ 25d Abs. 1 Nr. 2 Buchstabe a KWG) und Verträge zur Anlage von vermögenswirksamen Leistungen (§ 25d Abs. 1 Nr. 2 Buchstabe b KWG), sofern die staatlichen Förderungsvoraussetzungen für diese Verträge erfüllt werden.[289] Für beide Vertragstypen gilt gem. § 25d Abs. 1 S. 2 Nr. 1 KWG ein Schwellenwert von 15.000 Euro.

Als risikoarm eingestuft hat der Gesetzgeber ferner gem. § 25d Abs. 1 Nr. 2 Buchstabe c KWG Darlehens-, Finanzierungsleasing- und Teilzahlungsgeschäftsverträge mit einem Verbraucher gem. §§ 491, 500, 501 BGB. In Kombination mit der Summenbeschränkung auf 15.000 Euro im Kalenderjahr aus § 25d Abs. 1 S. 2 Nr. 2 KWG sind diese Vertragstypen laut der Gesetzesbegründung regelmäßig nicht dazu geeignet, zur Geldwäsche oder Terrorismusfinanzierung missbraucht zu werden.[290] Die Privilegierung in Bezug auf Finanzierungsleasingverträge gilt über § 5 Abs. 2 S. 2 GwG auch für Finanzunternehmen und damit auch für Leasingunternehmen. Die Gesetzesbegrün-

---

288 Die Bestimmung geht auf Art. 11 Abs. 5 Buchstabe d der Dritten EG-Geldwäscherichtlinie zurück.

289 Das Geldwäsche und Terrorismusfinazierungsrisiko ist bei diesen Verträgen laut Gesetzesbegründung aufgrund der öffentlichen Förderung und der gesetzlichen Regelung der Leistungen als gering einzustufen. Für ein geringes Missbrauchsrisiko spreche ferner, dass die Produkte auf eine langfristige Vermögens- und Kapitalbildung ausgelegt sind. Diese Begründung vermag nicht zu überzeugen. Kriminologische Untersuchungen belegen, dass auch Altersvorsorgeprodukte für Geldwäschezwecke missbraucht werden, vgl. *Suendorf*, Geldwäsche, S. 200 f.

290 BT-Drs. 16/9038, S. 51.

dung stellt klar, das damit keine Aufsichtskompetenz durch die BaFin begründet werden soll.[291] Gem. § 25d Abs. 1 Nr. 2 Buchstabe d KWG sind Kreditverträge, die im Rahmen eines staatlichen Förderprogramms bewilligt werden, ebenfalls privilegiert, sofern der Kredit über eine Förderbank des Bundes oder der Länder abgewickelt wird, die Darlehenssumme zweckgebunden verwendet werden muss und der Schwellenwert von 15.000 aus § 25d Abs. 1 S. 2 Nr. 1 KWG nicht überschritten wird. Das geringe Missbrauchsrisiko wird mit den bei solchen Kreditengagements üblicherweise bestehenden gesetzlichen Vorgaben, den staatlichen Kontrollen und der Zweckbindung der Darlehensverwendung begründet.[292]

Ein Kreditvertrag zur Absatzfinanzierung gilt gem. § 25d Abs. 1 Nr. 2 Buchstabe e ebenfalls als risikoarm. Für ihn gilt ein Schwellenwert von 15.000 Euro im Kalenderjahr, § 25d Abs. 1 S. 2 Nr. 2 KWG. Unter Absatzfinanzierung sind Maßnahmen zu verstehen, die der Finanzierungserleichterung von Konsumgüterwünschen dienen.[293] Das geringe Missbrauchsrisiko dieser Produktgruppe wird vom Gesetzgeber damit begründet, dass die Herkunft der zurückgezahlten Kreditbeträge im Regelfall nicht verschleiert werden kann, sofern die Raten, wie in diesen Fällen üblich, von einem legitimierten Referenzkonto des Kreditnehmers eingezogen werden und das Kreditkonto ausschließlich der Erfassung eingegangener Beträge dient.[294] Als weiteren Grund nennt die Gesetzesbegründung den Umstand, dass bei der Absatzfinanzierung im Austausch für das inkriminierte Vermögen nur Waren erworben werden können. Weitere Verschleierungshandlungen sind damit nur unter großem Aufwand möglich.[295]

Ein Auffangtatbestand für Kreditverträge ist in § 25d Abs. 1 Nr. 2 Buchstabe f KWG enthalten.[296] Hiernach gelten vereinfachte Sorgfaltspflichten für sonstige Kreditverträge, bei denen das Kreditkonto ausschließlich der Abwicklung des Kredits dient und die Rückzahlung des Kredits von einem Konto des Kreditnehmers bei einem Kreditinstitut im Sinne des § 25d Abs. 1 Nr. 2 Buchstabe f KWG erfolgt. Auch hier darf der Schwellenwert aus § 25d Abs. 1 S. 2 Nr. 1 KWG in Höhe von 15.000 Euro nicht überschritten sein. Das geringe Missbrauchsrisiko folgt bei dieser Fallgruppe ebenfalls daraus, dass aufgrund des

---

291 BT-Drs. 16/9038, S. 51.

292 BT-Drs. 16/9038, S. 51.

293 BT-Drs. 16/9038, S. 51.

294 BT-Drs. 16/9038, S. 51.

295 BT-Drs. 16/9038, S. 51.

296 Vgl. zu § 25d Abs. 1 Nr. 2 Buchstabe f KWG auch Erwägungsgrund 11 der Dritten EG-Geldwäscherichtlinie.

für die Ratenzahlungen angegebenen Referenzkontos eine Papierspur zur Rückverfolgung der Mittel angelegt ist.[297]

Der Sparvertrag ist gem. § 25d Abs. 1 Nr. 2 Buchstabe g KWG, der Leasingvertrag[298] gem. § 25d Abs. 1 Nr. 2 Buchstabe h KWG erfasst. Den Privilegierungen für diese Produkte liegt die Überlegung zu Grunde, dass die für diese Produkte typische langfristige Bindung des Kunden die Fungibilität der angelegten Gelder reduziert und sie für Verschleierungsaktivitäten damit unattraktiv macht.[299] Die Gesetzesbegründung stellt allerdings klar, dass die Erfüllung von Sorgfaltspflichten nachzuholen ist, wenn sich im Rahmen des Vertragsschlusses oder der Vertragsabwicklung offenkundige Auffälligkeiten zeigen. Als Beispiele hierfür sind die vorzeitige Kündigung solcher Verträge und die nachträgliche Veränderungen der Voraussetzungen des § 25d Abs. 1 S. 2 KWG genannt.[300] Für Sparverträge gelten gem. § 25d Abs. 1 S. 2 Nr. 3 KWG bei periodischen Zahlungen ein Schwellenwert von 1.000 Euro im Kalenderjahr und bei einer Einmalzahlung ein Schwellenwert von 2.500 Euro. Für den Leasingvertrag gilt gem. § 25d Abs. 1 S. 2 Nr. 2 KWG ein Schwellenwert von 15.000 Euro im Kalenderjahr.

cc) Generalklausel gem. § 25d Abs. 1 Nr. 3 KWG

Die Generalklausel in § 25d Abs. 1 Nr. 3 KWG enthält allgemeine technische Vorgaben dazu, wann bei Finanzprodukten von einem geringen Geldwäsche- und Terrorismusfinanzierungsrisiko ausgegangen werden kann.[301] Die in § 25d Abs. 1 Nr. 3 Buchstabe a bis d niedergelegten Voraussetzungen müssen kumulativ vorliegen. Für die Generalklausel gilt die Schwellenwertregelung aus § 25d Abs. 1 S. 2 Nr. 1 KWG. Die Regelung soll die Anwendbarkeit vereinfachter Sorgfaltspflichten auf zukünftige, in der Auflistung des § 25d Nr. 2 KWG unberücksichtigt gebliebene Finanzprodukte ermöglichen.[302] Damit bietet das Kreditwesengesetz den Instituten – anders als die Erleichterung in § 5 GwG – die Möglichkeit, selbst Fallgruppen festzulegen, für die die vereinfachten Sorgfaltspflichten gelten sollen.

Die in § 25d Abs. 1 Nr. 3 Buchstabe a bis c KWG niedergelegten Voraussetzungen dienen im wesentlichen der Gewährleistung eines Mindestmaßes an

297 BT-Drs. 16/9038, S. 51; vgl. hierzu auch Erwägungsgrund 11 der Dritten EG-Geldwäscherichtlinie.

298 Gem. § 5 Abs. 2 S. 2 GwG gilt § 25d KWG auch für Verpflichtete gem. § 2 Abs. 1 Nr. 3 GwG und damit für Leasingunternehmen. Eine Aufsicht nach dem Kreditwesengesetz geht damit nicht einher, vgl. oben in Fn. 255.

299 BT-Drs. 16/9038, S. 51.

300 BT-Drs. 16/9038, S. 51, vgl. auch Art. 20 der Dritten EG-Geldwäscherichtlinie.

301 Die Vorgaben gehen auf Art. 3 der Durchführungsrichtlinie zurück.

302 BT-Drs. 16/9038, S. 52.

Transparenz und Dokumentation der Geschäftsbeziehung. Gem. § 25d Abs. 1 Nr. 3 Buchstabe a KWG muss der entsprechende Vertrag in Schriftform vorliegen. Ferner müssen die entsprechenden Transaktionen über ein Konto abgewickelt werden, welches bei einem Unternehmen bzw. Kreditinstitut geführt wird, das seinen Sitz in der EU bzw. in einem Drittstaat mit vergleichbaren Standards hat, § 25d Abs. 1 Nr. 3 Buchstabe b KWG. Eine Liste mit Staaten und Territorien, von denen angenommen wird, dass dort dem EU-Raum vergleichbare Standards herrschen, ist von der Bankaufsicht erarbeitet worden.[303] Durch das Schriftformerfordernis und die Abwicklung über ein „sicheres" Konto soll ein gewisser Missbrauchsschutz gewährleistet werden. Schließlich darf das Produkt oder die damit zusammenhängende Transaktion gem. § 25d Abs. 1 Nr. 3 Buchstabe c KWG nicht anonym gestaltet sein. Auch muss die rechtzeitige Anwendung einer Risikoidentifizierung gem. § 3 Abs. 2 Satz 1 Nr. 3 GwG gewährleistet sein. Das Finanzprodukt muss so gestaltet sein, dass die Leistungen aus dem Vertrag oder der damit zusammenhängenden Transaktion nicht zugunsten eines Dritten ausgezahlt werden können, § 25d Abs. 1 Nr. 3 Buchstabe d KWG. Ausgenommen sind Tod, Behinderung, Überschreiten einer bestimmten Altersgrenze oder hiermit vergleichbare Fälle, § 25d Abs. 1 Nr. 3 Buchstabe d KWG. Durch das Verbot einer Anonymität und die Einschränkung der Zuwendungsmöglichkeit an Dritte sowie die Vorgabe, dass eine Identifikation kurzfristig nachholbar sein muss, soll das bei dieser Produktgruppe bestehende Restrisiko ausgeschaltet werden.

dd) § 25d Abs. 1 Nr. 4 KWG

§ 25d Abs. 1 Nr. 4 KWG baut auf § 25d Abs. 1 Nr. 3 KWG auf und formuliert zusätzliche Vorgaben für Produkte oder mit ihnen zusammenhängende Transaktionen, bei denen vom Kunden in Finanzanlagen oder Ansprüche, wie Versicherungen oder sonstige Eventualforderungen, investiert werden kann. Das Gesetz schreibt als zusätzliche Voraussetzung vor, dass die Leistungen aus dem Produkt oder der Transaktion nur langfristig auszahlbar (§ 25d Abs. 1 Nr. 4 Buchstabe a KWG) und das Produkt oder die Transaktion nicht als Sicherheit hinterlegbar sein dürfen (§ 25d Abs. 1 Nr. 4 Buchstabe b KWG). Vorzeitigen Zahlungen, Rückkaufklauseln und ein vorzeitiges Kündigungsrecht müssen ausgeschlossen sein, § 25d Abs. 1 Nr. 4 Buchstabe c KWG. Es gilt der Schwellenwert in Höhe von 15.000 Euro aus § 25d Abs. 1 S. 2 Nr. 1 KWG.

303 Vgl. hierzu oben in Kap. 3 C) II. 1 a).

III. Verstärkte Sorgfaltspflichten

1. Verstärkte Sorgfaltspflichten gem. § 6 GwG

§ 6 Abs. 1 S. 1 GwG bestimmt, dass, soweit erhöhte Risiken bezüglich der Geldwäsche oder der Terrorismusfinanzierung bestehen, die Verpflichteten zusätzliche, dem erhöhten Risiko angemessene verstärkte Sorgfaltspflichten zu erfüllen haben. Die Bestimmung ist Ausfluss des durch das *GwBekErgG* in das Geldwäschegesetz aufgenommenen risikobasierten Ansatzes. Sie knüpft an § 3 Abs. 4 GwG an, der dazu verpflichtet, bei der Erfüllung der allgemeinen Sorgfaltspflichten dem jeweiligen Risiko entsprechende Maßnahmen zu treffen.

In § 6 Abs. 2 GwG legt das Geldwäschegesetz Fallgruppen fest, in denen kraft unwiderlegbarer gesetzlicher Vermutung von einem erhöhten Risiko der Geldwäsche oder der Terrorismusfinanzierung auszugehen ist.[304] Zu den Fallgruppen gehört die Geschäftsbeziehung zu politisch exponierten Personen (PEPs, § 6 Abs. 2 S. 1 Nr. 1 GwG) und die Fälle, in denen der Vertragspartner bei der Identifizierung nicht persönlich anwesend ist (§ 6 Abs. 2 S. 1 Nr. 2 GwG). Für Institute sind in § 25f KWG weitere, über § 6 GwG hinausgehende Fälle verstärkter Sorgfaltspflichten normiert.

Der Fallgruppenkatalog in § 6 Abs. 2 GwG darf nicht darüber hinwegtäuschen, dass die Verpflichteten gehalten sind, nach sonstigen Fällen Ausschau zu halten, die ein erhöhtes Geldwäsche- bzw. Terrorismusfinanzierungsrisiko bergen. Dies folgt aus der Gestaltung des § 6 Abs. 1 GwG als „Generalklausel“ und der Formulierung „insbesondere“ in § 6 Abs. 2 GwG. So können nach Auffassung des Gesetzgebers Geschäftsbeziehungen mit Vertragspartnern aus Ländern und Territorien mit niedrigeren Geldwäschepräventionsstandards ein erhöhtes Risiko bergen, dem die Verpflichteten mit angemessenen Maßnahmen gem. § 6 Abs. 1 GwG zu begegnen haben.[305]

Liegt ein Fall aus § 6 Abs. 2 GwG vor, haben die Verpflichteten dem verstärkten Risiko der Kundenbeziehung durch eine Reihe von vorgegebenen Maßnahmen Rechnung zu tragen. In den Fällen, in denen die Verpflichteten aufgrund einer eigenen Einschätzung dazu gekommen sind, dass ein Fall verstärkter Sorgfaltspflicht vorliegt, macht der Gesetzgeber den Verpflichteten keine Vorgaben dazu, welche Maßnahmen von ihnen zu ergreifen sind. Damit sind in einem Fall nach § 6 Abs. 1 GwG sowohl die Risikoeinschätzung als

---

304 Gem. § 6 Abs. 3 GwG, der auf Art. 13 Abs. 6, Art. 40 Abs. 1 Buchstabe c und Art. 41 Abs. 2 der Dritten EG-Geldwäscherichtlinie zurückgeht, kann die Bundesinnenministerium durch Rechtsverordnung weitere Hochrisikofälle definieren und weitere Maßnahmen bestimmen, die von den Verpflichteten zu ergreifen sind, um dem erhöhten Risiko Rechnung zu tragen.

305 BT-Drs. 16/9038 S. 40.

auch der Umfang der vom Verpflichteten zu treffenden Maßnahmen in das Ermessen des Verpflichteten gestellt.

Die Verpflichteten haben den Aufsichtsbehörde auf Verlangen darzulegen, dass die von ihnen zur Erfüllung ihrer verstärkten Sorgfaltspflichten getroffenen Maßnahmen angemessen waren, §§ 6 Abs. 1 S. 2 i.V.m. § 3 Abs. 4 S. 2 GwG. Die getroffenen Maßnahmen und Einschätzungen sind daher sorgfältig zu dokumentieren. Die Verpflichtung dient dazu, der Aufsichtsbehörde die Überprüfung der Einhaltung der Vorgaben zu erleichtern.[306]

Können die verstärkten Sorgfaltspflichten nicht erfüllt werden, haben die Verpflichteten ebenso zu verfahren wie bei Nichterfüllbarkeit der allgemeinen Sorgfaltspflichten.[307] Die Geschäftsbeziehung oder Transaktion dürfen nicht begonnen bzw. abgeschlossen werden, § 6 Abs. 1 S. 2 i.V.m. § 3 Abs. 6 GwG. Eine bereits bestehende Geschäftsbeziehung ist zu beenden, § 6 Abs. 1 S. 2 i.V.m. § 3 Abs. 6 GwG.[308]

a) Politisch exponierte Personen, § 6 Abs. 2 Nr. 1 GwG

Gem. § 6 Abs. 2 Nr. 1 GwG sind gegenüber politisch exponierten Personen (PEPs) die in § 6 Abs. 2 Nr. 1 Buchstabe a bis c GwG festgelegten verstärkten Sorgfaltspflichten anzuwenden. Die Bestimmung ist neu und setzt Art. 13 Abs. 4. der Dritten EG-Geldwäscherichtlinie um.[309] Hintergrund für die Regelung ist die vom Richtlinien- bzw. Gesetzgeber vermutete Korruptionsgefährdung dieser Personengruppe.[310]

Als politisch exponierte Personen gelten 3 Kategorien von Personen. PEPs sind zunächst gem. § 6 Abs. 2 Nr. 1 GwG alle nicht im Inland ansässigen Personen, die ein wichtiges öffentliches Amt ausüben oder ausgeübt haben.[311] Sie sollen im folgenden als *PEP im engeren Sinne* bezeichnet werden. PEPs

306 BT-Drs. 16/9038 S. 40.

307 Vgl. hierzu die Ausführungen oben Kap. 3 C) I. 5.

308 Die Regelung wurde vom Bundesrat als zu weit gehend kritisiert. Die dritte EG-Geldwäscherichtlinie fordert eine Beendigungsverpflichtung nur, sofern die Kernpflichten gem. Art. 8 Abs. 1 Buchstabe a bis c nicht erfüllt werden. Die verstärkten Sorgfaltspflichten gem. § 6 GwG zählen nach Auffassung des Bundesrates nicht zu den Kernpflichten. Der Bundesrat verweist zur Begründung hierzu auf die Aufzählung in Art 8 Abs. 5 S. 1 der Dritten EG-Geldwäscherichtlinie, vgl. Stellungnahme des Bundesrats zum GwBekErgG, BT-Drs. 16/9038, S. 63.

309 Diese wiederum geht zurück auf die Nr. 6 der FATF-Empfehlungen 2003.

310 Vgl. Erwägungsgrund 25 der dritten EG-Geldwäscherichtlinie. Zum Ursprung der Regelung vgl. Achtelik-GwG, § 6 Rn. 3.

311 Die Definition geht auf den PEP-Begriff in Art. 3 Nr. 8 der Dritten EG-Geldwäscherichtlinie zurück. Hiernach sind PEP „[…] diejenigen natürlichen Personen, die wichtige öffentliche Ämter ausüben oder ausgeübt haben, und deren unmittelbare Familienmitglieder oder ihnen bekanntermaßen nahe stehende Personen“.

sind ferner alle unmittelbaren Familienmitglieder dieser Personen und die diesen Personen bekanntermaßen nahe stehenden Personen, § 6 Abs. 2 Nr. 1 GwG. Die PEP-Eigenschaft der beiden letzteren Gruppen leitet sich von den PEPs im engeren Sinne ab. Sie sollen im weiteren daher als *PEP im weiteren Sinne* bezeichnet werden. Detailregelungen dazu, welche Personen als PEP gelten, sind in der vom EG-Richtliniengeber im *Lamfalussy Verfahren* erlassenen Durchführungsrichtlinie zur Dritten EG-Geldwäscherichtlinie enthalten, auf die § 6 Abs. 2 Nr. 1 GwG verweist.[312] Der Gesetzgeber hat leider davon abgesehen, die in Art. 2 Abs. 1 und 2 der Durchführungsrichtlinie enthaltenen Auflistungen der als PEPs geltenden Personengruppen und die Definition für eine „bekanntermaßen nahe stehende Person“ in Art. 2 Abs. 3 der Durchführungsrichtlinie in das Geldwäschegesetz zu integrieren. Die betroffenen Personen sind daher verpflichtet, beide Gesetze heranzuziehen, um eine PEP-Bestimmung vornehmen zu können.[313]

aa) Politisch exponierte Personen im engeren Sinne

Entsprechend der PEP-Definition in § 6 GwG und Art. 2 der Durchführungsrichtlinie gelten als PEP nur Personen, die ihren Wohnsitz im Ausland haben.[314] Gegenüber nationalen, d.h. im Inland ansässigen Personen, die die übrigen PEP-Voraussetzungen erfüllen, sind grundsätzlich nur die allgemeinen Sorgfaltspflichten gem. § 3 GwG anzuwenden.[315] Verstärkte Sorgfaltspflichten können sich bei dieser Personengruppe allerdings aus der Generalklausel in § 6 Abs. 1 GwG ergeben. Für die Kategorisierung „national“ oder „international“

---

312 Richtlinie 2006/70/EG der Kommission vom 1. August 2006 mit Durchführungsbestimmungen für die Richtlinie 2005/60/EG des Europäischen Parlaments und des Rates hinsichtlich der Begriffsbestimmungen von „politisch exponierten Personen“ und der Festlegung der technischen Kriterien für vereinfachte Sorgfaltspflichten sowie für die Befreiung in Fällen, in denen nur gelegentlich oder in sehr eingeschränktem Umfang Finanzgeschäfte getätigt werden (ABl. L 214/29). Ausführlich zur Durchführungsrichtlinie, *Achtelik*, GwG, § 6 Rn. 4.

313 Vgl. insoweit auch die kritische Stellungnahme des Bundesrates zu der gewählten Systematik. Der Bundesrat kritisiert darüber hinaus die Durchführungsrichtlinie als zu impraktikabel und zu unbestimmt. Er resümiert, dass auf Basis derart unbestimmter und unklarer Rechtsgrundlagen eine Einhaltung der verstärkten Sorgfaltspflichten nicht sichergestellt sei, Stellungnahme des Bundesrats zum GwBekErgG, BT-Drs. 16/9038, S. 63. Zur Bestimmtheit der PEP Definition vgl. vgl. *Achtelik*-GwG, § 6 Rn. 8.

314 Die Begrenzung auf Personen, die ihren Wohnsitz im Ausland haben, ist aus Risikogesichtspunkten nicht nachvollziehbar und wirkt daher willkürlich. Auch Ackmann und Reder sehen keine objektiv nachvollziehbaren Gründe für die unterschiedliche Risikobewertung von in- und ausländischen PEPs, vgl. *Ackmann / Reder*, WM 2009, 203. Zu den Hintergründen vgl. Achtelik-GwG, § 6 Rn. 9.

315 Vgl. BT-Drs. 16/9038 S. 40 und Erwägungsgrund 25 der Dritten EG-Geldwäscherichtlinie.

ist auf den den Verpflichteten bekannten Wohnsitz der Person abzustellen. Der Arbeitsort und die Staatsangehörigkeit sind dabei unbeachtlich.[316]

Eine Aufzählung dazu, welche Ämter zu den wichtigen öffentlichen Ämtern zählen, ist in Art. 2 Abs. 1 der Durchführungsrichtlinie enthalten.[317] Gem. § 6 Abs. 2 Nr. 1 S. 2 GwG gelten öffentliche Ämter unterhalb der nationalen Ebene grundsätzlich nicht als wichtige öffentliche Ämter im Sinne des § 6 Abs. 2 Nr. 1 GwG.[318] Etwas anderes gilt nur, wenn deren politische Bedeutung mit der ähnlicher Positionen auf nationaler Ebene vergleichbar ist, § 6 Abs. 2 Nr. 1 S. 2 GwG. Zu denken ist hier insbesondere an Ämter auf Landesebene bzw. zweiter Ebene in Staaten mit einer föderalen Struktur.[319] Spitzenämter auf internationaler Ebene können ebenfalls wichtige öffentliche Ämter sein.[320]

Eine Person, die länger als ein Jahr kein wichtiges öffentliches Amt mehr ausgeübt hat, ist gem. § 6 Abs. 2 Nr. 1 S. 3 GwG nicht mehr als politisch exponiert zu betrachten.[321] Auch hier kann es jedoch aufgrund einer Risikobewertung gem. § 6 Abs. 1 GwG geboten sein, die Person auch nach Ablauf der Jahresfrist als PEP zu betrachten. Jedenfalls ist die vormalige Klassifizierung als PEP risikoerhöhend bei der Risikobewertung der Kundenbeziehung zu berücksichtigen.[322] Die vormalige PEP-Eigenschaft eines Kunden ist zur

---

316 Ziffer 43 der Auslegungs- und Anwendungshinweise zur Geldwäschebekämpfung. Gem. Art. 2 Abs. 1 Buchstabe e) der Durchführungsrichtlinie gelten auch Botschafter als PEPs. Für sie gelten hinsichtlich des Wohnsitzes Sonderregelungen. Die Botschafter ausländischer Staaten gelten als PEPs nach dem deutschen Geldwäscherecht auch wenn ihr Wohnsitz sich in der Bundesrepublik und damit im Inland befindet. Genau anders herum verhält es sich bei deutschen Botschaftern im Ausland. Sie gelten nicht als PEPs nach deutschem Geldwäscherecht, Ziffer 43 der Auslegungs- und Anwendungshinweise zur Geldwäschebekämpfung.

317 Hiernach zählen zu den Personen die wichtige öffentliche Ämter ausüben: Staatschefs, Regierungschefs, Minister, stellvertretende Minister und Staatssekretäre; Parlamentsmitglieder; Mitglieder von obersten Gerichten, Verfassungsgerichten oder sonstigen hochrangigen Institutionen der Justiz, gegen deren Entscheidungen, von außergewöhnlichen Umständen abgesehen, kein Rechtsmittel eingelegt werden kann; Mitglieder der Rechnungshöfe oder der Vorstände von Zentralbanken; Botschafter, Geschäftsträger und hochrangige Offiziere der Streitkräfte und Mitglieder der Verwaltungs-, Leitungs- oder Aufsichtsorgane staatlicher Unternehmen. Funktionsträger die mittlere oder niedrigere Funktionen wahrnehmen sind gem. Art. 2 Abs. 2 der Durchführungsrichtlinie ausgenommen. Welche Funktionen als mittlere oder niedrigere gelten, ist in der Durchführungsrichtlinie offen gelassen. Die Liste gilt auch für Funktionsträger auf internationaler Ebene. Ausgenommen ist hier lediglich die Gruppe der Mitglieder der Verwaltungs-, Leitungs- oder Aufsichtsorgane staatlicher Unternehmen.

318 Vgl. hierzu auch Erwägungsgrund 3 der Durchführungsrichtlinie.

319 Ziffer 43 der Auslegungs- und Anwendungshinweise zur Geldwäschebekämpfung.

320 Vgl. Art. 2 Abs. 2 der Durchführungsrichtlinie.

321 Die Bestimmung geht zurück auf Art. 2 Abs. 4 und Erwägungsgrund Nr. 5 der Durchführungsrichtlinie.

322 BaFin-Rundschreiben 14/2009 (GW) vom 29.07.2009.

Erleichterung der Aufsicht ausreichend zu dokumentieren und aufzubewahren.[323]

bb) Unmittelbares Familienmitglied einer politisch exponierten Person

Gem. § 6 Abs. 2 S. 1 GwG gelten Personen, die ein unmittelbares Familienmitglied einer politisch exponierten Person sind, ebenfalls als PEP. Zu dieser Gruppe gehören gem. Art. 2 Abs. 2 der Durchführungsrichtlinie der Ehepartner bzw. die einem Ehepartner gleichgestellte Person, die Kinder und deren Ehepartner bzw. gleichgestellte Partner sowie die Eltern der politisch exponierten Person.

cc) Einer PEP bekanntermaßen nahe stehende Personen

Die dritte Kategorie von PEPs bilden die Personen, die einem Träger eines wichtigen öffentlichen Amtes bekanntermaßen nahe stehen. Zu dieser Gruppe gehört gem. Art. 2 Abs. 3 der Durchführungsrichtlinie jede natürliche Person, die bekanntermaßen mit einer politisch exponierten Person enge Geschäftsbeziehungen unterhält. Eine enge Geschäftsbeziehung ist gem. Art. 2 Abs. 3 Buchstabe a der Durchführungsrichtlinie u.a. dann anzunehmen, wenn die natürliche Person mit der politisch exponierten Person gemeinsam wirtschaftlich Berechtigte von Rechtspersonen und Rechtsvereinbarungen ist.[324] Zu dieser Kategorie von PEPs zählt weiterhin jede natürliche Person, die alleinige wirtschaftlich Berechtigte einer Rechtsperson oder Rechtsvereinbarung ist, die bekanntermaßen tatsächlich zum Nutzen einer politisch exponierten Person errichtet wurde, Art. 2 Abs. 3 Buchstabe b der Durchführungsrichtlinie.[325]

§ 6 Abs. 2 Nr. 1 S. 4 GwG begrenzt zum Schutz der Privatsphäre der betroffenen Person die Erkundigungspflichten der Verpflichten hinsichtlich der Frage, ob der Vertragspartner einer Person, die wichtige öffentliche Ämter ausübt, nahe steht, auf Fälle, in denen die Beziehung öffentlich bekannt ist[326] und auf die Fälle, in denen der Verpflichtete Grund zu der Annahme hat, dass eine derartige Beziehung besteht. Aktive Nachforschungen sind ausdrücklich nicht

---

323 BaFin-Rundschreiben 14/2009 (GW) vom 29.07.2009.

324 Die deutsche Übersetzung der Durchführungsrichtlinie nutzt hier ebenso wie die Übersetzung der Dritten Geldwäscherichtlinie den Begriff des „wirtschaftlichen Eigentümers“, vgl. hierzu die Fn. 170 und 174 oben.

325 Die FATF hat in ihrem Prüfbericht zu Deutschland vom 19.02.2010 kritisch angemerkt, dass das Geldwäschegesetz keine Vorgaben für den Fall enthält, dass PEPs im engen Sinne wirtschaftlich Berechtige des Vertragspartners sind, vgl. S.11 des Mutual Evaluation Report-Germany, abrufbar unter: www.fatf-gafi.org.

326 Der Referentenentwurf zum GwBekErgG sprach hier noch von „öffentlich bekannte Tatsachen“, Referentenentwurf zum GwBekErgG vom 11.10.2007.

verlangt, § 6 Abs. 2 Nr. 1 S. 4 GwG.[327] Auch bei dieser Personengruppe ist einzig und allein der Wohnsitz für das Kriterium „nicht im Inland ansässig“ ausschlaggebend.[328]

dd) Die verstärkten Sorgfaltspflichten gegenüber PEPs

Gem. § 6 Abs. 2 Nr. 1 GwG sind gegenüber politisch exponierten Personen die in § 6 Abs. 2 Nr. 1 Buchstabe a bis c GwG festgelegten verstärkten Sorgfaltspflichten anzuwenden. Den Maßnahmen zwangsläufig vorgelagert haben die Verpflichteten gem. § 6 Abs. 2 Nr. 1 S. 1 GwG angemessene risikobasierte Verfahren zur Erkennung dieser Personengruppe anzuwenden.[329] Von einer ausdrücklichen Verpflichtung zur Nutzung von Datenbanken, wie beispielsweise durch § 25c Abs. 2 S. 1 KWG im Bereich des *Monitoring* geschehen, hat der Gesetzgeber abgesehen. Gleichwohl dürfte die Nutzung von PEP-Datenbanken anzuraten sein, da der Einsatz solcher Dienste die angemessene Erfüllung der Verpflichtungen indiziert.[330] Auch bei Einsatz technischer Hilfsmittel und größtmöglicher Sorgfalt dürfte es schwierig werden, alle PEPs zu erkennen und entsprechend der gesetzlichen Vorgaben zu überwachen. Laut Gesetzesbegründung sind die Aufsichtsbehörden daher gehalten, von einer schematischen Inanspruchnahme des Verpflichteten abzusehen, sofern eine PEP trotz angemessener Abklärungsmaßnahmen übersehen worden ist.[331]

Werden keine Datenbanken genutzt, besteht die Möglichkeit, den Kunden zu bitten, die entsprechenden Angaben zu machen. Die gesetzliche Verpflichtung des Kunden zur Mitwirkung folgt aus § 6 Abs. 2 Nr. 1 S. 6 GwG. Hiernach ist der Vertragspartner verpflichtet, dem Verpflichteten die für die Abklärung über einen etwaigen PEP-Status notwendigen Informationen zur Verfügung zu stellen und sich im Laufe der Geschäftsbeziehung ergebende Änderungen unverzüglich anzuzeigen. Wie in § 3 Abs. 4 GwG für den Bereich der allgemeinen Sorgfaltspflichten steht damit den Sorgfaltspflichten der Verpflichteten eine Mitwirkungspflicht des Vertragspartners gegenüber.

Zu beachten ist, dass die Verpflichtung zur Ermittlung eines etwaigen PEP-Status des Kunden nicht nur bei Begründung der Geschäftsbeziehung, sondern

327 Vgl. insoweit auch Erwägungsgrund 4 der Durchführungsrichtlinie.

328 Ziffer 43 der Auslegungs- und Anwendungshinweise zur Geldwäschebekämpfung.

329 Bei der Verpflichtung zur Ermittlung etwaiger PePs dürfte es sich um keine Sorgfaltspflicht im eigentlichen Sinne handeln. Hierfür spricht neben der Gesetzessystematik die Regelung der Vorgabe außerhalb des Pflichtenkatalogs in § 6 Abs. 2 Nr. 1 Buchstabe a bis c GwG. Eine Beendiungsverpflichtung dürfte hier mithin nicht bestehen, a.A. *Warius*, GwG, §3 Rn. 109.

330 Ziffer 46 der Auslegungs- und Anwendungshinweise zur Geldwäschebekämpfung.

331 Vgl. BT-Drs. 16/9038 S. 40. Vgl. auch Erwägungsgrund 2 der Durchführungsrichtlinie.

auch im weiteren Verlauf der Geschäftsbeziehung besteht.[332] Die Verpflichten sind daher gehalten, in angemessenen zeitlichen Abständen eine Überprüfung ihres Kundenbestandes dahingehend vorzunehmen, ob ein Kunde mittlerweile PEP-Status erlangt hat. Erfüllt eine Person die in § 6 Abs. 2 Nr. 1 bzw. Art. 2 der Durchführungsrichtlinie enthaltenen Voraussetzungen für eine PEP-Eigenschaft, sind von den Verpflichteten die nachfolgenden Maßnahmen zu treffen.

(1) Zustimmung einer übergeordneten Führungsebene

Gem. § 6 Abs. 2 Nr.1 S. 5 Buchstabe a GwG ist vor der Begründung einer Geschäftsbeziehung mit einer PEP die Zustimmung des unmittelbar Vorgesetzten oder der ihm unmittelbar übergeordneten Führungsebene einzuholen.[333] Obwohl der Gesetzeswortlaut in § 6 Abs. 2 Nr.1 S. 5 Buchstabe a GwG nur auf die Fallgestaltung „Begründung einer Geschäftsbeziehung" abstellt, besteht die Verpflichtung auch bei Durchführung einer Transaktion außerhalb einer Geschäftsbeziehung.[334] Eine Zustimmung der Geschäftsleitung ist nicht erforderlich, sofern zwischen dem für den Verpflichteten Handelnden und der Geschäftsleitung eine Führungsebene zwischengeschaltet ist.[335] Welche Personen der übergeordneten Führungsebene zugerechnet werden können, ergibt sich aus dem Organisationshandbuch bzw. sonstigen internen Bestimmungen des Verpflichteten.

(2) Ermittlung der Herkunft der Vermögenswerte

Gem. § 6 Abs. 2 Nr. 1 S. 5 Buchstabe b GwG hat der Verpflichtete angemessene Maßnahmen zu ergreifen, um die Herkunft der Vermögenswerte der als PEP qualifizierten Person zu bestimmen. Es reicht hierbei aus, sich auf die Vermögenswerte zu beschränken, die im Rahmen der Geschäftsbeziehung oder

---

332 Ziffer 44 der Auslegungs- und Anwendungshinweise zur Geldwäschebekämpfung. Das BaFin-Rundschreiben 14/2009 (GW) vom 29.07.2009 fordert insoweit klarstellend, dass „im Rahmen einer Geschäftsbeziehung in angemessenen zeitlichen Abständen risikoorientierte Verfahren in Bezug auf Kunden mit Sitz im Ausland anzuwenden, um festzustellen, ob diese nach Begründung der Geschäftsbeziehung die Voraussetzungen für eine Klassifizierung als PEP erfüllen."

333 Die Bestimmung geht auf Art. 13 Abs. 4 Buchstabe b der Dritten EG-Geldwäscherichtlinie zurück. Vgl. auch Erwägungsgrund 26 der Dritten EG-Geldwäscherichtlinie.

334 Vgl. die dahingehende Auslegung der Aufsicht im BaFin-Rundschreiben 14/2009 (GW) vom 29.07.2009.

335 Erwägungsgrund 26 der Dritten EG-Geldwäscherichtlinie. Kritisch hierzu der FATF Prüfbericht vom 19.02.2010. Dort wird ein „senior management" gefordert, S. 11, Mutual Evaluation Report-Germany, abrufbar unter: www.fatf-gafi.org.

der Transaktion eingesetzt werden sollen, § 6 Abs. 2 Nr. 1 S. 5 Buchstabe b GwG.[336]

(3) Verstärkte kontinuierliche Überwachung

§ 6 Abs. 2 Nr.1 S. 5 Buchstabe c GwG schreibt schließlich entsprechend der Vorgabe in Art. 13 Abs. 4 Buchstabe d der Dritten EG-Geldwäscherichtlinie vor, dass die Geschäftsbeziehung mit der betreffenden Person einer verstärkten kontinuierlichen Überwachung zu unterziehen ist.

Die im Zusammenhang mit einer PEP vom Geldwäschegesetz den Verpflichteten abverlangten Maßnahmen werden von Teilen der Literatur als mit dem Datenschutzrecht unvereinbar bewertet. So sehen *Herzog* und *Hoch* durch die von den Verpflichteten gem. § 6 Abs. 2 Nr. 1 GwG zu treffenden Recherche- und Überwachungsmaßnahmen das Recht des Kunden auf informationelle Selbstbestimmung[337] aus Art. 2 Abs. 1 i.V.m. Art. 1 Abs. 1 GG verletzt.[338] Den Maßnahmen zur PEP-Ermittlung, den Maßnahmen zur Bestimmung der Herkunft des Vermögens einer PEP sowie der vom Geldwäschegesetz geforderten verstärkten Überwachung der mit einer PEP unterhaltenen Geschäftsbeziehung dürfte hinsichtlich ihrer Intensität eine Eingriffsqualität zukommen. Durch die Maßnahmen entsteht – wie vom Gesetzgeber gewünscht – ein umfassendes Profil der entsprechenden Person. Fraglich ist, ob es sich hierbei um einen öffentlich-rechtlichen und damit verfassungsrechtlich relevanten Eingriff handelt. *Herzog* und *Hoch* gehen von einem öffentlich-rechtlichen Charakter dieser Maßnahmen aus. Nach ihrer Auffassung kommt es zu einer sektoralen Transformation der im Ausgang zivilrechtlichen Beziehung Bank – PEP in eine öffentlich-rechtliche Beziehung. Grund hierfür sei, dass die im Privatrechtsverhältnis Bank – Kunde anfallenden Daten zur Einhaltung von geldwäscherechtlichen Vorgaben, und damit im öffentlichen Auftrag erhoben, verarbeitet und gegebenenfalls an die entsprechenden Behörden weitergegeben werden.[339] Aus ihrer Sicht stellen die von den Verpflichteten zu treffenden

---

336 Die Bestimmung geht auf Art. 13 Abs. 4 Buchstabe c der Dritten EG-Geldwäscherichtlinie zurück.

337 BVerfGE 65, S. 43. Das Recht auf informationelle Selbstbestimmung ist Ausfluss des allgemeinen Persönlichkeitsrecht und der Menschenwürde (Art. 2 Abs. 1 i.V.m. Art. 1 Abs. 1 GG) und wurde vom Bundesverfassungsgericht im Volkszählungsurteil erstmals höchstrichterlich definiert. Das Bundesverfassungsgericht führt in seiner Entscheidung aus, dass die freie Entfaltung der Persönlichkeit unter den modernen Bedingungen der Datenverarbeitung den Schutz des Einzelnen gegen unbegrenzte Erhebung, Speicherung, Versendung und Weitergabe seiner persönlichen Daten voraus setzte. Hieraus folgt, dass der Einzelne grundsätzlich die Möglichkeit haben muss selbst über die Preisgabe und Verwendung seiner persönlichen Daten zu bestimmen, vgl. BVerfGE 65, S. 43.

338 *Herzog / Hoch*, WM 2007, S. 201.

339 *Herzog / Hoch*, WM 2007, S. 201.

Maßnahmen mit anderen Worten eine öffentlich-rechtliche Inpflichtnahme Privater zur Erfüllung hoheitlichen Aufgaben dar. Ob solch eine Transformation tatsächlich angenommen werden kann, erscheint zweifelhaft.[340] Die geldwäscherechtlichen Präventionsmaßnahmen und Meldepflichten dienen vor allem dem Eigeninteresse der Verpflichteten, nicht zu Geldwäsche- und Terrorismusfinanzierungszwecken missbraucht zu werden. Eine quasi Belieheneneigenschaft der Verpflichten ist daher nicht ersichtlich. Dies wird von *Herzog* und *Hoch* zwar eingeräumt, aber in der Abwägung nicht berücksichtigt. Mithin bleibt das Rechtsverhältnis zwischen Bank und Kunde ein rein privatrechtliches, womit die Maßnahmen der Bank keinen öffentlich-rechtlichen Eingriff darstellen. Eine Grundrechtsverletzung liegt allerdings auch dann nicht vor, wenn man von einem öffentlich-rechtlichen Handeln der Verpflichteten ausgeht. Das Recht auf „informationelle Selbstbestimmung" wird durch Rechtsgüter von überwiegenden Allgemeininteressen Interesse beschränkt.[341] „Der Einzelne hat nicht ein Recht im Sinne einer absoluten, uneinschränkbaren Herrschaft über „seine Daten".[342] Im Konflikt zwischen Individuum und Gemeinschaft geht das Grundgesetz von einer Gemeinschaftsbezogenheit der Person aus.[343] Das im Rahmen der Verhältnismäßigkeitsprüfung überwiegende Allgemeininteresse ist hier nach allgemeiner Auffassung die Bekämpfung der Korruption, Geldwäsche und Terrorismusfinanzierung.[344] Diese Abwägung ist nachvollziehbar und richtig. Allen drei Delikten ist gemein, dass Sie die Grundlagen und Funktionsfähigkeit des Staates und seiner Organe und damit Rechtsgüter von überragender Bedeutung gefährden. Sie bedrohen nicht nur einzelne Personen, sondern die Integrität des gesamten Gemeinwesens.[345] Auf Seiten der von den Überwachungsmaßnahmen betroffenen Personen kommt es im Regelfall nur zur Erhebung und Verarbeitung von Daten, die dem Kreditinstitut entweder ohnehin bekannt sind, genannt seien beispielsweise im Rahmen der Geschäftsbeziehung vom Kunden freiwillig gemachten Angaben und getätigte Transaktionen oder Informationen, die vom Kreditinstitut aus frei zugänglichen Medien bezogen worden sind (z.B. durch Internetrecherche).[346] Den datenschutzrechtlichen Belangen der betroffenen Personen wird zudem dadurch Rechnung getragen,

340 Ausführlich hierzu *Werner*, Bekämpfung, S. 75 ff. und 91 ff.

341 BVerfGE 65, S. 44.

342 BVerfGE 65, S. 43 f.

343 BVerfGE 65, S. 44.

344 *Findeisen*, wistra 1997, S. 125; *Schily*, WM 2003, S. 1251.

345 So auch *Schily*, WM 2003, S. 1240.

346 Vgl. hierzu die Klarstellung des Gesetzgebers in § 6 Abs. 2 S. § 6 Abs. 2 Nr. 1 S. 4 GwG, dass keine Nachforschungen anzustellen sind. Vgl. insoweit auch Erwägungsgrund 4 der Durchführungsrichtlinie.

dass eine Weitergabe der gesammelten Informationen an Dritte nur unter Einhaltung zusätzlicher datenschutzrechtlicher Vorgaben erfolgen darf.[347]

b) Fernidentifizierung, § 6 Abs. 2 Nr. 2 GwG

aa) Inhalt der Pflicht

§ 6 Abs. 2 Nr. 2 GwG eröffnet den Verpflichteten die Möglichkeit, bei nicht persönlich anwesenden natürlichen Personen eine Fernidentifizierung vorzunehmen.[348] Hiernach reicht es aus, die Identität der betreffenden Person anhand eines Dokuments im Sinne des § 4 Abs. 4 Satz 1 Nr. 1 GwG oder einer beglaubigten Kopie eines solchen Dokumentes zu überprüfen.[349] Der visuelle Abgleich des Lichtbildes mit der persönlich anwesenden Person ist nicht erforderlich. Die Beglaubigung der Ausweiskopie hat durch eine zur Beglaubigung von Dokumenten zugelassene inländische oder ausländische Stelle zu erfolgen.[350] Wie bisher auch möglich, allerdings wenig praktiziert, kann die Identifizierung auch mittels einer elektronischen Signatur erfolgen, § 6 Abs. 2 Nr. 2 GwG am Ende.

Die Fälle der Fernidentifizierung sind abzugrenzen von den Fällen der Identifizierung durch Dritte im Sinne des § 7 GwG. Bei der Auslagerung der Identifizierung auf Dritte erfolgt die Identifizierung zwar nicht persönlich beim Verpflichteten, sie erfolgt allerdings persönlich beim Dritten. Insoweit stellt sie keinen Fall der Fernidentifizierung dar.[351]

Die Eröffnung der Möglichkeit einer Fernidentifizierung stellt eine wesentliche Lockerung des bei der Identifizierung einzuhaltenden Sorgfaltsmaßstabs dar. Nach alter Rechtslage war für eine ordnungsgemäße Identifizierung die physische Präsenz des zu Identifizierenden unentbehrlich (Grundsatz der persönlichen und dokumentenmäßigen Identifizierung). Die Aufsichtspraxis sah es als mit dem „Know Your Customer"-Prinzip unvereinbar an, bei einer Konto- bzw. Depoteröffnung oder bei der Vermietung eines Schließfaches auf eine persönliche Anwesenheit der zu identifizierenden natürlichen Person zu

---

347 Vgl. hierzu insbesondere § 12 GwG. Vgl. auch BT-Drs. 16/9038, S. 50.

348 Der Sache nach handelt es sich bei § 6 Abs. 2 Nr. 2 GwG mithin eigentlich um eine Erleichterung vom allgemeinen Sorgfaltsmaßstab nach § 3 GwG, der eine persönliche Anwesenheit des zu Identifizierenden fordert. Die Regelung erfolgt zur Umsetzung von Art. 13 Abs. 2 der Dritten EG-Geldwäscherichtlinie.

349 Dokumente im Sinne des § 4 Abs. 4 S. 1 Nr. 1 GwG sind bei natürlichen Personen ein gültiger Personalausweis, ein Pass oder ein gleichwertigen amtlichen Ausweis, der ein Lichtbild enthält und den Anforderungen an die Pass- und Ausweispflicht genügt.

350 BT-Drs. 16/9038, S. 41.

351 Vgl. hierzu auch BT-Drs. 16/9038, S. 40.

verzichten.[352] Begründet wurde diese Einschätzung damit, dass nur so die Übereinstimmung zwischen äußeren Merkmalen der Person und ihrem Bild bzw. den Angaben im Ausweis geprüft werden kann.[353] Die Möglichkeit einer Fernidentifizierung ist insbesondere für Direktbanken und Banken, die über kein dichtes Filialnetz verfügen, von Interesse.

Das in Fällen der Fernidentifizierung erhöhte Missbrauchsrisiko[354] soll durch zusätzliche Sorgfaltspflichten kompensiert werden. So haben die Verpflichteten gem. § 6 Abs. 2 Nr. 2 S. 1 GwG sicherzustellen, dass die erste Transaktion auf das neu eröffnete Konto von einem „sicheren", also geprüften Konto aus erfolgt. Es muss auf den Namen des Vertragspartners und bei einem Kreditinstitut geführt sein, welches der Dritten EG-Geldwäscherichtlinie oder gleichwertigen Standards unterworfen ist, § 6 Abs. 2 Nr. 2 S. 1 GwG.[355]

bb) Verstoß gegen die verstärkten Sorgfaltspflichten bei der Fernidentifizierung

Gem. § 17 Abs. 2 Nr. 3 GwG handeln die Verpflichteten ordnungswidrig, wenn sie der von § 6 Abs. 2 Nr. 2 GwG geforderten Überprüfung der Identität des nicht persönlich anwesenden Vertragspartners nicht nachkommen. Eine Ordnungswidrigkeit begehen auch die Verpflichteten, die nicht sicherstellen, dass die erste Transaktion von einem Konto des Vertragspartners erfolgt. Für die Ordnungswidrigkeiten kann ein Bußgeld von bis zu 50.000 Euro verhängt werden, vgl. § 17 Abs. 3, 2. Halbsatz GwG.

---

352 Ziffer 9 der BaKred Verlautbarung vom 26.10.1994. Die Verlautbarung wurde im Rahmen der Umsetzung des GwBekErgG durch das Rundschreiben 2/2009 (GW) der BaFin vom 13.01.2009 aufgehoben.

353 Direktbanken und andere Anbieter von Internet-basierten Bankdienstleistungen nutzen aufgrund dieser Vorgabe zur Identifizierung ihrer Kunden in diesen Fällen meist das Post Ident-Service Verfahren der Deutschen Post. Das Post-Ident-Service Verfahren, welches das fehlerbehaftete „Einschreiben-Rückschein-eigenhändig" Verfahren ersetzt hat, gewährleistet einen Abgleich der Ausweisangaben durch den Postangestellten mit der persönlich anwesenden, zu identifizierenden Person. Allerdings hat es sich seinerseits als missbrauchsanfällig erwiesen.

354 Die Gesetzesbegründung nennt hier die Möglichkeit eines Dokumentendiebstahl und den Umstand, dass die Beglaubigung keine Echtheit des beglaubigten Dokuments attestiert, BT-Drs. 16/9038, S. 41.

355 Die Regelung geht zurück auf Art. 13 Abs. 2 der Dritten EG-Geldwäscherichtlinie. Zur Frage der Gleichwertigkeit vgl. die Drittlandäquivalenzliste zu den Ländern und Gebieten mit gleichwertigen Anforderungen bei der Verhinderung der Geldwäsche und Terrorismusfinanzierung im BaFin-Rundschreiben 7/2008 (GW) vom 1.08.2008. Die Liste wurde von den EU-Mitgliedstaaten im Komitee zur Verhinderung von Geldwäsche und Terrorismusfinanzierung zusammengestellt. Vgl. hierzu auch die Ausführungen oben in Kap. 3 C) II. 1 a).

2. Verstärkte Sorgfaltspflichten nach dem Kreditwesengesetz

Das Kreditwesengesetz enthält weitere, über § 6 GwG hinausgehende, verstärkte Sorgfaltspflichten für Institute. Die Vorgaben für die Einhaltung dieser verstärkten Sorgfaltspflichten auf Gruppenebene ist in § 25g KWG geregelt.[356]

a) Korrespondenzbankbeziehungen

Gem. § 25f Abs. 1 KWG haben Institute bei der Abwicklung des Zahlungsverkehrs im Rahmen einer Geschäftsbeziehung zu einem Korrespondenzinstitut mit Sitz in einem Drittstaat daher verstärkte, dem erhöhten Risiko angemessene Sorgfaltspflichten zu erfüllen.[357] Als Drittstaaten gelten Staaten außerhalb der Europäischen Gemeinschaften.[358] Mangels unmittelbaren Kontakts mit dem Auftraggeber bzw. Empfänger einer Zahlung geht das Geldwäschegesetz bei Korrespondenzbankbeziehungen von einer verstärkten Geldwäsche- und Terrorismusfinanzierungsgefahr aus.[359] Korrespondenzbanken sind ausländische Banken, mit denen ein inländisches Kreditinstitut seinen grenzüberschreitenden Kundenzahlungsverkehr abwickelt.[360]

Die Korrespondenzbankregelung in § 25f KWG ist von der Interbankenprivilegierung in § 5 Abs. 2 Nr. 1 GwG abzugrenzen. Gem. § 25h Abs. 1 S. 2 KWG bleibt die Privilegierung der Interbankbeziehungen in § 5 Abs. 2 Nr. 1 GwG unberührt, soweit die Geschäftsbeziehungen nicht die Abwicklung des Kundenzahlungsverkehrs zum Gegenstand haben. Dies ist beispielsweise bei Interbankengeschäften der Fall. Abhängig davon, ob das Institut Kundengelder weiterleitet oder nicht, kann damit die Beziehung zwischen zwei Banken die Erfüllung verstärkter und vereinfachter Sorgfaltspflichten zur Folge haben.[361] Hierin besteht kein Widerspruch, da die Geschäfte im Sinne des § 5 Abs. 2 Nr. 1 GwG nicht das eingangs dargestellte Risiko – kein unmittelbarer Kontakt zum Empfänger bzw. Auftraggeber einer Transaktion – bergen.[362]

Die Erfüllung der Sorgfaltspflichten ist gem. § 25f Abs. 1 S. 1 KWG i.V.m. § 3 Abs. 4 S. 2 des GwG zur Erleichterung der Aufsicht ausreichend zu doku-

---

356 Vgl. hierzu oben in Kap. 3 A) V. 2.

357 Die Regelung setzt Art. 13 Abs. 3 und 5 der Dritten EG-Geldwäscherichtlinie um.

358 Kritisch zur Privilegierung der EU-Staaten S. 7 des FATF Prüfbericht vom 19.02.2010, Mutual Evaluation Report-Germany, abrufbar unter: www.fatf-gafi.org. Vgl. hierzu auch die Ausführungen oben in Kap. 3 C) II. 1 a).

359 BT-Drs. 16/9038, S. 52. Vgl. auch die im Zuge der Umsetzung des GwBekErgG aufgehobene BaFin Verlautbarung vom 6.11.2000.

360 Ausführlich zur Zusammenarbeit im Zahlungsverkehr mit Korrespondenzbanken *Hadding / Häuser* in: Schimansky / Bunte / Lwowski, Bankrechts-Handbuch, § 51 Rn. 4.

361 BT-Drs. 16/9038, S. 52.

362 BT-Drs. 16/9038, S. 52.

mentieren. Die von Instituten in ihrer Geschäftsbeziehung mit Korrespondenzbanken einzuhaltenden verstärkten Sorgfaltspflichten sind in § 25f Abs. 2 KWG geregelt und sollen nachfolgend überblicksartig dargestellt werden.

aa) Einholen von öffentlich verfügbaren Informationen, § 25f Abs. 2 Nr. 1 KWG

Gem. § 25f Abs. 2 Nr. 1 KWG haben die Institute zunächst ausreichende, öffentlich verfügbare Informationen über das Korrespondenzinstitut und seine Geschäfts- und Leitungsstruktur einzuholen. Die Informationen sollen es dem Institut ermöglichen, sowohl vor als auch während der zum Korrespondenzinstitut unterhaltenen Geschäftsbeziehung dessen Geschäftstätigkeit im vollem Umfang zu verstehen und dessen Ruf und seine Kontrollen zur Bekämpfung der Geldwäsche und der Terrorismusfinanzierung sowie die Qualität der Aufsicht im Drittland bewerten zu können, § 25f Abs. 2 Nr. 1 KWG. Kommt das Institut bei der Analyse dieser Informationen zu dem Schluss, dass das betreffende Institut im Drittland keiner wirksamen geldwäscherechtlichen Aufsicht unterliegt, soll nach dem Willen des Gesetzgebers keine Korrespondenzbankbeziehung aufgenommen werden.[363] Instituten gegenüber, die ihren Sitz in Staaten haben, die nicht der FATF angehören und die internationale Standards der Geldwäsche- und Terrorismusbekämpfung nicht einhalten, gelten verstärkte Sorgfaltspflichten.[364]

bb) § 25f Abs. 2 Nr. 2 KWG

Gem. § 25f Abs. 2 Nr. 2 KWG haben die eine Korrespondenzbankbeziehung begründenden Institute ihre jeweiligen Verantwortlichkeiten in Bezug auf die Erfüllung der Sorgfaltspflichten festzulegen und schriftlich zu dokumentieren. Die Regelung soll sicherzustellen, dass eine klare und dokumentierte Aufgabenaufteilung zwischen den Instituten besteht.

cc) § 25f Abs. 2 Nr. 3 KWG

Ebenso wie die Vorgabe in § 6 Abs. 2 Nr. 1 Buchstabe a GwG schreibt § 25f Abs. 2 Nr. 3 KWG vor, dass die Zustimmung des unmittelbar Vorgesetzten oder der ihm unmittelbar übergeordneten Führungsebene einzuholen ist, bevor eine Korrespondenzbankbeziehung durch einen für den Verpflichteten Handelnden begründet wird.[365]

---

363 BT-Drs. 16/9038, S. 53.

364 BT-Drs. 16/9038, S. 53.

365 Auch hier wird von der FATF in ihrem Prüfbericht die Zustimmung durch ein „senior management level“ verlangt, vgl. S. 11 des Mutual Evaluation Report-Germany, abrufbar unter: www.fatf-gafi.org.

dd) § 25f Abs. 2 Nr. 4 KWG

§ 25f Abs. 2 Nr. 4 KWG gibt den Verpflichteten vor, Maßnahmen zu ergreifen, um sicherzustellen, dass das Korrespondenzinstitut seinerseits keine Geschäftsbeziehung mit einem Kreditinstitut begründet oder fortsetzt, von dem bekannt ist, dass seine Konten von einer Bank-Mantelgesellschaft im Sinne des Artikels 3 Nr. 10 der Dritten EG-Geldwäscherichtlinie genutzt werden. Eine Bank-Mantelgesellschaft ist ein Institut, welches am Ort seiner Gründung nicht physisch präsent ist und das keiner beaufsichtigten Finanzgruppe angehört.[366] Die Sorgfaltspflicht nach § 25f Abs. 2 Nr. 4 KWG kann durch Einholung entsprechender Informationen oder vertraglicher Zusicherung seitens des Korrespondenzinstitut umgesetzt werden.[367]

ee) § 25f Abs. 2 Nr. 5 KWG

Schließlich hat das verpflichtete Institut gem. § 25f Abs. 2 Nr. 5 KWG Maßnahmen zu ergreifen, um sicherzustellen, dass das Korrespondenzinstitut keine Transaktionen über Durchlaufkonten (*payable through accounts*) zulässt. Als Durchlaufkonten gelten Konten des Kreditinstituts oder eines anderen Instituts, über die der Kunde verfügen kann wie über sein eigenes.[368] Da der Zahlungsverkehr bei solchen Konten nicht richtig zugeordnet werden kann, gelten sie als besonders geldwäscheanfällig.[369]

b) Sorgfaltspflichten im Zusammenhang mit dem Sorten- und Finanztransfergeschäft

§ 25f Abs. 3 KWG enthält verstärkte Sorgfaltspflichten für das Finanztransfer- (§ 1 Abs. 1a Satz 2 Nr. 6 KWG) und das Sortengeschäft (§ 1 Abs. 1a Satz 2 Nr. 7) der Kredit- und Finanzdienstleistungsinstitute. Gem. § 25f Abs. 3 KWG ist der Identifizierungspflicht und der Nachfrage nach einem wirtschaftlich Berechtigten gem. § 3 Abs. 1 Nr. 1 und 3 GwG abweichend von der Vorgabe in § 3 Abs. 2 S. 1 Nr. 2 GwG auch nachzukommen, wenn die im Geldwäschegesetz genannten Schwellenwerte nicht erreicht werden, sofern der Kunde die Geschäfte nicht über sein Bankkonto abwickelt. Für das Finanztransfergeschäft gilt damit ein O-Euro Schwellenwert.[370] Beim Sortengeschäft gilt diese

---

366 BT-Drs. 16/9038, S. 53.

367 BT-Drs. 16/9038, S. 53. Die Regelung ist von der Finanzwirtschaft als nicht umsetzbar und nicht von der Dritten EG-Geldwäscherichtlinie gefordert kritisiert worden. Vgl. S. 52 der ZKA-Stellungnahme zum GwBekErgG.

368 Vgl. § 25h KWG und BT-Drs. 16/9038, S. 54. Vgl. auch Ziffer 52 des Papiers des Baseler Ausschuss für Bankenaufsicht zu den Sorgfaltspflicht der Banken bei der Feststellung der Kundenidentität, Oktober 2001.

369 Vgl. Nr. 7 der FATF-Empfehlungen.

370 Zum Begriff vgl. *Ackmann / Reder*, WM 2009, S. 205.

verschärfte Vorgabe nur, sofern das entsprechende Geschäft einen Wert von 2.500 Euro oder mehr aufweist, § 25f Abs. 3 KWG am Ende. Die Bestimmungen beruhen auf dem erhöhtem Geldwäsche- und Terrorismusfinanzierungsrisiko dieser Bankgeschäfte[371] und kodifizieren bislang von der Aufsicht vorgegebene Maßnahmen.[372]

c) Verbotene Geschäfte nach § 25h KWG

Entsprechend der Vorgabe in Art. 13 Abs. 5 der Dritten EG-Geldwäscherichtlinie ist gem. § 25h KWG das Führen einer Geschäftsbeziehung zu einer Bank-Mantelgesellschaft im Sinne des Artikels 3 Nr. 10 der Dritten EG-Geldwäscherichtlinie untersagt. Ebenso verboten ist das Führen der als geldwäscheanfällig geltenden Durchlaufkonten.[373]

IV. Ausführung durch Dritte

Die Verpflichteten des Geldwäschegesetzes sind grundsätzlich gehalten, den ihnen obliegenden geldwäscherechtlichen Sorgfaltspflichten persönlich bzw. durch ihre Mitarbeiter nachzukommen.[374] Diese Vorgabe folgt aus dem „Know Your Customer"-Prinzip.[375] Das Geldwäschegesetz erlaubt in § 7 GwG für bestimmte Pflichten Ausnahmen hiervon. Die Regelung bezweckt, den Verpflichteten durch die Ermöglichung einer Auslagerung Flexibilität bei der Gestaltung ihrer Geschäfts- und Vertriebsprozesse zu gewähren.[376]

Ihre Grenzen finden die Auslagerungsmöglichkeiten, sobald durch sie das Risiko der Geldwäsche- und Terrorismusfinanzierung gesteigert wird. Die Regelung erlaubt daher nur eine Auslagerung der Sorgfaltspflichten gem. § 3 Abs. 1 Nr. 1 bis 3 GwG. Die Pflicht zum Monitoring der Kundengeschäftsbeziehung gem. § 3 Abs. 1 Nr. 4 GwG ist nicht auslagerungsfähig. Die aufsichtsrechtliche Verantwortung für die Erfüllung der Sorgfaltspflichten kann ebenfalls nicht delegiert werden, § 7 Abs. 1 S. 2 GwG. Die Regelung hat nur klarstellende Funktion, da Adressaten einer öffentlich-rechtlichen Sorgfaltspflicht über diese ohnehin nicht disponieren können.

---

371 BT-Drs. 16/9038, S. 53. Ursprüngliche Bestrebungen alle Sortengeschäfte von der Schwellenwertregelung in § 3 Abs. 2 Nr. 2 GwG auszunehmen wurden fallen gelassen.

372 Ziffer 21 der Verlautbarung der BaKred vom 30.03.1998.

373 Die Gesetzesbegründung stellt klar, dass die Führung solcher Konten bereits dem steuerrechtlichen Prinzip der Kontenwahrheit aus § 154 Abs. 1 AO widerspricht, vgl. BT-Drs. 16/9038, S. 54. Das Verbot stellt mithin nur bezüglich der gruppenweiten Einhaltung von Sorgfaltspflichten eine Neuerung dar.

374 BT-Drs. 16/9038, S. 41.

375 BT-Drs. 16/9038, S. 41.

376 BT-Drs. 16/9038, S. 41. Die Gesetzesbegründung verweist insoweit auf die praktischen Bedürfnisse des Geschäftsverkehrs.

Voraussetzung für eine Auslagerung ist die Zuverlässigkeit des Dritten. § 7 GwG differenziert zwischen Dritten, deren Zuverlässigkeit vermutet wird (§ 7 Abs. 1 GwG), und so genannten „anderen Personen", deren Zuverlässigkeit der Verpflichtete selbst zu ermitteln, zu überwachen und für die er einzustehen hat (§ 7 Abs. 2 GwG). Diese Unterteilung deckt sich mit der bisher geltenden Aufsichtspraxis.[377] § 7 GwG stellt damit in weiten Teilen eine Kodifizierung der bislang geltenden Verwaltungspraxis dar.

1. Dritte im Sinne des § 7 Abs. 1 S. 3 GwG

§ 7 Abs. 1 S. 3 GwG enthält eine abschließende Aufzählung der Berufsgruppen, die als zuverlässige Dritte im Sinne des Geldwäschegesetzes gelten.[378] Bei der Zusammensetzung der Liste ist dem nationalen Gesetzgeber durch die Dritte EG-Geldwäscherichtlinie ein Auswahlermessen eingeräumt worden.[379] Laut Gesetzesbegründung hat sich der Gesetzgeber bei der Auswahl von der Überlegung leiten lassen, bei welchen Berufsgruppen erfahrungsgemäß davon ausgegangen werden kann, dass die übertragenen Aufgaben zuverlässig erfüllt werden.[380] Als zuverlässige Dritte gelten nach neuem Recht: in den Mitgliedstaaten der EU ansässige Kreditinstitute, Versicherungsunternehmen, Versicherungsvermittler, rechtsberatende Berufe, Wirtschaftsprüfer,[381] vereidigte Buchprüfer, Steuerberater und Steuerbevollmächtigte. Für Finanzdienstleistungsinstitute gilt die gesetzliche Vermutung nur, soweit es sich um Finanzdienstleistungsinstitute im Sinne des § 1 Abs. 1a Satz 2 Nr. 1, 2 bis 5 und 8 KWG handelt. Die auf Art. 14 bis 16 der Dritten EG-Geldwäscherichtlinie zurückgehende Regelung deckt sich, abgesehen von einer prominenten Ausnahme, mit der Aufzählung der „zuverlässigen Dritten" in Nr. 10 Abs. 1

---

377 Vgl. Ziffer 9 der Verlautbarung der BaKred vom 30.03.1998. Ziffer 12 der Verlautbarung vom 30.03.1998 sprach insoweit von zuverlässigen Dritten und sonstigen zuverlässigen Dritten.

378 Die Auslegungs- und Anwendungshinweise zur Geldwäschebekämpfung bezeichnen diese Gruppe als Kraft Gesetz Geeignete, vgl. Ziffer 53.

379 BT-Drs. 16/9038, S. 41. Der durch die Art. 14 bis 16 der Dritten EG-Geldwäscherichtlinie eingeräumte Umsetzungsspielraum war allerdings nicht groß genug um auch die nach alter Rechtslage als zuverlässige Dritte geltenden Außenhandelskammern, Botschaften und Konsulate in den Kreis der zuverlässigen Dritten nach neuem Recht mit aufzunehmen. Dahingehende Verhandlungsbemühungen der Bundesregierung bei der Erarbeitung der Dritten EG-Geldwäscherichtlinie blieben erfolglos, vgl. BT-Drs. 16/9080, S. 3.

380 BT-Drs. 16/9038, S. 41.

381 Mangels einer einheitlicher Berufsbezeichnung für diese Gruppe innerhalb der EU, ist bei der Prüfung ob eine Person im Ausland aus Wirtschaftsprüfer im Sinne des § 7 Abs. 1 S. 4 GwG gilt auf die von der Person ausgeübte Tätigkeit abzustellen. Die Person gilt als Wirtschaftprüfer, sofern sie die für einen Wirtschaftsprüfer typischen Tätigkeiten wie z.B. eine Abschlussprüfung, vornimmt, vgl. BT-Drs. 16/9038, S. 41.

Buchstabe a der Verlautbarung für Kreditinstitute vom 30.3.1998.[382] Die Deutsche Post gilt nicht mehr als zuverlässige Dritte.

Für Dritte aus einem andern EU-Staat gelten nicht die allgemeinen Sorgfaltspflichten aus § 3 Abs. 1 Nr. 1-3 GwG, sondern die in ihrem Heimatland bestehenden Vorgaben, § 7 Abs. 1 S. 5 GwG. Unter den in § 7 Abs. 1 S. 4 GwG genannten Voraussetzungen kann eine Auslagerung auch an Dritte erfolgen, die in einem Drittland beheimatet sind.[383]

Gem. § 7 Abs. 1 S. 5 GwG haben die Dritten im Sinne des § 7 Abs. 1 KWG dem Verpflichteten unverzüglich und unmittelbar die im Rahmen der Erfüllung der Sorgfaltspflichten erlangten Informationen zu übermitteln. Die Bestimmung dient unter anderem der Vermeidung von Manipulationsmöglichkeiten und soll dem „Know Your Customer"-Prinzip Rechnung tragen.[384] Eine Übermittlung der im Rahmen der Identifizierung eines Vertragspartners und eines etwaigen wirtschaftlich Berechtigten erstellten Kopien und Unterlagen hat nur auf Anfrage des Verpflichteten zu erfolgen.[385]

2. Dritte im Sinne des § 7 Abs. 2 GwG

Entsprechend der Vorgabe in Art. 19 der Dritten EG-Geldwäscherichtlinie kann zur Umsetzung der Sorgfaltspflichten auch auf Dritte zurückgegriffen werden, die nicht in § 7 Abs. 1 Satz 3 GwG aufgeführt sind, § 7 Abs. 2 GwG.[386]

Die Auslagerung hat in solchen Fällen auf Grundlage einer schriftlichen Vereinbarung zu erfolgen und darf weder die ordnungsgemäße Erfüllung der den Verpflichteten obliegenden geldwäscherechtlichen Pflichten noch die

---

382 Vgl. Ziffer 9 der Verlautbarung der BaKred vom 30.03.1998.

383 Hiernach gelten auch die in einem Drittstaat ansässige Kreditinstitute, Rechtsanwälte, Notare, Wirtschaftsprüfer und Steuerberater als zuverlässige Dritte, sofern ihre Geschäfts- oder Berufstätigkeit registrierungs- bzw. zulassungspflichtig ist und sie der Dritten EG-Geldwäscherichtlinie entsprechende Regelungen über Sorgfaltspflichten und Aufbewahrung von Dokumenten anwenden und einer entsprechenden Aufsicht unterliegen. Zur Frage der Entsprechung der Aufsicht, vgl. die Drittlandäquivalenzliste zu den Ländern und Gebieten mit gleichwertigen Anforderungen bei der Verhinderung der Geldwäsche und Terrorismusfinanzierung im BaFin-Rundschreiben 7/2008 (GW) vom 1.08.2008. Die Liste wurde von den EU-Mitgliedstaaten im Komitee zur Verhinderung von Geldwäsche und Terrorismusfinanzierung zusammengestellt. Vgl. hierzu oben in Kap. 3 C) II. 1 a). Versicherungsunternehmen in Drittstaaten gelten nur als Dritte, soweit sie Geschäfte betreiben, die unter die Richtlinie 2002/83/EG fallen, oder Unfallversicherungsverträge mit Prämienrückgewähr anbieten, vgl. § 7 Abs. 1 S. 4 GwG.

384 BT-Drs. 16/9038, S. 41.

385 BT-Drs. 16/9038, S. 41.

386 Die Auslegungs- und Anwendungshinweise zur Geldwäschebekämpfung bezeichnen diese Gruppe als Kraft Vertrag Eingesetzte, vgl. Ziffer 53.

Steuerungs- oder Kontrollmöglichkeiten seiner Geschäftsleitung beeinträchtigen, § 7 Abs. 2 S. 2 GwG. Gleiches gilt für die Prüfungsrechte und Kontrollmöglichkeiten der zuständigen Aufsichtsbehörde, § 7 Abs. 2 S. 2 GwG am Ende. Die noch im Referentenentwurf zum GwBekErgG enthaltene Verpflichtung, sich die erforderlichen Weisungsbefugnisse vertraglich zusichern zu lassen und die ausgelagerten Bereiche in das eigene Risikomanagement einzubeziehen, wurde fallen gelassen.[387] Für Kreditinstitute und die übrigen dem Kreditwesengesetz unterworfenen Verpflichteten folgt eine solche Verpflichtung bereits aus § 25a KWG, der Vorgaben für die Auslagerung für die der Bankaufsicht unterworfen Verpflichteten enthält, vgl. § 7 Abs. 2 S. 5 GwG.

Vor der Auslagerung hat sich der Verpflichtete von der Zuverlässigkeit des Dritten zu überzeugen, § 7 Abs. 2 S. 3 GwG. Die Zuverlässigkeitsprüfung schließt Fragen im Zusammenhang mit der Einhaltung datenschutzrechtlicher Bestimmungen mit ein.[388] Im weiteren Verlauf der Zusammenarbeit haben sich die Verpflichteten durch Stichproben von der Angemessenheit und Ordnungsmäßigkeit der Maßnahmen des Dritten zu überzeugen, § 7 Abs. 2 S. 3 GwG.

Die in § 7 Abs. 2 GwG an eine Auslagerung gestellten Anforderungen decken sich mit dem für Auslagerungen im Finanzsektor Üblichen. Die Vorschrift entspricht weitestgehend dem Inhalt von Ziffer 10 Abs. 1 Buchstabe b bzw. 12 Abs. 1 Buchstabe b der BaKred Verlautbarung vom 30. März 1998.[389] Als Spezialregung geht sie den allgemeinen Zulässigkeitsvoraussetzungen für eine Auslagerung in § 25a Abs. 2 KWG vor.[390]

Zu beachten ist, dass auf das *PostIdent Service*-Verfahren der Deutschen Post künftig nur bei Einhaltung der Vorgaben in § 7 Abs. 2 GwG zurückgegriffen werden kann.[391] Nach der bis zum Inkrafttreten des GwBekErgG geltenden Aufsichtspraxis der BaFin war die Post AG zuverlässige Dritte im Sinne der Verlautbarung vom 30. März 1998.[392] Diese Privilegierung wurde aufgegeben, da das *PostIdent Service*-Verfahren sich als betrugsanfällig erwiesen hat. Der Hinweis des Gesetzgebers und der Auslegungs- und Anwendungshinweise zur Geldwäschebekämpfung, dass entsprechend der bislang geltenden Auf-

---

387 § 8 Abs. 2 S. 3 GwG im Referentenentwurf zum GwBekErgG vom 11.10.2007.

388 BT-Drs. 16/9038, S. 42.

389 Verlautbarung der BaKred vom 30.03.1998.

390 Ziffer 54 der Auslegungs- und Anwendungshinweise zur Geldwäschebekämpfung. Vgl. auch das BaFin-Rundschreiben 5/2007 (GW) vom 30.10.2007, AT 9.

391 BT-Drs. 16/9038, S. 42.

392 Ziffer 10 der Verlautbarung der BaKred vom 30.03.1998.

sichtspraxis auch weiterhin auf das *PostIdent Service*-Verfahren der Post zurückgegriffen werden kann, ist insoweit nicht richtig.[393]

Für Kritik von Seiten des Bundesrates und der Finanzwirtschaft hat der Umstand gesorgt, dass Konsulate und Botschaften der EU nicht mehr als zuverlässige Dritte gelten. Die bislang sich hierzu aus der Verwaltungspraxis ergebenden Vorgaben sahen dies noch vor.[394] Eine weitere Veränderung zur bislang bestehenden Aufsichtspraxis ist, dass die Kreditinstitute keiner ausdrücklichen Unterrichtungspflicht des Dritten über die ihn treffenden Verpflichtungen unterliegen.[395] Da sie letztendlich aber für die Erfüllung der ausgelagerten Verpflichtungen einzustehen haben, vgl. § 7 Abs. 1 S. 2 GwG, dürfte auch weiterhin eine Unterrichtung des Dritten erfolgen und geboten sein.

Gem. § 7 Abs. 2 S. 4 GwG muss der Verpflichtete sich die Maßnahmen des Dritten als eigene zurechnen lassen. Der Dritte fungiert insoweit zivilrechtlich als Erfüllungsgehilfe des Verpflichteten.[396] Die Vorschrift unterstreicht die aufsichtsrechtliche Verantwortlichkeit des Verpflichteten, die bereits aus dem Verbot der Delegation der Verantwortlichkeit für die Erfüllung der Sorgfaltspflichten gem. § 7 Abs. 1 S. 2 GwG folgt.

Für die Auslagerung nach § 7 Abs. 2 GwG sieht das Gesetz keine Verpflichtung vor, die von der anderen Person erhobenen Daten und Informationen unmittelbar und unverzüglich weiterzuleiten. Diese Verpflichtung dürfte allerdings, wie *Ackmann* und *Reder* zur Recht unter Verweis auf den „Erst-Recht-Schluss" anmerken, auch in dieser Fallgruppe zu beachten sein.[397]

D) Interne Sicherungsmaßnahmen

I. Allgemeines

§ 9 GwG verpflichtet die Adressaten des Geldwäschegesetzes dazu, angemessene interne Sicherungsmaßnahmen dagegen zu treffen, dass sie zur Geldwäsche und Terrorismusfinanzierung missbraucht werden.[398] Die

393 Vgl. BT-Drs. 16/9038, S. 42.

394 Vgl. Ziffer 10 der BaKred Verlautbarung vom 30.03.1998.

395 Zur Altregung vgl. Ziffer 10 der BaKred Verlautbarung vom 30.03.1998.

396 BT-Drs. 16/9038, S. 41.

397 Ackmann / Reder, WM 2009, S. 200.

398 Die Verpflichtung geht auf Art. 34 und 35 der Dritten EG-Geldwäscherichtlinie und Nr. 20 der FATF-Empfehlungen zurück. Rechtsanwälte und die übrigen Verpflichteten gem. § 2 Abs. 1 Nr. 7 GwG sind von dieser Verpflichtung ausgenommen, sofern sie die in § 2 Abs. 1 Nr. 7 GwG aufgelisteten Geschäfte nicht regelmäßig vornehmen, § 9 Abs. 1 S. 2 GwG. Eine weitere Erleichterung für die Angehörigen der freien Berufe ist in § 9 Abs. 2 Nr. 1 GwG enthalten. Hiernach brauchen Angehörige der freien Berufe sowie

Verpflichtung stellt für die verpflichteten Kreditinstitute eine spezielle Ausformung der bankaufsichtsrechtlichen Verpflichtung zur Unterhaltung einer ordnungsgemäßen Geschäftsorganisation und eines angemessenen Risikomanagements dar.[399] Sie gilt als wichtiges Instrument in der Geldwäsche- und Terrorismusfinanzierungsprävention.[400]

Wie die alte Regelung in § 14 GwG a.F., verpflichtet § 9 GwG im wesentlichen zu drei Maßnahmen: zur Bestellung eines Geldwäschebeauftragten (§ 9 Abs. 2 Nr. 1 GwG), zur Entwicklung und Pflege interner Grundsätze und Sicherungssysteme (§ 9 Abs. 2 Nr. 2 GwG) und zur Schulung von Mitarbeitern (§ 9 Abs. 2 Nr. 3 GwG).[401] Bis auf die Verpflichtung zur Bestellung eines Geldwäschebeauftragten richten sich die Vorgaben in § 9 GwG an alle Verpflichteten des Geldwäschegesetzes, vgl. § 9 Abs. 3 S. 1 GwG. Verpflichtete im Sinne des § 25g KWG[402] haben gem. § 25g Abs. 1 S. 1 KWG auch gruppenweite interne Sicherungsmaßnahmen zu installieren.[403]

In Umsetzung von Art. 34 der Dritten EG-Geldwäscherichtlinie und den FATF-Empfehlungen haben die in § 9 vorgegebenen betriebsinternen Maßnahmen künftig auch das Risiko, zur Terrorismusfinanzierung missbraucht zu werden, abzubilden. Nach altem Recht war das Risiko, zur Terrorismusfinanzierung missbraucht zu werden, lediglich bei der Entwicklung interner Grundsätze zu berücksichtigen, vgl. § 14 Abs. 2 Nr. 2 GwG a.F. Die übrigen

---

Personen die gewerblich mit Gütern handeln keine eigenen internen Sicherungsmaßnahmen treffen, sofern sie ihrer beruflichen Tätigkeit als Angestellte eines Unternehmens nachgehen. Die Verpflichtungen interne Sicherungsmaßnahmen zu treffen obliegt dann dem entsprechenden Unternehmen, § 9 Abs. 3 S. 1 GwG.

399 BT-Drs. 16/9038, S. 49; Siehe auch Ziffer 15 der Grundsätze für eine wirksame Bankaufsicht des Baseler Ausschuss für Bankenaufsicht vom Oktober 2006 und Art. 34 Abs. 1 der Dritten EG-Geldwäscherichtlinie. Vgl. auch die Ziffern 55 ff. des Papiers Sorgfaltspflichten der Banken bei der Feststellung der Kundenidentität vom Oktober 2001. Gem. dem Rundschreiben 25/2002 (GW) der BaFin vom 6.11.2002 sind im Rahmen der Auslegung der institutsinternen Implementierung der § 25 a Abs. 1 Nr. 4 KWG-a.F. und § 14 Abs. 2 Nr. 2 GwG a.F. (jetzt § 9 Abs. 2 Nr. 2 GwG) die im Baseler Papier enthaltenen Mindeststandards bei der Auslegung zu beachten.

400 BT-Drs. 16/9038, S. 42.

401 Ausführlich zu den internen Sicherungsmaßnahmen: Findeisen, wistra 1997, S. 127 f.

402 Dies sind alle Kreditinstitute, Finanzdienstleistungsinstitute, Kapitalanlagegesellschaften (vgl. § 6 Abs. 5 des Investmentgesetzes [InvG]), Finanzholding-Gesellschaften sowie gemischte Finanzholding-Gesellschaften, die nach § 10a Abs. 3 S. 6 oder 7 KWG oder nach § 10b Abs. 3 S. 8 KWG als übergeordnetes Unternehmen gelten und gemäß § 25g Abs. 2 KWG Verpflichtete im Sinne des § 2 Abs. 1 Nr. 1 GwG sind und Mutterunternehmen oder übergeordnete Unternehmen im Sinne des § 25g KWG sind, vgl. § 25g Abs. 1 S. 1 KWG und die Aufzählung im BaFin-Rundschreiben 17/2009 (GW) vom 24.09.2009.

403 Vgl. hierzu die Ausführungen oben in Kap. 3 A) V. 2. und das erläuternde Rundschreiben der BaFin 17/2009 (GW) vom 24.09.2009.

Neuerungen sollen im Rahmen der Darstellung der entsprechenden Bestimmung vorgestellt werden.

II. Interne Sicherungsmaßnahmen gem. § 9 GwG

1. Bestellung eines Geldwäschebeauftragten, § 9 Abs. 2 Nr. 1 GwG

Gem. § 9 Abs. 2 Nr. 1 GwG haben die Verpflichteten einen Geldwäschebeauftragten zu bestellen.[404] Ihm obliegen die Durchführung des Geldwäschegesetzes und der zu seiner Umsetzung ergangen Verwaltungsvorschriften. Zu seinen Aufgaben gehört es, insbesondere als Ansprechpartner für die Strafverfolgungsbehörden, das Bundeskriminalamt – Zentralstelle für Verdachtsanzeigen – und die Aufsichtsbehörde zu fungieren.[405] Die Verpflichtung wurde geschaffen, um die für die Geldwäschebekämpfung erforderliche Sachkompetenz in einer Person zu konzentrieren.[406]

Durch das *GwBekErgG* wird der Kreis der Verpflichteten, die einen Geldwäschebeauftragten zu bestellen haben, kleiner gefasst. Gem. § 9 Abs. 2 Nr. 1 GwG haben künftig nur noch Kreditinstitute, Zahlungsinstitute, Finanzunternehmen und Versicherungsunternehmen einen Geldwäschebeauftragten und, unter bestimmten Umständen, einen Konzerngeldwäschebeauftragten zu bestellen. Die Änderung bezweckt die Entlastung von kleinen und mittleren Unternehmen.[407]

Der Geldwäschebeauftragte ist unverändert der Geschäftsleitung unmittelbar nachzuordnen, § 9 Abs. 2 Nr. 1 GwG. Neu eingefügt wurde die Verpflichtung, dem Geldwäschebeauftragten die für eine ordnungsgemäße Durchführung seiner Aufgaben notwendigen Mittel und Verfahren bereitzustellen und diese

---

404 Der Geldwäschebeauftragte ist entgegen seiner Positionsbezeichnung ebenfalls Ansprechpartner für den Bereich Terrorismusfinanzierung, BT-Drs. 16/9038, S. 43.

405 Ausführlich zu den Aufgaben des Geldwäschebeauftragten und zu den ihm einzuräumenden Befugnissen *Bruchner / Fischbeck* in: Schimansky / Bunte / Lwowski, Bankrechts-Handbuch, § 42 Rn. 293; s. auch *Findeisen*, WM 2000, S.1235. Vgl. auch die Ziffern 34 ff. der mittlerweile aufgehobenen BaFin Verlautbarung vom 30.03.1998. Die Ausführungen zum Geldwäschebeauftragten dürften entsprechend der „Fortgeltungsklausel" aus dem Rundschreiben 2/2009 (GW) der BaFin vom 13.01.2009 weiterhin Geltung haben. Zur Verpflichtung der Bestellung eines Geldwäschebeauftragten auf Gruppenebene gem. § 25g KWG, vgl. oben Kap. 3 A) V. 2.

406 BT-Drs. 12/2704, S. 19.

407 BT-Drs. 16/9038, S. 43. Kritisch zu sehen ist, dass die Begrenzung auch Verpflichtete befreit, die besonders gefährdet sind, zum Zwecke der Geldwäsche missbraucht zu werden. Zu nennen sind beispielsweise Spielbanken; ebenso der Bundesrat in seiner Stellungnahme zum GwBekErgG, BT-Drs. 16/9038, S. 60. Da sich die Auswahl der Verpflichteten, die einen Geldwäschebeauftragten zu bestellen haben, nach der Risikoträchtigkeit der Geschäftsfelder erfolgte, hätten zumindest Spielbanken zur Bestellung eines Geldwäschebeauftragten verpflichtet werden müssen.

wirksam einzusetzen, § 9 Abs. 2 Nr.1, letzter Halbsatz GwG. Die Regelung bezweckt die Stärkung der Position des Geldwäschebeauftragten.[408] Er soll in die Lage versetzt werden, seine Aufgaben unabhängiger und mit dem erforderlichen Nachdruck erfüllen zu können.[409] Der Anspruch des Geldwäschebeauftragten auf die Mittelbereitstellung steht unter dem Vorbehalt der Notwendigkeit. Es ist dem Verpflichteten überlassen, die Notwendigkeit der Mittel zu beurteilen. Die Verpflichtung zur Einräumung eines unabhängig verwaltbaren Budgets dürfte daher nicht bestehen.[410]

Eine Kündigungsschutzregelung entsprechend der neuen Regelung im Bundesdatenschutzgesetz (BDSG) für den Datenschutzbeauftragten ist vom Gesetzgeber nicht aufgenommen worden, vgl. § 4f Abs. 3 S. 4 und 5 BDSG. Angesichts der Vergleichbarkeit der Positionen und der Zielsetzung des Gesetzgebers, die Rolle des Geldwäschebeauftragten zu stärken und ihn unabhängiger zu machen, wäre eine solche Regelung sicher sinnvoll gewesen.[411] Ebenfalls wünschenswert ist eine gesetzliche Regelung des Aufgabenbereichs des Geldwäschebeauftragten.[412]

Die Verpflichteten haben – wie bisher auch – sicherzustellen, dass der Geldwäschebeauftragte nicht durch seinen Aufgaben zuwiderlaufende Geschäftsinteressen des Unternehmens in seiner Arbeit oder in seinen Rechten als Arbeitnehmer beschränkt wird. Die Vorgabe lässt sich aus dem Gesetzestext nicht unmittelbar herleiten. Sie ergibt sich allerdings aus der Gesetzesbegründung.[413]

2. Interne Grundsätze, Sicherungssysteme und Kontrollen, § 9 Abs. 2 Nr. 2 GwG

Gem. § 9 Abs. 2 Nr. 2 GwG sind die Verpflichteten zur Entwicklung und Aktualisierung interner Grundsätze, angemessener geschäfts- und kundenbezogener Sicherungssysteme und Kontrollen zur Verhinderung der Geldwäsche

---

408 BT-Drs. 16/9038, S. 43.

409 BT-Drs. 16/9038, S. 43.

410 Ackmann und Reder sehen die Frage unbeantwortet, vgl. hierzu *Ackmann / Reder*, WM 2009, S. 165.

411 Ebenso *Diergarten*, Kommentar, S.16.

412 Vgl. hierzu die ausführliche Aufgabenbestimmung für den Datenschutzbeauftragten gem. § 4g BDSG. Entsprechend einem derzeit in Ausarbeitung befindlichen Rundschreiben de BaFin wird der Geldwäschebeauftragte künftig auch für die Maßnahmen des Instituts im Bereich der Betrugsabwehr zuständig sein. Als so genannte „zentrale Stelle“ soll er die erforderlichen Maßnahmen für die Bereiche Geldwäsche, Terrorismusfinanzierung und Betrug koordinieren und ein entsprechendes Gesamtkonzept erarbeiten.

413 BT-Drs. 16/9038, S. 43.

und der Terrorismusfinanzierung verpflichtet.[414] Für Institute folgte die Verpflichtung hierzu bislang aus § 25a Abs. 1 S. 3 Nr. 6 KWG. Der Regelungsinhalt des § 25a Abs. 1 S. 6 Nr. 3 KWG wurde durch das *GwBekErgG* in das Geldwäschegesetz überführt.[415] Grund hierfür dürfte sein, dass die Verpflichtung nicht mehr ausschließlich an Verpflichtete, die dem Kreditwesengesetz unterworfen sind, gerichtet ist.[416]

a) Entwicklung und Aktualisierung interner Grundsätze

Die Verpflichtung zur Aktualisierung der internen Grundsätze ist zwar neu in das Geldwäschegesetz aufgenommen worden, sie ist den Verpflichteten aber bereits aus der Aufsichtspraxis vertraut. Sie wurde von der Bankaufsicht bereits aus der alten Regelung herausgelesen. Die Kodifizierung erfolgte, um die Notwendigkeit einer Anpassung der Grundsätze an die jeweils aktuellen Methoden der Geldwäsche- und Terrorismusfinanzierungsbekämpfung zu unterstreichen.[417] Als interne Grundsätze gelten Arbeits- und Verhaltensrichtlinien für Mitarbeiter über die nach dem Geldwäschegesetz zu beachtenden Vorgaben.

b) Entwicklung und Aktualisierung angemessener Sicherungssysteme (Gefährdungsanalyse)

§ 9 Abs. 2 Nr. 2 GwG verpflichtet zur Entwicklung und Aktualisierung angemessener Sicherungssysteme. Die im konkreten Fall erforderlichen Maßnahmen richten sich nach der Größe, Komplexität, Geschäfts- und Kundenstruktur und die daraus resultierende spezifische Gefährdung des jeweiligen Verpflichteten.[418] Wichtiger Bestandteil und Ausgangspunkt der von § 9 GwG

---

414 Vgl. hierzu Ziffer 15 der Grundsätze für eine wirksame Bankaufsicht des Baseler Ausschuss für Bankenaufsicht, Oktober 2006, sowie die Ziffern 55 ff. des Papiers Sorgfaltspflichten der Banken bei der Feststellung der Kundenidentität vom Oktober 2001 und Art. 34 Abs. 1 der Dritten EG-Geldwäscherichtlinie. Vgl. auch die Gesetzesbegründung zur Altregelung in § 25a Abs. 1 S. 1 Nr. 4 KWG-a.F., BT-Drs. 14/8017 S. 124 ff.

415 Die Norm ist innerhalb kurzer Zeit relativ oft verschoben worden. Eine erstmalige Regelung der Vorgaben erfolgte durch das Vierte Finanzmarktförderungsgesetz in § 25a Abs. 1 S. 1 Nr. 4 KWG-a.F. Im Rahmen des Finanzkonglomeraterichtlinie-Umsetzungsgesetzes wurde aus der Norm der inhaltsgleiche § 25a Abs. 1 S. 3 Nr. 6 KWG.

416 Vgl. hierzu auch die kritischen Anmerkungen der FATF zur Umsetzung interner Sicherungssysteme bei Verpflichteten außerhalb des Finanzsektors, FATF Prüfbericht zu Deutschland vom 19.02.2010, Mutual Evaluation Report-Germany, abrufbar unter: www.fatf-gafi.org.

417 BT-Drs. 16/9038, S. 43.

418 *Bruchner / Fischbeck* in: Schimansky / Bunte / Lwowski, Bankrechts-Handbuch, § 42 Rn. 227; *Langweg* in: Fülbier / Aepfelbach / Langweg, GwG-Kommentar, § 14 GwG Rn. 87.

geforderten Maßnahmen ist die vom Verpflichteten zu erarbeitende Gefährdungsanalyse.[419] In ihr hat das Institut die institutsspezifischen Geldwäsche- und Terrorismusfinanzierungsrisiken zu ermitteln, zu evaluieren und Gegenmaßnahmen zu ihrer Ausschaltung bzw. Eindämmung zu definieren. Die gem. § 25c Abs. 1 KWG zu erstellende Gefährdungsanalyse zu Betrugsrisiken und die Gefährdungsanalyse gem. § 9 GwG dürften in einer Analyse zusammengefasst werden.[420]

c) Kontrollen zur Verhinderung der Geldwäsche und der Terrorismusfinanzierung

Die von § 9 Abs. 2 Nr. 2 GwG geforderten Kontrollen zur Verhinderung der Geldwäsche und der Terrorismusfinanzierung haben sich auf die internen Grundsätze und die Sicherungssysteme des Verpflichteten sowie auf die Zuverlässigkeit der Mitarbeiter zu beziehen. Als Sicherungssysteme gelten u.a. die Monitoringsysteme des Unternehmens. Die Kontrollen erfolgen üblicherweise durch die Revisionsabteilung des Instituts.[421] Eine Überprüfung durch den Geldwäschebeauftragten ist ebenfalls zulässig.[422]

3. Schulung der Beschäftigten, § 9 Abs. 2 Nr. 3 GwG

Gem. § 9 Abs. 2 Nr. 3 GwG besteht für die in § 9 Abs. 1 GwG genannten Verpflichteten die Vorgabe, die mit der Durchführung von Transaktionen und mit der Anbahnung und Begründung von Geschäftsbeziehungen betraute Mitarbeiter über aktuelle Geldwäsche- und Terrorismusfinanzierungsmethoden und die Pflichten nach dem Geldwäschegesetz zu unterrichten.[423] Die starre Verpflichtung, die Mitarbeiter regelmäßig zu unterrichten, ist zugunsten einer

---

419 Erläuternd zur alten gesetzlichen Vorgabe in § 25a Abs. 1 S. 6 Nr. 3 KWG hat die BaFin in einem Rundschreiben differenzierte Erläuterungen und Anforderungen an eine solche Gefährdungsanalyse formuliert, BaFin-Rundschreiben 8/2005 (GW) vom 24.03.2005. Aufgrund der Vorgabe, an die Gefährdungsanalyse die instiutsspezifischen Besonderheiten zu erfassen, sind den Erleichterungsmöglichkeiten allerdings Grenzen gesetzt. Das Rundschreiben wurde als eines der wenigen Rundschreiben der Bankaufsicht nicht im Rahmen der Umsetzung des GwBekErgG aufgehoben. Gem. Rundschreiben 2/2009 (GW) gilt es fort.

420 Die ergibt sich aus einem sich momentan in der Ausarbeitung befindlichen Rundschreiben der BaFin zu Erläuterung der Vorgaben aus § 25c Abs. 1 KWG.

421 Gem. § 29 Abs. 1 S. 1 KWG haben externe Prüfer im Rahmen des Jahresabschlusses u.a. festzustellen, ob das Kreditinstitut seinen Pflichten aus dem Geldwäschegesetz nachgekommen ist.

422 BT-Drs. 16/9038, S. 43.

423 Kritisch zur Begrenzung auf Mitarbeiter die mit der Durchführung von Transaktionen und mit der Anbahnung und Begründung von Geschäftsbeziehungen betraut sind, der Prüfbericht der FATF zu Deutschland vom 19.02.2010, Mutual Evaluation Report-Germany, abrufbar unter: www.fatf-gafi.org.

risikoabhängigen Einschätzung des Verpflichteten weggefallen.[424] Schulungen haben nur noch zu erfolgen, wenn dies von den Verpflichteten als sinnvoll erachtet wird.[425] Dies kann beispielsweise beim Vorliegen neuer Geldwäschemethoden oder sonstiger für die Geldwäsche- oder Terrorismusfinanzierungsbekämpfung relevanter Erkenntnisse der Fall sein. Zu beachten ist, dass künftig auch über die Methoden der Terrorismusfinanzierung zu unterrichten ist, vgl. § 9 Abs. 2 Nr. 3 GwG.

Die starre gesetzliche Verpflichtung zu regelmäßigen Kontrollen der Zuverlässigkeit der zur Durchführung von Finanztransaktionen befugten Mitarbeiter ist ebenfalls weggefallen. Hinsichtlich der bei der Zuverlässigkeitsüberprüfung notwendigen Überprüfungsintervalle und der einzusetzenden Kontrollinstrumente räumt der Gesetzgeber den Verpflichteten künftig einen Beurteilungsspielraum ein.[426] Obligatorisch bleibt lediglich die Überprüfung der Zuverlässigkeit bei Begründung des Arbeitsverhältnisses.[427] Begründet wird diese Lockerung damit, dass der mit der Überprüfung und Dokumentation der Zuverlässigkeit zusammenhängende Aufwand außer Verhältnis zu den erlangten Erkenntnissen gestanden habe.[428]

4. Auslagerung der internen Sicherungsmaßnahmen

Wie schon nach alter Rechtslage können die Pflicht zur Bestellung eines Geldwäschebeauftragten und die übrigen Pflichten nach § 9 Abs. 2 GwG von den Verpflichteten auf Dritte ausgelagert werden (Outsourcing), sofern die zuständige Aufsichtsbehörde ihre Zustimmung hierzu erteilt, § 9 Abs. 3 S. 3 GwG.[429] Neu hinzugekommen ist die Möglichkeit, auch die Aufbewahrungspflichten gem. § 8 GwG auszulagern. Die Voraussetzungen für eine Auslagerung wurden durch das neue Geldwäschegesetz aus systematischen Gründen in § 9 Abs. 3 GwG zusammengefasst.

Die Auslagerung bedarf der Zustimmung der jeweiligen Aufsichtsbehörde. Die Bedingungen, unter denen die Aufsichtsbehörde eine Zustimmung erteilen kann, sind in § 9 Abs. 3 S.3 GwG normiert. Hiernach darf die Zustimmung für

424 BT-Drs. 16/9038, S. 43, vgl. hierzu auch die dahingehende Forderung des ZKA in seiner Stellungnahme zum GwBekErgG, S. 42.

425 BT-Drs. 16/9038, S. 43.

426 BT-Drs. 16/9038, S. 43.

427 BT-Drs. 16/9038, S. 43.

428 BT-Drs. 16/9038, S. 43. Vgl. hierzu auch die Forderung hierzu in der Stellungnahme des ZKA zum GwBekErgG, S. 42.

429 Gleiches gilt für die speziellen internen Sicherungsmaßnahmen in § 25c Abs. 2 KWG und § 80d Abs. 1 VAG. Ausführlich zur Möglichkeit der Auslagerung der Funktion des Geldwäschebeauftragten und andere wesentlicher Pflichten nach dem Geldwäschegesetz, Findeisen WM 2000, S. 1234 ff.

eine Auslagerung nur erteilt werden, wenn der Dritte die Gewähr dafür bietet, dass die die ihm übertragenen Aufgaben ordnungsgemäß durchgeführt werden und die Steuerungsmöglichkeiten des Verpflichteten und die Kontrollmöglichkeiten der zuständigen Behörde von der Auslagerung nicht beeinträchtigt werden. Derartige Vorgaben für die Zulässigkeit einer Auslagerung sind insbesondere in der Finanzwirtschaft üblich.[430] Es überrascht allerdings, dass das Erfordernis einer Zustimmung der Aufsichtsbehörde nicht zugunsten einer risikobasierten Selbsteinschätzung des betroffenen Verpflichteten aufgegeben worden ist, insbesondere vor dem Hintergrund, dass in den Auslagerungsbestimmungen des Kreditwesengesetzes eine dahingehende Lockerung erfolgt ist.[431] Das Festhalten am Zustimmungserfordernis widerspricht der Absicht des Gesetzgebers, die eigenverantwortliche Umsetzung der geldwäscherechtlichen Vorgaben zu stärken und weckt Zweifel an der Kohärenz der von den Kreditinstituten einzuhaltenden aufsichtsrechtlichen Vorgaben.

§ 9 Abs. 4 GwG enthält eine Anordnungsbefugnis für die jeweiligen Aufsichtsbehörden. Nach dieser sich mit der alten Rechtslage deckenden Bestimmung darf die gem. § 16 Abs. 2 GwG zuständige Aufsichtsbehörde im Einzelfall Anordnungen treffen, die geeignet und erforderlich sind, um interne Sicherungsmaßnahmen gem. § 9 Abs. 2 Nr. 2 GwG zu schaffen. Die Aufsichtsbehörde hat ferner die Möglichkeit, Einzelnen und Gruppen von Verpflichteten eine risikobasierte Umsetzung zu erlauben, § 9 Abs. 4 S. 2 GwG.

---

430 Vgl. insbesondere die für Kreditinstitute zentrale Vorschrift des § 25a KWG zur Zulässigkeit von Auslagerungen. Gem. § 25a Abs. 2 S. 1 KWG hat ein Institut abhängig von Art, Umfang, Komplexität und Risikogehalt einer Auslagerung von Aktivitäten und Prozessen auf ein anderes Unternehmen, die für die Durchführung von institutstypischen Dienstleistungen wesentlich sind, angemessene Vorkehrungen treffen, um übermäßige zusätzliche Risiken zu vermeiden. Die Auslagerung darf weder die Ordnungsmäßigkeit der Geschäfte noch die Geschäftsorganisation des Instituts beeinträchtigen, § 25a Abs. 2 S. 2 KWG. Die Auslagerung bedarf einer schriftlichen Vereinbarung, welche die zur Einhaltung der Voraussetzungen gem. § 25a Abs. 2 KWG erforderlichen Rechte des Kreditinstituts sowie die korrespondierenden Pflichten des Auslagerungsunternehmens festschreibt, § 25a Abs. 2 S. 8 KWG. Die Vorgaben aus § 25a Abs. 2 KWG werden von der Bankaufsicht durch die MaRisk näher konkretisiert. Die MaRisk sind abrufbar unter: www.bafin.de.

431 So wurde durch das Finanzmarkrichtlinienumsetzungsgesetz (FRUG), welches am 1.11.2007 in Kraft getreten ist, die Absichts- und Vollzugsanzeigepflicht bei Auslagerungen in § 25a KWG gestrichen. Ziel war auch hier die Stärkung der Eigenverantwortung der auslagernden Institute im Hinblick auf die Identifikation und Steuerung von Risiken, vgl. zur Novellierung des § 25a KWG *Kaetzler / Weirauch*, BKR 2008, S. 265 ff. Gemeinsam ist der Novellierung des Geldwäscherechts und der Novellierung des § 25a Abs. 2 KWG mithin die verstärkte Ausrichtung der aufsichtsrechtlichen Vorgaben am risikobasierten Ansatz.

Kriterium hierbei ist die Art der betriebenen Geschäfte und die Größe des Geschäftsbetriebs.[432]

III. Interne Sicherungsmaßnahmen gem. § 25c KWG

1. Allgemeines

Gem. § 25c Abs. 1 KWG haben Institute und übergeordnete Unternehmen im Sinne des § 25c KWG zur Verhinderung von betrügerischem Handeln zu ihren Lasten interne Grundsätze und angemessene geschäfts- und kundenbezogene Sicherungssysteme zu schaffen und zu aktualisieren sowie Kontrollen hinsichtlich ihrer Einhaltung durchzuführen.[433] Die Verpflichtung gilt ebenso wie die Verpflichtung zur Geldwäsche- und Terrorismusfinanzierungsprävention als spezielle Ausformung der Verpflichtung zur Unterhaltung einer ordnungsgemäßen Geschäftsorganisation und eines angemessenen Risikomanagements.[434] Die Verpflichtungen zur Installation und Unterhaltung von internen Sicherungsmaßnahmen mit Blick auf einen Missbrauch durch Geldwäsche- oder Terrorismusfinanzierung wurde in das Geldwäschegesetz überführt und ist bereits oben erläutert worden.[435]

2. Verpflichtung zur Unterhaltung von Monitoringsystemen

Gem. § 25c Abs. 2 S. 1 KWG haben Kreditinstitute aufgrund der von ihnen abgewickelten großen Zahlungsströme angemessene Datenverarbeitungssysteme zu betreiben und zu aktualisieren, mittels derer sie in der Lage sind, auffällige Geschäftsbeziehungen und Transaktionen im Zahlungsverkehr zu erkennen. Die Regelung wurde im Kreditwesengesetz belassen und nicht in das Geldwäschegesetz überführt, da sie nur an Kreditinstitute adressiert ist. Die Regelung entspricht der alten Rechtslage auf Grund des § 25a Abs. 1 S. 6

432 Für angehörige der freien Berufe treffen die jeweils zuständigen Kammern die Anordnung, § 9 Abs. 4 S. 3 GwG. Wie bisher auch, liegt bei den freien Berufen die Anordnungsbefugnis nicht bei der örtlichen Aufsichtsbehörde sondern bei der jeweiligen Bundesberufskammer. Die Regelung dient vor allem der Sicherstellung von bundesweit einheitlichen Maßstäben bei den Anordnungen nach § 9 Abs. 4 S. 1 GwG und Bestimmungen nach § 9 Abs. 4 S. 2 GwG, BT-Drs. 16/9038, S. 44.

433 Momentan erarbeitet die BaFin ein Rundschreiben zur Erläuterung der Vorgaben aus § 25c Abs. 1 KWG. Ähnlich wie das Rundschreiben 8/2005 (GW) vom 24.03.2005 wird es Vorgaben zur Erstellung einer Gefährdungsanalyse und weiteren internen Sicherungsmaßnahmen gegen betrügerischer Handlungen zu Lasten eines Instituts enthalten.

434 BT-Drs. 16/9038, S. 49;. Vgl. auch die Core Principles for Effective Banking Supervision des Baseler Ausschuss für Bankenaufsicht, Oktober 2006, sowie Ziffer 4 des Papiers Sorgfaltspflichten der Banken bei der Feststellung der Kundenidentität vom Oktober 2001 und Art. 34 Abs. 1 der Dritten EG-Geldwäscherichtlinie.

435 Vgl. hierzu die Ausführungen oben in Kap. 3 D) II.

Nr. 3 KWG. Eine geringe Abweichung besteht dahingehend, dass die wegen eines Redaktionsversehens im alten Recht nicht genannte Terrorismusfinanzierung nun ausdrücklich genannt ist.[436]

Zweck der auch als *Monitoringsysteme*[437] bezeichneten EDV-Systeme ist es, auf Grundlage von vorgegebenen Verdachtsparametern nicht anlassbezogen verdachtsbehaftete Transaktionen und Geschäftsabläufe zu erkennen.[438] Gem. 25c Abs. 2 S. 1 KWG gelten Sachverhalte als verdachtsbehaftet, die auf Grund des öffentlich und im Kreditinstitut verfügbaren Erfahrungswissens über die Methoden der Geldwäsche und der Terrorismusfinanzierung als zweifelhaft oder ungewöhnlich anzusehen sind. Derartigen Sachverhalten hat das Kreditinstitut gem. § 25c Abs. 2 S. 2 KWG vor dem Hintergrund der laufenden Geschäftsbeziehung und einzelner Transaktionen nachzugehen, um das Geldwäsche- bzw. Terrorismusfinanzierungsrisiko der jeweiligen Geschäftsbeziehungen und Transaktionen überwachen, einschätzen und gegebenenfalls das Vorliegen eines Verdachtsfalls gem. § 11 GwG prüfen zu können.

Durch die Unterhaltung von Monitoringsystemen kommen die Verpflichteten auch ihren Pflichten aus § 3 Abs. 1 Nr. 4 GwG nach. Die dort geforderten angemessenen und geeigneten Verfahren, um die Geschäftsbeziehungen einschließlich der innerhalb der Geschäftsbeziehungen getätigten Transaktionen kontinuierlich auf geldwäsche- und terrorismusfinanzierungsverdächtige Sachverhalte hin zu überwachen, lässt sich nur durch entsprechende EDV-gestützte Überwachungssysteme bewerkstelligen.[439]

Welche Systeme als angemessen betrachtet werden können und wie intensiv Geschäftsbeziehungen bzw. Transaktionen zu überwachen sind, hängt von dem Ergebnis einer vom Verpflichteten durchzuführenden Gefährdungsanalyse und der Risikostruktur der angebotenen Dienstleistungen und Finanzpro-

---

436 Vgl. BT-Drs. 16/9038, S. 49.

437 Bei EDV gestützten Geldwäschepräventionssystemen lässt sich zwischen Research und Monitoringsystemen differenzieren. Während Researchsysteme der Suche von auffälligen Transaktionen im Verdachtsvorfeld dienen, werden Moitoringsysteme zur Überwachung der im Rahmen des Research als auffällig klassifizierten Vorfälle genutzt, vgl. im einzelnen hierzu *Langweg* in: Fülbier / Aepfelbach / Langweg, GwG-Kommentar, § 14 GwG Rn. 106.

438 BT-Drs. 16/9038, S. 50.

439 Vgl. hierzu auch Erwägungsgrund 36 der Dritten EG-Geldwäscherichtlinie. Ausführlich zum Zweck der EDV gestützten Monitoringsysteme: BT-Drs. 16/9038, S. 50. Hiernach arbeiten Monitoringsysteme einerseits nicht anlassbezogen, indem sie auf der Grundlage von Verdachtsparametern aus der ganz überwiegenden Mehrzahl der nicht geldwäsche- oder terrorismusfinanierungverdächtigen Transaktionen herausfiltern. Die Gesetzesbegründung macht allerdings auch klar, dass keine flächendeckende anlasslose Rasterung aller Kontobewegungen erfolgen soll. Fraglich ist ob, eine flächendeckende Rasterprüfung nicht zwangsläufig am Beginn einer jeden Monitoring stehen muss.

dukte ab.[440] Nach Auffassung der BaFin gelten Systeme als angemessen, sofern sie der Risikosituation des jeweiligen Instituts entsprechen und diese hinreichend abdecken.[441] Die Sicherungssysteme haben sich insbesondere an der Größe, Organisation und Gefährdungssituation des einzelnen Instituts, insbesondere dessen Geschäfts- und Kundenstruktur auszurichten.[442] Der Giroverkehr und hier insbesondere der Auslandszahlungsverkehr, werden als besonders risikoträchtig betrachtet.[443]

Ein neuer Erlaubnistatbestand zur Erhebung, Verarbeitung und Nutzung personenbezogener Daten ist in § 25c Abs. 2 S. 3 KWG enthalten.[444] Die Regelung soll die datenschutzrechtliche Zulässigkeit der von den Verpflichteten geforderten Maßnahmen absichern. Der Streit über die Zulässigkeit der im Rahmen des Monitoring von den Verpflichteten vorzunehmenden Maßnahmen dürfte sich damit nun definitiv erledigt haben.[445] Eine Befreiung von den Datenschutzprinzipien der Datenvermeidung, Datensparsamkeit und der frühestmöglichen Löschung ist in der Regelung nicht enthalten.[446] Auch sind die Vorgaben des Bundesdatenschutzgesetzes zur Zweckbindung der erhobenen Daten zu beachten.[447] Es ist die für das Datenschutzrecht typische Abwägung zwischen dem Interesse des Betroffenen und der verarbeitenden Stelle vorzunehmen. Dem Allgemeininteresse an der Stabilität und Integrität des Finanzplatzes Deutschland sowie dem Interesse des entsprechenden Kreditinstituts, sich vor dem Missbrauch zur Geldwäsche- und Terrorismusfinanzierung und den Folgen zu schützen, steht das Interesse des betroffenen Kunden gegenüber, keiner Überwachung seiner Transaktionen und der damit verbundenen Daten unterzogen zu werden.[448] Nach allgemeiner und, wie bereits oben dargestellt, richtiger Auffassung wird das Interesse des Kunden an einer Nicht-Überwachung seiner Transaktionen durch das Allgemeininteresse an der Stabilität und Integrität des Finanzsystems in Deutschland und das Interesse

---

440 BT-Drs. 16/9038, S. 50.

441 *Langweg* in: Fülbier / Aepfelbach / Langweg, GwG-Kommentar, § 14 GwG Rn. 87.

442 *Bruchner* / *Fischbeck* in: Schimansky / Bunte / Lwowski, Bankrechts-Handbuch, § 42 Rn. 227; *Langweg* in: Fülbier / Aepfelbach / Langweg, GwG-Kommentar, § 14 GwG Rn. 87.

443 BT-Drs. 16/9038, S. 50.

444 Die Regelung war im Referentenentwurf noch nicht enthalten und ist insbesondere von der Finanzwirtschaft gefordert worden, vgl. Stellungnahme des ZKA zum GwBekErgG, S. 8.

445 Insbesondere Herzog hat das Fehlen eines gesetzlichen Erlaubnistatbestandes als rechtlich unzulässig betrachtet, vgl. *Herzog*, WM 1996, S. 1758. Vgl. hierzu *Ackmann* / *Reder*, WM 2009, S. 165.

446 BT-Drs. 16/9038, S. 50.

447 BT-Drs. 16/9038, S. 50.

448 BT-Drs. 16/9038, S. 50.

des einzelnen Instituts an der Vorbeugung gegen betrügerisches und schädigendes Verhalten aufgewogen.[449]

Die BaFin ist gem. § 25c Abs. 2 S. 4 KWG ermächtigt, Kriterien zu bestimmen, bei deren Vorliegen Kreditinstitute vom Einsatz eines Datenverarbeitungssystems absehen können. Die Regelung zielt vor allem auf Kreditinstitute mit einer niedrigen Bilanzsumme und Spezialinstitute ohne ausgeprägten Zahlungsverkehr ab.[450] Die Bestimmung kodifiziert lediglich eine bereits bestehende Verwaltungspraxis der BaFin.[451] Für Kreditinstitute mit einer niedrigen Bilanzsumme und Spezialinstitute ohne ausgeprägten Zahlungsverkehr dürfte auch weiterhin eine Befreiung bestehen.[452]

E) Sonstige Pflichten

I. Aufzeichnungs- und Aufbewahrungspflichten

Ebenso wie die bisherige Regelung in § 9 Abs. 1 GwG a.F. normiert der neue § 8 GwG die Pflicht zur Aufzeichnung und Aufbewahrung der im Rahmen der Sorgfaltspflichterfüllung erhobenen Angaben und Informationen. Die Regelung soll den Ermittlungsbehörden ermöglichen, in ihrer Ermittlungsarbeit auf die vom Institut gesammelten Informationen zurückzugreifen. Die Informationen werden quasi „auf Vorrat“ gehalten.[453]

1. Aufzuzeichnende und aufzubewahrende Informationen

Der Umfang der aufzuzeichnenden und aufzubewahrenden Informationen wurde in Umsetzung von Art. 30 Buchstabe b der Dritten EG-Geldwäscherichtlinie durch das *GwBekErgG* erweitert. Künftig sind gem. § 8 Abs. 1 S. 1 GwG nicht nur die Angaben und Informationen zum Vertragspartner und wirtschaftlich Berechtigten, sondern auch die Belege und Aufzeichnungen über die Geschäftsbeziehungen und Transaktionen als solche aufzubewahren. In Ergänzung zu § 4 Abs. 3 S.1 Nr. 1 i.V.m. Abs. 4 S. 1 Nr. 1 GwG bestimmt § 8 Abs. 1 S. 2 GwG, dass auch Art, Nummer und ausstellende Behörde des zur Identifizierung vorgelegten Dokuments aufzuzeichnen und aufzubewahren sind. Macht der Verpflichtete von der Möglichkeit Gebrauch,

---

449 BT-Drs. 16/9038, S. 50.

450 BT-Drs. 16/9038, S. 50.

451 Schreiben der BaFin an das Institut der Wirtschaftsprüfer in Deutschland e.V. (IDW) vom 8.11.2005.

452 Vgl. hierzu das Schreiben der BaFin an das Institut der Wirtschaftsprüfer in Deutschland e.V. (IDW) vom 8.11.2005.

453 Findeisen spricht insoweit von einer passiven Kooperationspflicht der Verpflichteten, *Findeisen*, wistra 1997, S. 123.

von einer erneuten Identifizierung gem. § 4 Abs. 2 GwG abzusehen, so ist der Name des zu Identifizierenden und der Umstand, dass er bei früherer Gelegenheit identifiziert worden ist, aufzuzeichnen, § 8 Abs. 1 S. 4 GwG. Welche Angaben bei einer Fernidentifizierung durch eine elektronische Signatur aufzuzeichnen sind, ist in § 8 Abs. 1 S. 5 GwG geregelt.

2. Form der Aufzeichnung und Aufbewahrung

Gem. § 8 Abs. 1 S. 3 GwG gilt die Kopie eines Ausweispapiers nach § 3 Absatz 4 Satz 1 Nr. 1 GwG und die Anfertigung einer Kopie der Unterlagen nach § 4 Abs. 4 S. 1 Nr. 2 GwG als Aufzeichnung der darin enthaltenen Angaben. Greift der Verpflichtete auf elektronische Register- oder Verzeichnisdaten zurück, reicht ein Ausdruck dieser Daten aus, um den Formvorgaben zu entsprechen, vgl. § 8 Abs. 1 S. 3, 2. Halbsatz GwG. Sofern sichergestellt ist, dass die gespeicherten Daten mit den festgestellten Angaben übereinstimmen, jederzeit verfügbar sind und binnen angemessener Frist lesbar gemacht werden können, dürfen sie auch auf Datenträgern aufgezeichnet werden, § 8 Abs. 2 GwG. Die Vorschrift entspricht der Regelung im alten Recht und soll den modernen Datenspeicherungstechniken Rechnung tragen. Es soll eine rationelle und zeitgemäße Dokumentation von Geschäftsunterlagen ermöglicht werden.[454] Gem. § 8 Abs. 4 GwG i.V.m. § 174 Abs. 5 AO muss der Verpflichtete bei Vorlage der Unterlagen an eine öffentlichen Stelle auf seine Kosten diejenigen Hilfsmittel zur Verfügung stellen, die erforderlich sind, um die elektronischen Unterlagen lesbar zu machen. So hat er beispielsweise, sofern dies von der anfordernden Behörde für erforderlich erachtet wird, die Unterlagen auf seine Kosten auszudrucken oder ohne Hilfsmittel lesbare Reproduktionen beizubringen, § 174 Abs. 5 AO. Eine vergleichbare Bestimmung ist in § 261 HGB enthalten. Die Kostenregelung war bereits Bestandteil des alten Rechts.

3. Aufbewahrungsfristen

Gem. § 8 Abs. 3 GwG sind die Aufzeichnungen gem. § 8 Abs.1 GwG und die sonstigen Belege über Geschäftsbeziehungen und Transaktionen für einen Mindestzeitraum von fünf Jahren aufzubewahren. Das bislang geltende Recht verpflichtete zur Aufbewahrung für 6 Jahre, § 9 Abs. 3 GwG a.F. Insoweit ist eine Anpassung der nationalen Frist an die Vorgabe aus der Dritten EG-Geldwäscherichtlinie erfolgt.

Der Beginn der Aufbewahrungsfrist bestimmt sich danach, aufgrund welcher Fallgruppe gem. § 3 Abs. 2 GwG die Daten erfasst worden sind. Folgt die

---

454 BT-Drs. 16/9038, S. 42.

Verpflichtung zur Aufzeichnung aus der Begründung einer Geschäftsbeziehung gem. § 3 Abs. 2 S. 1 Nr. 1 GwG, beginnt die Aufbewahrungsfrist mit dem Schluss des Kalenderjahres, in dem die Geschäftsbeziehung endet, § 8 Abs. 3 S. 2 GwG. Folgt sie aus einem der übrigen Fälle, beginnt die Frist mit dem Schluss des Kalenderjahres, in dem die jeweilige Angabe festgestellt worden ist, § 8 Abs. 3 S. 3 GwG.

Viele der Verpflichteten nach dem Geldwäschegesetz sind auch nach anderen Gesetzen zu langjährigen Aufbewahrungsfristen verpflichtet. Zu nennen ist beispielsweise die 10-jährige Aufbewahrungsfrist gem. § 257 Abs. 4 HGB. Trotz der Verpflichtungen aus anderen Normen hat der Gesetzgeber eine Notwendigkeit für eine eigenständige Aufbewahrungspflicht aus dem Geldwäschegesetz gesehen. Begründet wird dies damit, dass die anderen Regelungen nicht alle Unterlagen bzw. alle Verpflichteten nach Art. 30b der Dritten EG-Geldwäscherichtlinie erfassen.[455]

4. Heranziehung und Verwendung von Aufzeichnungen

Unter welchen Voraussetzungen die Aufzeichnungen herangezogen und verwendet werden dürfen, ist in § 15 GwG geregelt. Hiernach dürfen die nach § 8 Abs. 1 GwG gefertigten Aufzeichnungen zur Verfolgung der Straftaten nach § 261 StGB sowie aller in §§ 261 Abs. 1 und 129a Abs. 2 StGB genannten Delikte herangezogen und verwendet werden. Die Verwendung der Daten für Besteuerungs- oder Steuerstrafverfahren ist unverändert geblieben und in § 15 Abs. 2 S. 3 GwG geregelt. Nach wie vor hat die Ermittlungsbehörde der Finanzbehörde eine Mitteilung zu machen, wenn eine Transaktion festgestellt wird, die für die Einleitung oder Durchführung von Besteuerungs- oder Steuerstrafverfahren Bedeutung haben, § 15 Abs. 2 GwG. Die Verwendungsmöglichkeiten der Aufzeichnungen ist durch das GwBekErgG erneut erweitert worden. Neu ist, dass die Daten auch für die Verfolgung der in § 129a Abs. 2 StGB aufgelisteten Taten verwendet werden können.

5. Das Kontenabrufverfahren

Für Kreditinstitute gelten weitergehende Vorgaben zur Vorhaltung der Daten. Gem. § 24c KWG haben sie einen automatisierten Abruf von Kontoinformationen zu ermöglichen.[456] Hierzu haben die Kreditinstitute eine Datei zu führen, in der die so genannten Kontostammdaten zu speichern sind. Zu den Kontostammdaten gehören neben der Konto- sowie Depotnummer, der Tag der Errichtung und der Tag der Auflösung des Kontos, § 24 c Abs. 1 Nr. 1

455 BT-Drs. 16/9038, S. 41.

456 Ausführlich zum Kontoabrufverfahren, *Reichling*, Zugriff, S. 1 ff.

KWG. Zu den Stammdaten gehören ferner der Name des Kontoinhabers, sowie bei natürlichen Personen das Geburtsdatum des Kontoinhabers und eines etwaigen Verfügungsberechtigten sowie der Name und, soweit erhoben, die Anschrift eines abweichend wirtschaftlich Berechtigten, § 24c Abs. 1 Nr. 2 KWG. Gem. § 24c Abs. 1 S. 2 KWG ist bei einer Änderung dieser Angaben unverzüglich ein neuer Datensatz anzulegen. Die Kreditinstitute haben gem. § 24c Abs. 1 S. 5 KWG zu gewährleisten, dass die BaFin jederzeit einen automatisierten Abruf der Kontostammdaten vornehmen kann. Um etwaige Ermittlungsergebnisse nicht zu gefährden, muss der Abruf technisch und organisatorisch derart möglich sein, dass dem Kreditinstitut der Abruf nicht zur Kenntnis gelangt, § 24c Abs. 1 S. 6 KWG. Durch das *GwBekErgG* wurde § 24c KWG hinsichtlich der beim wirtschaftlich Berechtigten vorzuhaltenden Daten an die Bestimmungen in § 3 Abs. 1 Nr. 3 GwG und § 4 Abs. 5 GwG angepasst. Die Informationen und bei Korrekturen die Altversionen sind nach Ablauf von drei Jahren nach der Auflösung des jeweiligen Kontos oder Depots zu löschen, § 24c Abs. 1 S. 3, 4 KWG. Die Einzelheiten zum Kontenabruf und die Voraussetzungen, unter denen die BaFin die Daten abrufen und an dritte Stellen weiterleiten darf, sind in § 24c Abs. 3 bis 7 KWG geregelt.[457] Die Kosten für die Ermöglichung des Kotenabrufverfahren sind von den Kreditinstituten zu tragen, § 24c Abs. 5 KWG.[458]

6. Verstoß gegen Aufzeichnungspflichten

Gem. § 17 Abs. 1 Nr. 2 GwG handelt ordnungswidrig, wer vorsätzlich oder leichtfertig entgegen § 8 Abs. 1 GwG erhobene Angaben oder eingeholte Informationen nicht, nicht richtig oder nicht vollständig aufzeichnet. In Anpassung an die um die einzuholenden Informationen erweiterten Aufzeichnungspflichten in § 8 Abs. 1 GwG ist neben der vorsätzlichen auch die leichtfertige Nichtaufzeichnung dieser Informationen erfasst.

Gem. § 17 Abs. 1 Nr. 3 GwG handelt ordnungswidrig, wer vorsätzlich oder leichtfertig entgegen § 8 Abs. 3 GwG Aufzeichnungen und sonstige Belege über Geschäftsbeziehungen und Transaktionen nicht aufbewahrt. Der Inhalt dieser Bestimmungen deckt sich mit der bislang geltenden Rechtslage. In Anpassung an die auf sonstige Belege und Transaktionen erweiterte Aufbe-

---

457 Hiernach darf die BaFin einzelne Daten aus der vom Kreditinstitut bereitzuhaltenden Datei nur abrufen, wenn dies zur Erfüllung ihrer aufsichtsrechtlichen Aufgaben nach dem Kreditwesengesetz oder GwG erforderlich ist und eine besondere Eilbedürftigkeit im Einzelfall vorliegt, § 24c Abs. 2 S. 1 KWG.

458 Zu den verfassungsrechtlichen Bedenken gegen die Norm, vgl. BVerfGE 118, S. 168 ff. Vgl. hierzu *Glück*, Selbstbestimmung, S. 1 ff. *Reichling*, Zugriff, S. 1 ff.; *Langweg* in: Fülbier / Aepfelbach / Langweg, GwG-Kommentar, § 24c KWG Rn. 107 ff.

wahrungspflicht in § 8 Abs. 3 GwG ist auch die vorsätzliche oder leichtfertige Nichtaufbewahrung sonstige Belege und Transaktionen erfasst.

Die Ordnungswidrigkeiten gem. § 17 GwG Abs. 1 GwG sind mit maximal 100.000 Euro Bußgeld bewehrt.

II. Die Anzeigepflicht bei Verdacht auf Geldwäsche und Terrorismusfinanzierung

1. Allgemeines

Gem. § 11 Abs. 1 S. 1 GwG haben die Adressaten des Geldwäschegesetzes bei Feststellung von Tatsachen, die darauf schließen lassen, dass eine Geldwäsche oder eine Terrorismusfinanzierung begangen oder versucht wurde oder wird, die Tat unverzüglich den zuständigen Strafverfolgungsbehörden und in Kopie dem Bundeskriminalamt – Zentralstelle für Verdachtsanzeigen (FIU)[459] – anzuzeigen (*Verdachtsanzeige*).[460]

Für die Verpflichtung zur Erstattung einer Verdachtsanzeige ist eine mit dem Anfangsverdacht gem. § 152 Abs. 2 StPO vergleichbare Verdachtsschwelle erforderlich.[461] Die Verdachtsschwelle gilt als erreicht, wenn konkrete An-

---

459 Die Aufgaben und Kompetenzen der Zentralstelle für Verdachtsanzeigen sind in § 10 GwG geregelt. Hiernach obliegt es dem Bundeskriminalamt in seiner Funktion als Zentralstelle für Verdachtsanzeigen die Polizeien der Länder und des Bundes bei der Verhütung und Verfolgung der Geldwäsche und Terrorismusfinanzierung zu unterstützen, § 10 Abs. 1 S. 1 GwG. Gemäß dem Aufgabenkatalog in § 10 Abs. 1 S. 2 GwG hat das BKA hierzu die Geldwäsche- und Terrorismusfinanzierungsverdachtsanzeigen zu sammeln und auszuwerten (Nr. 1), die Strafverfolgungsbehörden über die sie betreffenden Informationen zu unterrichten (Nr. 2), Statistiken zu den Zahlen und Angaben in Art. 33 Abs. 2 der Dritten EG-Geldwäscherichtlinie zu führen (Nr. 3) und einen Jahresbericht zu veröffentlichen (Nr. 4). Neu ist, dass das BKA die Verpflichteten künftig nicht nur über die Typologien und Methoden der Geldwäsche, sondern auch über die der Terrorismusfinanzierung zu informieren hat (Nr. 5). Der Gesetzgeber möchte damit dem Informationsbedarf der Verpflichteten auf diesem Gebiet Rechnung tragen und einen Beitrag zu qualitativen Verbesserung der Verdachtsanzeigen leisten, vgl. BT-Drs. 16/9038, S. 44. Kritisch zur Umsetzung der FATF Vorgaben im Bereich der Zentralstelle für Verdachtsanzeigen, der FATF Prüfbericht vom 19.02.2010, S. 15 f., Mutual Evaluation Report-Germany, abrufbar unter: www.fatf-gafi.org.

460 Ausführliche Hinweise zu den in Verdachtsfällen einzuhaltenden Vorgaben enthält die mittlerweile aufgehobenen BaFin Verlautbarung vom 30.03.1998, Ziffer 23 ff. Die Ausführungen zum Verhalten in Verdachtsfällen dürften entsprechend der Fortgeltungsklausel aus dem Rundschreiben 2/2009 (GW) der BaFin vom 13.01.2009 weiterhin gültig sein.

461 *Bruchner / Fischbeck* in: Schimansky / Bunte / Lwowski, Bankrechts-Handbuch, § 42 Rn. 227. Nach Auffassung der FATF ist die vom Geldwäschegesetz vorgegebene Verdachtsstufe höher als in den FATF Empfehlungen vorgegeben und daher nicht mit den von der FATF Standards im Einklang. Eine nähere Begründung der Feststellung, dass der in Deutschland geforderte Anfangsverdacht eine höhere Verdachtsschwelle voraussetzt als der FATF Maßstab (suspects, or has reasonable grounds to suspect") erfolgt

haltspunkte vorliegen, die es möglich erscheinen lassen, dass aus einer Vortat der Geldwäsche herrührende Vermögenswerte gewaschen werden sollen.[462] Der Verdacht muss sich unmittelbar aus der angetragenen Finanztransaktion ergeben.[463] Ergibt er sich aus einem sonstigen Zusammenhang, besteht keine Verpflichtung zur Übermittlung einer Verdachtsanzeige.[464] Das Wissen ist allerdings bei künftigen Transaktionen zu berücksichtigen und kann dann zu einer Verdachtsanzeige verpflichten.[465] Ein zusätzlicher Anfangsverdacht bzgl. der Vortat (doppelter Anfangsverdacht) ist nicht erforderlich.[466] Es reicht der Verdacht aus, dass der betreffende Vermögensgegenstand eine illegale Herkunft hat.

Die Verdachtsanzeige kann formlos, also beispielsweise auch mündlich erfolgen. Sie ist allerdings in solchen Fällen gem. § 11 Abs. 2 GwG schriftlich, fernschriftlich oder durch elektronische Datenübermittlung zu wiederholen.[467]

Die Regelungen zur Verdachtsanzeige sind durch das *GwBekErgG* nur geringfügig geändert worden. Bedeutendste Neuerung ist, dass nach neuer Rechtslage auch Nichtinstitute verpflichtet sind, eine Anzeige bei Verdacht auf Terrorismusfinanzierung zu erstatten. Nach bisheriger Rechtslage waren nur Institute, also Kredit- und Finanzdienstleistungsinstitute sowie Versicherungsunternehmen, Investmentaktiengesellschaften und Finanzunternehmen bei Verdacht auf Terrorismusfinanzierung zur Anzeige verpflichtet, vgl. § 11 Abs. 1 S. 2 GwG a.F. i.V.m. § 1 Abs. 4 GwG a.F. Für die übrigen Verpflichteten

---

nicht, vgl. S. 7 des FATF Prüfberichts vom 19.02.2010, Mutual Evaluation Report–Germany, abrufbar unter: www.fatf-gafi.org. Die FATF sieht den vermeintlich höheren Verdachtsgrad in Deutschland als mit einen Grund für die niedrige Anzahl an Verdachtsanzeigen in Deutschland, vgl. S. 4, 7 und 12 des FATF Prüfberichts vom 19.02. 2010, Mutual Evaluation Report-Germany, abrufbar unter: www.fatf-gafi.org.

462 *Bruchner / Fischbeck* in: Schimansky / Bunte / Lwowski, Bankrechts-Handbuch, § 42 Rn. 227. Die BaFin Verlautbarung vom 30.03.1998 enthält zahlreiche weiteren Anhaltspunkte für das vorliegen eines meldepflichtigen Vorgangs. Die Ausführungen zum Verhalten in Verdachtsfällen dürften entsprechend der „Fortgeltungsklausel" aus dem Rundschreiben 2/2009 (GW) der BaFin vom 13.01.2009 weiterhin gültig sein. Geldwäsche und Terrorismusverdachtstypologien werden regelmäßig von der FIU Veröffentlicht und sind von den Verpflichteten bei der Beurteilung eines Verdachtsfalls zu berücksichtigen.

463 *Bruchner / Fischbeck* in: Schimansky / Bunte / Lwowski, Bankrechts-Handbuch, § 42 Rn. 220.

464 *Körner / Dach*, Leitfaden, Teil 2 Rn. 7.

465 *Bruchner / Fischbeck* in: Schimansky / Bunte / Lwowski, Bankrechts-Handbuch, § 42 Rn. 220.

466 Vgl. Ziffer 24 der mittlerweile aufgehobenen BaFin Verlautbarung vom 30.03.1998.

467 Ausführlich zu den formellen Anforderungen an die Stellung einer Verdachtsanzeige, Ziffer 28 der BaFin-Verlautbarung vom 30.03.1998.

bestand eine Anzeigepflicht nur bei Verdacht auf Geldwäsche. [468] Die Erweiterung dient dazu, alle verfügbaren Informationsquellen nutzbar zu machen.[469] Eine weitere Neuerung ist die Verpflichtung zur Verdachtsanzeige, wenn sich der Verdacht der Geldwäsche oder Terrorismusfinanzierung erst nachträglich herausstellt, also die Transaktion beispielsweise bereits durchgeführt wurde, § 11 Abs. 1 S. 1 GwG. Die bislang geltende Regelung in § 11 GwG a.F. verpflichtete nur zur Anzeige bei der Feststellung von Hinweisen, die sich auf eine aktuell angetragene Transaktion bezogen.[470]

Die vom Gesetzgeber durch die Anzeigepflicht eingeforderte aktive Mitwirkung der Verpflichteten wird als eine Hauptpflicht der Verpflichteten des Geldwäschegesetzes eingestuft.[471] Mit Hilfe der Verdachtsanzeigen erhofft sich der Gesetzgeber, wichtige Erkenntnisse bei der Verfolgung der Geldwäsche und Terrorismusfinanzierung zu erlangen. Die Verpflichtung zur Erstattung einer Verdachtsanzeige wurde bei ihrer Einführung trotz Bestehens vergleichbarer Vorgaben in anderen gewerberechtlichen Bestimmungen kritisch gesehen.[472] Besorgt über eine Belastung der Kunde-Bank-Beziehung und der mit den Geldwäschevorgaben einhergehenden Umsetzungskosten haben insbesondere Vertreter der Finanzwirtschaft Zweifel an der verfassungsrechtlichen Zulässigkeit und der Wirksamkeit der Vorgabe und dem Geldwäschebekämpfungskonzept an sich geäußert.[473] Der Vorwurf, dass durch das Geldwäschegesetz eine zu weitgehende Privatisierung bzw. Auslagerung der Staatsaufgabe Sicherheit auf Private erfolgt, wird mittlerweile nur noch vereinzelt erhoben und dürfte sich nicht bestätigt haben. Die den Verpflichteten durch das Geldwäschegesetz aufgelegte gewerberechtliche Pflicht zur Ver-

---

468 Die Änderung geht zurück auf die Vorgabe in Art. 22 Abs. 1 Buchstabe a der Dritten EG-Geldwäscherichtlinie und die FATF-Empfehlung Nr. 16.

469 BT-Drs. 16/9038, S. 44.

470 Vgl. BT-Drs. 16/9038, S. 44 f.

471 Vgl. Ziffer 23 der mittlerweile aufgehobenen BaFin-Verlautbarung vom 30.03.1998.

472 Vgl. zum Beispiel die Verpflichtung zur Anzeige bei Verdacht auf Kursmanipulation und Insiderhandel im Wertpapierhandelsgesetz. Gem. § 10 WpHG haben Wertpapierdienstleistungsunternehmen, sonstige Kreditinstitute, Kapitalanlagegesellschaften und Betreiber von außerbörslichen Märkten bei der Feststellung von Tatsachen, die den Verdacht begründen, dass mit einem Geschäft über Finanzinstrumente gegen ein Verbot von Insidergeschäften § 14 WpHG oder der Kursmanipulation gem. § 20a WpHG verstoßen wird, diese unverzüglich der BaFin mitzuteilen.

473 Insbesondere Teile der Finanzwirtschaft fühlten sich durch die Regelung als Hilfsinstrument für Ermittlungsbehörden missbraucht, vgl. *Fülbier*, WM 1990, S. 2025 ff. Zur Kritik am gesamten Bekämpfungskonzept und für einen Überblick zum Meinungsstand vgl. *Hetzer*, EuZW 2008, S.565. *Dahm*, WM 1996, S. 1285; *Herzog*, WM 1996, S. 1754 ; *Scherp* S. WM 2003, S. 1254; *Löwe-Krahl*, wistra 1994, S. 121; vgl. auch *Kragl* der durch § 261 Abs. 5 StGB gar die gesamte Bevölkerung als Hilfsorgane der Ermittlungsbehörden in Beschlag genommen sieht, *Kragl*, NJ 2001, S. 60, a.A. *Findeisen*, wistra 1997, S. 125; *Schily*, WM 2003, S. 2151.

dachtsanzeige bewegt sich im für das Wirtschaftverwaltungsrecht üblichen Rahmen und hält die verfassungsrechtlichen Parameter ein.[474] Der andere oft im Zusammenhang mit der Verpflichtung zur Verdachtsanzeige geäußerte Kritikpunkt, dass die Kosten für die Geldwäsche- und Terrorismusfinanzierungsbekämpfung angesichts der niedrigen Verurteilungszahlen[475] in einem unangemessenen Verhältnis zueinander stehen, dürfte allerdings zumindest teilweise berechtigt sein. Sowohl die Anzahl der Verdachtsanzeigen als auch die Anzahl der Verurteilungen sind angesichts der Anstrengungen der Finanzwirtschaft ernüchternd.[476] Grund hierfür dürfte u.a. sein, dass die Verfolgung der Geldwäsche, insbesondere wenn sie unter Einsatz komplexer Finanzprodukte erfolgt, die Ermittlungsbehörden vor größere Herausforderungen stellt als die Verfolgung der einfacher zu ermittelnden Delikte, die im Umfeld einer Geldwäschetat üblich sind.[477] Die Aussagekraft der Zahlen muss allerdings relativiert werden. Bei einer ausschließlichen Bewertung der Effektivität des Instruments Verdachtsanzeige an der Anzahl der Verdachtsanzeigen und der Verurteilungen wird übersehen, dass die Verdachtsanzeige oft Auslösung von Ermittlungen in anderen Bereichen ist. Auch diese Verurteilungen müssen als Erfolg der Geldwäschebekämpfungsvorgaben gewertet werden. Zielrichtung der Geldwäschebekämpfungsvorschriften ist nicht nur die Bekämpfung der Geldwäsche, sondern auch anderer Straftaten, die im Zusammenhang mit der Geldwäsche begangen werden. Zu nennen sind hier z.B. Steuer- und Betrugsdelikte.[478]

---

474 Ausführlich hierzu *Werner,* Bekämpfung, S. 75 ff. und 91 ff. Im Ergebnis ebenso *Findeisen*, unter Hinweis auf das Kooperationsgebot vgl. *Findeisen*, wistra 1997, S. 125. Nach Auffassung von Findeisen agieren die Verpflichteten bei der Übermittlung einer Verdachtsanzeige und bei der Geldwäschebekämpfung insgesamt im eigenen und nicht im staatlichen Ermittlungsinteresse.

475 Vgl. hierzu den FIU Jahresbericht 2009.

476 In seinem Gutachten vom 12. 12.2006 geht das Instituts der deutschen Wirtschaft Köln davon aus, dass der deutschen Kreditwirtschaft für die Bekämpfung der Geldwäsche und der Terrorismusfinanzierung Bürokratiekosten in Höhe von 775 Mio. Euro jährlich entstehen, vgl. BT-Drs. 16/9038, S. 60. Die Anstrengungen der Kreditinstitute sind auch anhand der Statistiken zu den in Deutschland erstatteten Geldwäscheverdachtsanzeigen erkennbar. Auch im Jahr 2009 wurden nahezu alle Verdachtsanzeigen von Kreditinstituten eingereicht (8.111 der insgesamt 9.046 Verdachtsanzeigen). Darüber hinaus gelang es den Kreditinstituten als einziger Verpflichtetengruppe, ihrem Anteil am Gesamtaufkommen signifikant gegenüber dem Vorjahr zu erhöhen (Erhöhung um 1.759 auf 8.111 Verdachtsanzeigen (Erhöhung um 28%), vgl. Financial Intelligence Unit (FIU) Deutschland, Jahresbericht 2009.

477 Auch die FATF stellt in ihrem Prüfbericht fest, dass die Ermittlungsbehörden sich auf einfach gelagerte Fälle und Delikte im Umfeld der Geldwäsche konzentrieren und sich mit nur wenigen komplexen Geldwäschefällen befassen, vgl. S. 16 des Mutual Evaluation Report-Germany, abrufbar unter: www.fatf-gafi.org.

478 Das Ergebnis wird weiterhin dadurch verursacht, dass Ermittlungsbehörden oft nicht über ausreichend Personal verfügen, um die Verdachtsanzeigen zu ermitteln.

2. Stillhaltefrist

§ 11 GwG enthält Vorgaben dazu, wie mit einer verdachtsbehafteten Transaktion zu verfahren ist. Gem. § 11 Abs. 1 S. 2 GwG haben die Verpflichteten nach Übermittlung der Verdachtsanzeige eine so genannte Stillhaltefrist einzuhalten. Die verdachtsbehaftete Transaktion darf gem. § 11 Abs. 1 S. 2 GwG erst durchgeführt werden, wenn die Staatsanwaltschaft ihre Zustimmung erteilt hat oder wenn der zweite Werktag nach Übermittlung der Anzeige verstrichen ist, ohne dass die Durchführung der Transaktion untersagt worden ist. Der Sonnabend gilt bei der Fristbestimmung nicht als Werktag, § 11 Abs. 1 S. 2, 2. Halbsatz GwG.

Sofern ein Aufschub der Transaktion nicht möglich ist, darf die Transaktion, wie bisher auch, auch ohne Rücksprache mit der Staatsanwaltschaft durchgeführt werden, § 11 Abs. 1 S. 3 GwG. Die Übermittlung einer Verdachtsanzeige ist in diesen Ausnahmefällen unverzüglich nach Durchführung der Transaktion nachzuholen, § 11 Abs. 1 S 3, 2. Halbsatz GwG. Neu eingefügt wurde der Zusatz, dass die Stillhaltefrist nicht einzuhalten ist, sofern die Gefahr besteht, dass durch sie die Verfolgung der Nutznießer einer mutmaßlichen Geldwäsche oder einer Terrorismusfinanzierung erschwert wird. Die Regelung wurde bereits aus dem bisherigen Wortlaut herausgelesen und ist nur zu Klarstellung eingefügt worden.[479]

3. Verwertungsmöglichkeiten der in einer Anzeige gemachten Angaben

Die Verwertungsmöglichkeiten der in einer Anzeige gemachten Angaben ist in § 11 Abs. 6 GwG geregelt und inhaltlich weitgehend unverändert geblieben. Hiernach dürfen die Daten nur für die Verfolgung der in § 15 Abs. 1 und Abs. 2 S. 3 GwG bezeichneten Strafverfahren, für sonstige Strafverfahren wegen einer Straftat, die im Höchstmaß mit einer Freiheitsstrafe von mehr als drei Jahren bedroht ist, für Besteuerungsverfahren und für die Aufsichtsaufgaben der zuständigen Behörden verwendet werden. Der Gesetzgeber erhofft sich insbesondere von den Terrorismusfinanzierungsverdachtsanzeigen wertvolle Hinweise für die Verfolgung terroristischer Straftaten.[480]

---

479 Vgl. Erwägungsgrund 30 der Dritten EG-Geldwäscherichtlinie.

480 BT-Drs. 16/9038, S. 45. Einem Vorschlag des Bundesrats, auch die Nachrichtendienste in den Informationsaustausch einzubeziehen, wurde nicht gefolgt, vgl. Stellungnahme des Bundesrates, BT-Drs. 16/9038, S. 64.

4. Mitarbeiterschutz

Wie bisher auch sieht das Geldwäschegesetz eine Freistellung des Anzeigenden von seiner Verantwortlichkeit vor, sofern die Anzeige nicht vorsätzlich oder grob fahrlässig unwahr erstattet worden, § 13 Abs. 1 GwG. Entsprechend der Vorgabe in Art. 26 der Dritten EG-Geldwäscherichtlinie und Erwägungsgrund 32 ist der Schutz auf Beschäftigte, die einen Sachverhalt dem Vorgesetzten oder einer unternehmensintern für die Erstattung einer Anzeige zuständigen Stelle mitteilen, ausgeweitet worden, § 13 Abs. 2 GwG. Auch sie dürfen nicht verantwortlich gemacht werden, sofern sie nicht grob fahrlässig oder vorsätzlich gehandelt haben, § 13 Abs. 2 GwG. Die von vielen geforderte Erweiterung des Schutzes für den Geldwäschebeauftragten ist trotz entsprechender Vorgaben in der Dritten EG-Geldwäscherichtlinie unterblieben.[481]

Gem. § 11 Abs. 5 GwG schließt die Verpflichtung zur Anzeige nach dem Geldwäschegesetz die nach § 261 Abs. 9 StGB erforderliche Freiwilligkeit nicht aus. Die Regelung deckt sich mit der bisher in § 11 Abs. 6 GwG a.F. verorteten Bestimmung.

5. Informationspflichten der Staatsanwaltschaft

Die Informationspflichten der Staatsanwaltschaft bei einer Anzeige nach dem Geldwäschegesetz sind in § 11 Abs. 8 GwG geregelt. Gem. § 11 Abs. 8 S. 3 GwG können dem Verpflichteten, der eine Verdachtsanzeige erstattet hat, Auskünfte aus der Ermittlungsakte erteilt werden. Voraussetzung hierfür ist, dass die Auskunft zur Überprüfung des Anzeigeverhaltens erforderlich ist, § 11 Abs. 8 S. 3 GwG. Die Bewilligung des Auskunftsersuchens steht im Ermessen der Staatsanwaltschaft. Durch diese neu aufgenommene Möglichkeit der Auskunftserteilung an den Verpflichteten kommt der Gesetzgeber Art. 35 Abs. 1 S. 3 der Dritten EG-Geldwäscherichtlinie und einer Forderung der Finanzwirtschaft[482] nach. Die Rückmeldung soll die Verpflichteten in die Lage versetzen, die Qualität und Wirksamkeit ihrer Verdachtsanzeigen zu verbessern.[483] Gem. § 11 Abs. 8 S. 4 GwG dürfen die Verpflichteten die in diesem Rahmen erlangten personenbezogene Daten nur zur Überprüfung ihres Anzeigeverhaltens nutzen und haben diese zu löschen, wenn sie für diesen Zweck nicht mehr erforderlich sind.

Wie bisher auch besteht eine Verpflichtung der Staatsanwaltschaft, der FIU die Erhebung der öffentlichen Klage und den Ausgang des Verfahrens entsprechend 482 Abs. 2 StPO mitzuteilen, § 11 Abs. 8 S. 1 GwG. Neu ist, dass eine

---

481 Ausführlich hierzu *Ackmann / Reder*, WM 2009, S. 200.

482 Vgl. Stellungnahme des ZKA zum GwBekErgG, S. 7, 43.

483 So auch BT-Drs. 16/9038, S. 45.

derartige Mitteilung auch bei Anzeigen einer Behörden nach § 14 GwG zu erfolgen hat, 11 Abs. 8 S. 1 GwG. Das Geldwäschegesetz erweitert die Mitteilungspflicht ferner auf Terrorismusfinanzierungsverdachtsanzeigen und auf Verfahren auf diesem Gebiet, die unabhängig von einer geldwäscherechtlichen Anzeigeverpflichtung betrieben werden, § 11 Abs. 8 S. 1 GwG. Durch diese Erweiterungen soll eine umfassende Versorgung der FIU mit Informationen sichergestellt werden.[484] Im Hinblick auf die Aufgaben des FIU, hier insbesondere die Erarbeitung von Statistiken (vgl. § 10 Abs. 1 S. 2 Nr. 3 GwG), und die kritischen Anmerkungen der FATF zu diesem Bereich in ihrem aktuellen Prüfbericht zu Deutschland[485], ist dies eine vernünftige Entscheidung.[486] Die Mitteilung erfolgt, wie auch bisher, durch Übersendung einer Abschrift der Anklageschrift und der begründeten Einstellungsentscheidung oder des Urteils, § 11 Abs. 8 S. 2 GwG.

6. Verstöße im Zusammenhang mit der Verdachtsanzeige

Künftig handelt ordnungswidrig, wer entgegen § 11 Abs. 1 GwG der Pflicht zur Anzeige eines Verdachtsfalls nicht nachkommt, § 17 Abs. 1 Nr. 4 GwG. Die dahingehende Verpflichtung des Gesetzgebers ergab sich bereits aus der Zweiten EG-Geldwäscherichtlinie. Die nicht erfolgte Umsetzung hat zu einem Vertragsverletzungsverfahren gegen die Bundesrepublik geführt, welches angesichts der nun erfolgten, wenn auch verspäteten Umsetzung, zwischenzeitlich eingestellt worden ist. Die Ordnungswidrigkeit ist gem. § 17 Abs. 1 GwG mit maximal 100.000 Euro Bußgeld bewehrt.

III. Verbot der Informationsweitergabe

Gem. § 12 Abs. 1 S. 1 GwG darf ein Verpflichteter den Auftraggeber einer Transaktion und sonstigen Dritten nicht von einer Verdachtsanzeige oder von einem daraufhin eingeleiteten Ermittlungsverfahren in Kenntnis setzen.[487] Der Inhalt dieser als „Eckpfeiler des geltenden Geldwäschegesetzes“[488] bezeichneten Regelung entspricht dem bisherigen § 11 Abs. 5 GwG a.F. und wird durch Art. 28 Abs. 1 der Dritten EG-Geldwäscherichtlinie vorgegeben. Das so

---

484 Beim BKA soll sich dadurch „innerhalb eines längeren Zeitraums ein Gesamtbild des Hellfeldes der Kriminalitätslage in den Bereichen der Geldwäsche und Terrorismusfinanzierung in der Bundesrepublik Deutschland ergeben“, BT-Drs. 16/9038, S. 45.

485 Prüfbericht vom 19.02.2010, Mutual Evaluation Report-Germany, abrufbar unter: www. fatf-gafi.org.

486 BT-Drs. 16/9038, S. 45.

487 Die Vorgabe dürfte auch für geplante noch nicht erstattete Verdachtsanzeigen gelten, vgl. hierzu die wohl dahingehende Interpretation der FATF in ihrem Prüfbericht vom 19.02.2010, Mutual Evaluation Report-Germany, S. 13, abrufbar unter: www.fatf-gafi.org.

488 BT-Drs. 16/9038, S. 46.

genannte Unterrichtungsverbot (auch Hinweisverbot oder *tipping-off*)[489] dient der Absicherung der Ermittlungsergebnisse.

Um legitimen Interessen der durch eine Geldwäschehandlung betroffenen Verpflichteten an einem Informationsaustausch Rechnung zu tragen[490] und es den Verpflichten zu ermöglichen, Sicherungsmaßnahmen zu treffen, lässt § 12 Abs. 1 S. 2 GwG Ausnahmen vom Verbot zu. Erlaubt sind die Informationsweitergabe an staatliche Stellen (§ 12 Abs. 1 S. 2 Nr. 1 GwG), innerhalb desselben Konzerns (§ 12 Abs. 1 S. 2 Nr. 2 GwG), innerhalb desselben rechtsberatenden Unternehmens (§ 12 Abs. 1 S. 2 Nr. 3 GwG) und zwischen Verpflichten nach § 2 Abs. 1 Nr. 1 bis 8 GwG, sofern derselbe Vertragspartner oder dieselbe Transaktion betroffen ist (§ 12 Abs. 1 S. 2 Nr. 4 GwG). Allen Ausnahmen ist gemeinsam, dass die Informationsweitergabe nur zum Zwecke der Terrorismusfinanzierungs- und Geldwäschebekämpfung erfolgen darf, § 12 Abs. 1 S. 3 GwG.

1. Informationsaustausch mit staatlichen Stellen, § 12 Abs. 1 S. 2 Nr. 1 GwG

§ 12 Abs. 1 S. 2 Nr. 1 GwG erlaubt die Übermittlung von Informationen an staatliche Stellen und an die zuständigen Behörden. Die Regelung dient u.a. dazu, eine ordnungsgemäße Aufsicht der Verpflichteten zu erleichtern.[491]

2. Informationsaustausch innerhalb des Konzerns, § 12 Abs. 1 S. 2 Nr. 2 GwG

Gem. § 12 Abs. 1 S. 2 Nr. 2 GwG ist eine Informationsaustausch innerhalb eines Konzerns zulässig. Bei Unternehmenseinheiten, die ihren Sitz in einem Nicht-EU-Land haben, muss ein gleichwertiger Geldwäschebekämpfungs- und Terrorismusfinanzierungsbekämpfungsstandard gewährleistet sein, § 12 Abs. 1 S. 2 Nr. 2 GwG. Bei welchen Ländern und Territorien von einer Gleichwertigkeit ausgegangen werden kann, wurde von der Bankaufsicht im Rundschreiben 7/2008 festgelegt.[492]

---

489 § 11 Abs. 2 GwG stellt klar, dass die Bemühungen eines Rechtsanwalts, einen Mandanten davon abzuhalten, eine rechtswidrige Handlung zu begehen, nicht als Informationsweitergabe gelten.

490 BT-Drs. 16/9038, S. 46.

491 BT-Drs. 16/9038, S. 46.

492 Vgl. die Drittlandäquivalenzliste zu den Ländern und Gebieten mit gleichwertigen Anforderungen bei der Verhinderung der Geldwäsche und Terrorismusfinanzierung im BaFin-Rundschreiben 7/2008 (GW) vom 1.08.2008 und die Ausführungen zur Liste oben. Die Liste wurde von den EU-Mitgliedstaaten im Komitee zur Verhinderung von Geldwäsche und Terrorismusfinanzierung zusammengestellt. Vgl. hierzu oben in Kap. 3 C) II. 1 a).

3. Informationsaustausch bei rechtsberatenden Berufen, § 12 Abs. 1 S. 2 Nr. 3 GwG

§ 12 Abs. 1 S. 2 Nr. 3 GwG enthält eine Ausnahme für die rechtsberatenden Berufe und geht auf Art. 28 Abs. 4 der Dritten EG-Geldwäscherichtlinie zurück. Die Regelung dürfte insbesondere für grenzüberschreitend organisierte Großkanzleien relevant sein.[493]

4. Informationsaustausch in Fällen, die sich auf dieselbe Transaktion oder den selben Vertragspartner beziehen, § 12 Abs. 1 S. 2 Nr. 4 GwG

Eine allgemeine Ausnahme vom Verbot der Informationsweitergabe ist in § 12 Abs. 1 S. 2 Nr. 4 GwG enthalten. Voraussetzung ist entsprechend der Vorgabe in Art. 28 Abs. 5 der Dritten EG-Geldwäscherichtlinie, dass derselbe Kunde und dieselbe Transaktion betroffen sind. Die Regelung gilt nur für den Informationsaustausch zwischen den in § 2 Abs. 1 Nr. 1 bis 8 GwG genannten Verpflichteten. Die Verpflichteten müssen ihren Sitz in einem Mitgliedstaat der Europäischen Union oder in einem Drittstaat haben, in dem der Richtlinie 2005/60/EG gleichwertige Anforderungen gelten. Weiterhin legt § 12 Abs. 1 S. 2 Nr. 4 GwG fest, dass sie derselben Berufskategorie angehören und gleichwertigen Verpflichtungen in Bezug auf das Berufsgeheimnis und den Schutz personenbezogener Daten unterworfen sein müssen.[494]

5. Informationsaustausch im Rahmen von § 12 Abs. 3 GwG

Von besonderer praktischer Bedeutung ist die neu geschaffene Ausnahme nach § 12 Abs. 3 GwG. Hiernach haben Verpflichtete im Sinne von § 2 Abs. 1 Nr. 1 bis 6 die Möglichkeit, einander Informationen im Rahmen der Erfüllung ihrer Sorgfaltspflichten nach §§ 3, 5 und 6, §§ 25d und 25f des Kreditwesengesetzes und § 80e des Versicherungsaufsichtsgesetzes auszutauschen. Voraussetzung dieser nicht von der EG-Geldwäscherichtlinie vorgegebenen Regelung[495] ist, dass der Vorgang einen Geldwäsche- oder Terrorismusfinanzierungsbezug aufweist. Der Informationsaustausch soll gem. § 12 Abs. 3 S.1 GwG weiterhin nur erfolgen dürfen, wenn ein in Bezug auf Geldwäsche und Terrorismusfinanzierung auffälliger oder ungewöhnlicher Sachverhalt vorliegt und tatsächli-

---

493 Die Ausnahme gilt auch für die Fälle der gemeinschaftlichen Berufsausübung mit anderen Berufszweigen nach § 59a der Bundesrechtsanwaltsordnung, BT-Drs. 16/9038, S. 46.

494 Vgl. auch hier für die Frage der Gleichwertigkeit die Drittlandäquivalenzliste zu den Ländern und Gebieten mit gleichwertigen Anforderungen bei der Verhinderung der Geldwäsche und Terrorismusfinanzierung im BaFin-Rundschreiben 7/2008 (GW) vom 1.08.2008. Vgl. hierzu oben in Kap. 3 C) II. 1 a).

495 So auch BT-Drs. 16/9038, S. 46.

che Anhaltspunkte dafür vorliegen, dass der Empfänger die Informationen zur Entscheidung über eine Anzeige gem. § 11 GwG oder 158 StPO benötigt. Ein solcher Informationsaustausch ist insbesondere im Finanzbereich üblich und grundsätzlich auch sinnvoll.[496] Oft ermöglicht er die Begründung oder Erhärtung eines Verdachts durch das Zusammentragen von Informationen mehrerer Verpflichteter.[497] Durch die gesetzliche Regelung dieser Praxis soll nach dem Willen des Gesetzgebers zur Sicherung der Persönlichkeitsrechte der Betroffenen durch klare gesetzliche Regelung beigetragen und Rechtssicherheit für die beteiligten Verpflichteten und ihre Mitarbeiter geschaffen werden.[498] Insoweit dient die Regelung der Verrechtlichung einer weit verbreiteten Praxis.[499]

6. Verstöße im Zusammenhang mit dem Unterrichtungsverbot

Das Unterrichtungsverbot ist gem. § 17 Abs. 2 Nr. 4 i.V.m. § 12 GwG ebenfalls eine Ordnungswidrigkeit. Für die Ordnungswidrigkeiten kann gem. § 17 Abs. 3 GwG ein Bußgeld von maximal 50.000 Euro verhängt werden.

F) Zuständige Aufsichtsbehörde

Die für die jeweiligen Verpflichteten zuständige Aufsichtsbehörde ist in § 16 Abs. 2 GwG vorgegeben. Zuständige Behörde für die Kreditinstitute ist gem. § 16 Abs. 2 Nr. 2 GwG die Bundesanstalt für Finanzdienstleistungsaufsicht (BaFin). Für Rechtsanwälte und die übrigen Freien Berufe sind dies die jeweiligen Berufskammern (§ 16 Abs. 2 Nr. 4 bis 8 GwG). Für alle übrigen gewerbetreibenden Verpflichteten ist es die jeweils nach Bundes- oder Landesrecht zuständige Stelle (§ 16 Abs. 2 Nr. 9 GwG).

---

496 BT-Drs. 16/9038, S. 47.

497 BT-Drs. 16/9038, S. 46.

498 BT-Drs. 16/9038, S. 47.

499 BT-Drs. 16/9038, S. 47. Dort heißt es u.a.: „Mit dieser nicht durch die Dritte EG-Geldwäscherichtlinie vorgegebenen Regelung soll für den Finanzdienstleistungssektor die Möglichkeit geschaffen werden, im Rahmen der Erfüllung ihrer Sorgfaltspflichten nach den §§ 3, 5 und 6 GwG-neu, den §§ 25d und 25f KwG-neu und § 80e VAG- neu den präventiven Charakter der Durchbrechung des Verbots einer Informationsweitergabe zu stärken, indem nicht nur über die schon erstattete Verdachtsanzeige im Verpflichtetenkreis informiert werden darf, sondern schon einen Schritt früher Informationen ausgetauscht und zusammengeführt werden dürfen, um durch das Zusammentragen von Informationen mehrerer Verpflichteter einen Verdachtsmoment rechtzeitig erkennen zu können. Voraussetzung ist allerdings, dass es sich um einen in Bezug auf Geldwäsche oder Terrorismusfinanzierung auffälligen oder ungewöhnlichen Sachverhalt handelt und tatsächliche Anhaltspunkte vorliegen, dass der Empfänger der übermittelten Information diese für die Beurteilung der Frage benötigt, ob der Sachverhalt gemäß § 11 GwG-neu anzuzeigen oder eine Strafanzeige gemäß § 158 der Strafprozessordnung zu erstatten ist.“

§ 16 Abs. 1 S. 2 GwG berechtigt die Aufsichtsbehörden, im Rahmen der ihnen zugewiesenen Aufgaben die geeigneten und erforderlichen Maßnahmen und Anordnungen zu treffen, um die Einhaltung der Anforderungen aus dem Geldwäschegesetz sicherzustellen. Die Aufsichtsbehörden können hierzu auch auf die ihnen für sonstige Aufsichtsaufgaben eingeräumten Befugnisse zurückgreifen, § 16 Abs. 1 S. 3 GwG.

Viertes Kapitel: Zusammenfassung und Ausblick

In den nun knapp 20 Jahren seit der Ersten EG-Geldwäscherichtlinie ist das Geldwäscherecht nicht zur Ruhe gekommen. Die zahlreichen Richtlinien- und Gesetzesänderungen sowie die große Zahl an Rundschreiben und Verlautbarungen der nationalen und internationalen Bankaufsicht machen es den Verpflichteten schwer, mit der Entwicklung Schritt zu halten und die Vorgaben rechtzeitig umzusetzen und zu durchdringen.[1] Für viele Verpflichtete dürfte diese Entwicklung unbemerkt bleiben. Adressaten außerhalb der Finanzwirtschaft sind oft nicht einmal mit den Grundstrukturen des Gesetzes vertraut.[2] Große Teile der rechtsberatenden Berufe bilden hier keine Ausnahme. Der bereits heute schon stark divergierende Vertrautheitsgrad der einzelnen Verpflichtetengruppen mit den Vorgaben dürfte in Zukunft somit weiter auseinanderklaffen.

Gegenstand dieser Arbeit war die jüngste Novellierung des Geldwäscherechts durch das zum 21. August 2008 in Kraft getretene *GwBekErgG*. Aufbauend auf den gesetzlichen und kriminologischen Grundlagen wurden die Entwicklung des Geldwäscherechts nachgezeichnet und die Neuerungen vorgestellt und diskutiert. Hierbei konnte festgestellt werden, dass ein nicht unerheblicher Teil der gesetzlichen Änderungen Gegenstand der bisherigen Aufsichtspraxis war und den Verpflichteten daher bereits vertraut sein dürfte. Zu nennen seien hier beispielsweise die neuen Regelungen im Bereich der Ausführung der Sorgfaltspflichten durch Dritte in § 7 GwG und die Vorgaben zur Durchführung der Identifizierung in § 5 GwG. Zu den wesentlichen Neuerungen des Gesetzes zählen neben der Einführung eines risikobasierten Ansatzes die Verschärfung der Sorgfaltspflichten gegenüber wirtschaftlich Berechtigten und

1 Angesichts des kürzlich erschienen kritischen Prüfberichts der FATF zu den Geldwäschebekämpfungsmaßnahmen in Deutschland, dürften wohl in absehbarer Zeit mit weiteren Änderungen des Geldwäschebekämpfungsnormen und der der Aufsichtspraxis zu rechnen sein, vlg. Prüfbericht vom 19.02.2010, Mutual Evaluation Report-Germany, abrufbar unter: www.fatf-gafi.org.

2 So beklagen die mit der Geldwäschebekämpfung betrauten Polizeibehörden bereits seit geraumer Zeit, dass die geldwäscherechtlichen Vorgaben außerhalb der Finanzwirtschaft oftmals nicht bekannt sind. Insoweit ist die Kritik der Kreditwirtschaft berechtigt, dass Sie allzu sehr im Fokus der Geldwäschebekämpfungsbemühungen des Gesetzgebers steht. Die FATF bemängelt in ihrem Prüfbericht ebenfalls eine nicht ausreichende Aufsicht über Verpflichtete außerhalb des Finanzsektors. Vgl. S. 14 f. des Prüfbericht der FATF vom 19.02.2010, Mutual Evaluation Report-Germany, abrufbar unter: www.fatf-gafi.org.

die Einführung verstärkter Sorgfaltspflichten gegenüber politisch exponierten Personen (PEPs).

Trotz der erkennbaren Bemühungen des Gesetzgebers, die Geldwäschebekämpfungsnormen stärker am jeweils bestehenden Geldwäsche- und Terrorismusfinanzierungsrisiko auszurichten, wird die Geldwäsche und Terrorismusfinanzierungsbekämpfung wohl auch weiterhin eher formalistisch umgesetzt werden. Die sich aus den FATF-Empfehlungen und der Dritten EG-Geldwäscherichtlinie ergebenden Vorgaben zur Schaffung von mehr Flexibilität und Effizienz in der Bekämpfung dieser Delikte durch Einführung eines risikobasierten Ansatzes werden durch die gesetzlichen Regelungen und die im Nachgang zur Umsetzung des *GwBekErgG* ergangenen Verwaltungsvorschriften teilweise konterkariert. Insbesondere der Versuch der Auslegungs- und Anwendungshinweise zur Geldwäschebekämpfung, den Verpflichteten eine schematische Anleitung zur Ausfüllung der unbestimmten Rechtsbegriffe und Beurteilungsspielräume des Gesetzes zu bieten, dürfte mit dem risikobasierten Ansatzes nicht in Einklang zu bringen sein. Um den Verpflichteten Raum für eine risikobasierte und damit effizientere Umsetzung der Vorgaben zu belassen, wurde in der vorliegenden Arbeit daher eine behutsame, nicht in die Arbeit der Risikomanagementsysteme eingreifende Erläuterungspraxis empfohlen.

In Bezug auf die Umsetzung der Vorgaben im Zusammenhang mit den wirtschaftlich Berechtigten ist zunächst positiv herauszuheben, dass der Gesetzgeber durch die Einführung der Regelungen eine wichtige Regelungslücke schließt. Die Altregelung zum wirtschaftlich Berechtigten in § 8 Abs. 1 S. 1 GwG a.F. enthielt keine Vorgaben für den Umgang mit dem wirtschaftlich Berechtigten einer juristischen Person. Sie konzentrierte sich auf die Fälle, in denen der Vertragspartner eine natürliche Person ist. Angesichts der wichtigen Rolle der Sorgfaltspflicht zur Erschwerung von Strohmanngeschäften war eine Änderung angezeigt. Kritikwürdig scheint allerdings die anwenderunfreundliche Umsetzung in den Regelungen. Die neuen Vorgaben zur Bestimmung des wirtschaftlich Berechtigten sind äußerst vage und unbestimmt. Bereits nach altem Recht mussten die Verpflichten zum Teil komplizierte Überlegungen anzustellen, um den wirtschaftlich Berechtigten zu ermitteln. Nach neuem Recht müssen sich die Verpflichteten wesentlich mehr Fragen stellen, um festzustellen, ob eine Person als wirtschaftlich Berechtigter zu qualifizieren ist. Erschwerend kommt für den Rechtsanwender hinzu, dass aufgrund des zu beachtenden risikobasierten Ansatzes eine schematische Herangehensweise nicht möglich ist.

Im Bereich *Monitoring* überholt und im Bereich PEP-Überwachung überzogen ist der Vorwurf der fehlenden Vereinbarkeit der entsprechenden Normen mit dem Datenschutzrecht und dem Grundrecht der Betroffenen auf informationelle Selbstbestimmung. Richtig ist, dass Banken nach wie vor im Spannungsfeld zwischen geldwäscherechtlich geforderten Datenerfassungs- und Überwachungsmaßnahmen und dem datenschutzrechtlichen Gebot zur maßvollen Nutzung und Verarbeitung personenbezogener Daten agieren.[3] Das datenschutzrechtliche Gebot zur Datensparsamkeit steht hierbei im Konflikt mit dem geldwäscherechtlichen „Know Your Customer"-Prinzip. Der Gesetzgeber und die Aufsicht sind daher gehalten, die jeweiligen geldwäscherechtlichen und datenschutzrechtlichen Vorgaben immer auch mit Blick auf das jeweils andere Prinzip zu konzipieren, um einen Umsetzungsnotstand der Verpflichteten zu vermeiden.

Abschließend ist anzumerken, dass die Verständlichkeit und Handhabbarkeit der Geldwäschebestimmungen durch die Novellierung eher ab als zugenommen hat. Einige Bestimmungen sind derart kompliziert gestaltet, dass selbst mit der Rechtsmaterie vertraute Geldwäschebeauftragte bei ihrer Durchdringung vor große Herausforderungen gestellt werden. Große Zweifel hinsichtlich der Verständlichkeit und Handhabbarkeit dürften bei den PEP-Vorgaben und den Vorgaben zur Terrorismusfinanzierung angebracht sein. Ein wichtiger Grund hierfür ist die vom Gesetzgeber bei der Umsetzung der EG-Vorgaben gewählte Verweistechnik. Auch im Bereich der Terrorismusfinanzierung wird das Verständnis der Normen durch den Verweis auf EG-Normen verkompliziert. Nur wenigen Geldwäscheverpflichteten dürfte es auf Anhieb möglich sein, die Tatbestandsalternativen der Terrorismusfinanzierung zu benennen und – was wesentlich schwieriger sein dürfte – Verdachtsmomente für ihr Vorliegen abzuleiten. Dem Verständnis ebenfalls abträglich ist zudem die vom Gesetzgeber im Bereich der Allgemeinen Sorgfaltspflichten gewählte Gesetzessystematik. Leider wurde die umständliche und komplizierte Regelungstechnik der Dritten EG-Geldwäscherichtlinie vom Gesetzgeber weitgehend übernommen.

Angesichts der eingangs skizzierten Herausforderungen erscheint es fraglich, ob die neuen Regelungen in der Lage sind, eine nachhaltige und effektive Bekämpfung der Geldwäsche und Terrorismusfinanzierung zu leisten. Insbesondere im Bereich der Terrorismusfinanzierung dürfte aufgrund der erhöhten Komplexität der Normen nicht mit einer Erhöhung der Zahl an Verdachtsanzeigen zu rechnen sein.

3 Vgl. hierzu das Arbeitspapier des Düsseldorfer Kreises – Datenschutzrechtliche Anforderungen für Research-Systeme zur Aufdeckung von Geldwäsche, abrufbar unter: www.zka-online.de.

Literaturverzeichnis

ACHSNICH, Gernot / Teichmann, Helmut: Das Geldwäschegesetz: Überblick. In: Felix Herzog, Dieter Mühlhausen: Geldwäschebekämpfung und Gewinnabschöpfung. München 2006. Zitiert: *Achsnich / Teichmann*, Überblick in: Herzog / Mühlhausen: Geldwäschebekämpfung und Gewinnabschöpfung, § Rn.

ACKMANN, Bernd / Reder, Lars: Geldwäscheprävention in Kreditinstituten nach Umsetzung der Dritten EG-Geldwäscherichtlinie
Teil 1 in: WM 2009, S. 158–167.
Teil 2 in: WM 2009, S. 200–211.
Zitiert: *Ackmann / Reder*, WM 2009, S.

AMBOS, Kai: Internationalisierung des Strafrechts: das Beispiel „Geldwäsche" In: ZStW 2002, S. 24–44. Zitiert: *Ambos*, ZStW 2002, S.

BARTON, Stephan: Sozial übliche Geschäftstätigkeit und Geldwäsche (§ 261 StGB). In: StV 1993 S. 156–163. Zitiert: *Barton*, StV 1993, S.

BARTON, Stephan: Das Tatobjekt der Geldwäsche: wann rührt ein Gegenstand aus einer der im Katalog des § 261 I Nr. 1–3 StGB bezeichneten Straftaten her? In: NStZ 1993, S. 159–165. Zitiert: *Barton*, NStZ 1993, S.

BARTON, Stephan: Verteidigerhonorar und Geldwäsche. In: JuS 2003, S. 1033–1037. Zitiert: *Barton,* JuS 2003, S.

BURR, Christian: Geldwäsche – Eine *Untersuchung* zu § 261 StGB. Siegburg 1994. Zitiert: *Burr*, Untersuchung, S.

BUSSENIUS, Anne: Geldwäsche und Strafverteidigerhonorar. Baden-Baden 2004. Zitiert: *Bussenius*, Strafverteidigerhonorar, S.

DAHM, Joachim: Banken im Spannungsfeld zwischen Staat und Kunden. In: WM 1996, S. 1285–1292. Zitiert: *Dahm*, WM 1996, S.

DEUTSCHER Richterbund: Quo vadis Strafverfahrensrecht? In: DRiZ 1990, S. 106–107. Zitiert: DRiZ 1990, S.

DIERGARTEN, Achim: Geldwäsche-*Kommentar*. Stuttgart 2006. Zitiert: *Diergarten*, Kommentar, S.

DONATH, Annekatrin / Mehle, Bastian: Anwaltliche Pflichten nach dem Geldwäschebekämpfungsergänzungsgesetz. In: NJW 2009, S. 650–651. Zitiert: *Donath / Mehle*, NJW 2009, S.

FAHL, Christian: Geldwäsche durch Verteidiger (BVerfG, Urteil vom 30.3.2004 – 2 BvR 1520/01). In: JA 2004, S. 704–706. Zitiert: *Fahl*, JA 2004, S.

FINDEISEN, Michael: Der Präventionsgedanke im Geldwäschegesetz – Anforderungen der Bankenaufsicht an die internen Sicherungsmaßnahmen der Kreditinstitute gem. § 14 Abs. 2 GwG zur Bekämpfung der Geldwäsche. In: wistra 1997, S. 121–128. Zitiert: *Findeisen*, wistra 1997, S.

FINDEISEN, Michael: Geldwäschebekämpfung im Zeitalter des Electronic Banking – Oder: Von der Schwierigkeit, adäquate Bekämpfungsstrategien zu entwickeln. In: Kriminalistik 1998, S. 107–116. Zitiert: *Findeisen*, Kriminalistik 1998, S.

FINDEISEN, Michael: Deliktspezifische Strukturprävention gegen Geldwäsche im Finanzsektor – Zur Verlautbarung über Maßnahmen der Kreditinstitute zur Bekämpfung und Verhinderung der Geldwäsche vom 30. März 1998. In: WM 1998, S. 2410–2421. Zitiert: *Findeinsen*, WM 1998, S.

FINDEISEN, Michael: Outsourcing der Funktion des Geldwäschebeauftragten und anderer wesentlicher Pflichten des Geldwäschegesetzes. In: WM 2000, S. 1234–1241. Zitiert: *Findeisen*, WM 2000, S.

FINDEISEN, Michael: „Underground Banking" in Deutschland – Schnittstellen zwischen illegalen „Remittance Services" i.S.v. § 1 Abs. 1 a Nr. 6 KWG und dem legalen Bankgeschäft. In: WM 2000, S. 2125–2133. *Findeisen*, WM 2000, S.

FISCHER, Thomas: Strafgesetzbuch: StGB. 57. Auflage. München 2010. Zitiert: *Fischer*, Strafgesetzbuch, § Rn.

FÜLBIER, Andreas / Aepfelbach, Rolf / Langweg, Peter: GwG-Kommentar zum Geldwäschegesetz. 5. Auflage. Köln 2006. Zitiert: *Bearbeiter* in: Fülbier / Aepfelbach / Langweg, GwG-Kommentar, § Rn.

FÜLBIER, Andreas: Geldwäscherei: Bankangestellte im Dienst der Ermittlungsbehörden. In: WM 1990, S. 2025–2034. Zitiert: *Fülbier*, WM 1990, S.

GLÜCK, Oliver: § 24c KWG und das Recht auf informationelle *Selbstbestimmung* – Eine Untersuchung der Verfassungsmäßigkeit des automatisierten Abrufs von Kontoinformationen. Frankfurt 2005. Zitiert: *Glück*, Selbstbestimmung, S.

HERZOG, Felix: Der Banker als Fahnder? Von der Verdachtsanzeige zur systematischen Verdachtsgewinnung. – Entwicklungstendenzen der Geldwäschebekämpfung. In: WM 1996, S. 1753–1763. Zitiert: *Herzog*, WM 1996, S.

HERZOG, Felix: Geldwäschegesetz (GwG). München 2010. Zitiert: *Bearbeiter* – GwG, § Rn.

HERZOG, Felix / Hoch, Temba: Politisch exponierte Personen unter Beobachtung – Konsequenzen aus der 3. EU-Geldwäscherichtlinie und damit verbundene Fragen des Datenschutzes. In: WM 2007, S. 1997–2003. Zitiert: *Herzog / Hoch,* WM 2007, S.

HETZER, Wolfgang: Bekämpfung der Organisierten Kriminalität durch Unterbindung der Geldwäsche. In: wistra 1993, S. 286–293. Zitiert: *Hetzer*, wistra 1993, S.

HETZER, Wolfgang: Der Geruch des Geldes – Ziel, Inhalt und Wirkung der Gesetze gegen Geldwäsche. In: NJW 1993, S. 3298–3301. Zitiert: *Hetzer*, NJW 1993, S.

HETZER, Wolfgang: Geldwäsche und Strafverteidigung. In: wistra 2000, S. 281–288. Zitiert: *Hetzer*, wistra 2000, S.

HETZER, Wolfgang: Neue Geldwäscherichtlinie in Europa – Modernisierungs- und Intensivierungsbemühungen. In: Kriminalpolitik 2002, S. 74–78. Zitiert: *Hetzer*, Kriminalpolitik 2002, S.

HETZER, Wolfgang: Elektronische Geldwäsche? – Internet: Tatort und Tatwerkzeug. In: Kriminalistik 2002, S. 123–126. Zitiert: *Hetzer*, Kriminalistik 2002, S.

HETZER, Wolfgang: Deutsche Umsetzung neuer europäischer Vorgaben zur Bekämpfung der Geldwäsche und der Terrorismusfinanzierung. In: EuZW 2008, S. 560–565. Zitiert: *Hetzer*, EuZW 2008, S.

HÖCHE, Thorsten: Der Entwurf einer Dritten EU-Richtlinie zur Verhinderung der Nutzung des Finanzsystems zu Zwecken der Geldwäsche und der Finanzierung des Terrorismus. In: WM 2005, S. 8–14. Zitiert: *Höche*, WM 2005, S.

HOMBRECHER, Lars: Der Tatbestand der Geldwäsche (§ 261 StGB) – Inhalt, Aufbau, Problemstellungen. In: JA 2005, S. 67–71. Zitiert: *Hombrecher*, JA 2005 S.

HOYER, Petra / Klos, Joachim: *Regelungen* zur Bekämpfung der Geldwäsche und ihre Anwendung in der Praxis: Geldwäschegesetz, Gesetz zur Verbesserung der Bekämpfung der organisierten Kriminalität, internationale Regelungen. 2. Auflage. Bielefeld 1998. Zitiert: *Hoyer / Klos*, Regelungen, S.

JEKEWITZ, Jürgen: Nationale Maßnahmen der Geldwäschebekämpfung und *Gewinnabschöpfung*. In: Felix Herzog, Dieter Mühlhausen: Geldwäschebekämpfung und Gewinnabschöpfung. München 2006. Zitiert: *Jekewitz*, Gewinnabschöpfung. In: Herzog / Mühlhausen: Geldwäschebekämpfung und Gewinnabschöpfung, § Rn.

KAETZLER, Joachim: *Geldwäschebekämpfung* auf internationaler und europäischer Ebene. In: Andreas Insam, Verdacht auf Geldwäsche. Wien Graz 2006. Zitiert: *Kaetzler*, Geldwäschebekämpfung, in: Andreas Insam, Verdacht auf Geldwäsche, S.

KAETZLER, Joachim / Weirauch, Boris: Bankenaufsichtsrechtliche Aspekte von Outsourcingverhältnissen – Neue Anforderungen an die Auslagerungspraxis durch die Neufassung des Kreditwesengesetzes und der MaRisk. In: BKR 2008, S. 265–269. Zitiert: *Kaetzler / Weirauch*, BKR 2008, S.

KALLERT, Cornelia: Das neue Geldwäschegesetz. In: DStR 2008, S. 1661–1664. Zitiert: *Kallert*, DStR 2008, S.

KINDHÄUSER, Urs / Neumann, Ulfrid / Paeffgen, Hans-Ulrich: Strafgesetzbuch – Nomos Kommentar. 2. Auflage. Baden-Baden 2005. Zitiert: *Bearbeiter*-NK, § Rn.

KÖRNER, Harald / Dach, Eberhard: Geldwäsche – Ein *Leitfaden* zum geltenden Recht. München 1994. Zitiert: *Körner / Dach*, Leitfaden, Teil Rn.

KRAGL, Walter: Probleme des Tatbestands der Geldwäsche (§ 261 StGB). In: NJ 2001, S. 57–63. Zitiert: *Kragl*, NJ 2001, S.

KREY, Volker / Dierlamm, Alfred: Gewinnabschöpfung und Geldwäsche – Kritische Stellungnahme zu den materiell-rechtlichen Vorschriften des Entwurfs eines Gesetzes zu Bekämpfung des illegalen Rauschgifthandels und anderer Erscheinungsformen der Organisierten Kriminalität. In: JR 1992, S. 353–360. Zitiert: *Krey / Dierlamm*, JR 1992, S.

KRÜGER, Ralf: Das Geldwäschegesetz – Der Weg eines Gewinnaufspürungsgesetzes. In: Kriminalistik 1994, S. 37–42. Zitiert: *Krüger*, Kriminalistik 1994, S.

LACKNER, Karl / Kühl, Kristian: Strafgesetzbuch: Kommentar. 26. Auflage. München 2007. Zitiert: *Lackner / Kühl*, § Rn.

LAMPE, Ernst-Joachim: Der neue Tatbestand der Geldwäsche (§ 261 StGB). In: JZ 1994, S. 125–132. Zitiert: *Lampe*, JZ 1994, S.

LEIP, Carsten: Der Straftatbestand der Geldwäsche – Zur Auslegung des § 261 StGB. 2. Auflage. Baden-Banden 1999. Zitiert: *Leip*, Straftatbestand, S.

LÖWE-KRAHL, Oliver: Das Geldwäschegesetz ein taugliches Instrumentarium zur Verhinderung der Geldwäsche? In: wistra 1994, S.121–127. Zitiert: *Löwe / Krahl*, wistra 1994, S.

LÜTKE, Josef: Geldwäsche bei Auslandsvortat und nachträgliche Gewährung rechtlichen Gehörs. In: wistra 2001, S. 85–89. Zitiert: *Lütke*, wistra 2001, S.

MÖHRENSCHLAGER, Manfred: Das OrgKG. – Eine Übersicht nach amtlichen Materialien – Teil 1. In: wistra 1992, S. 281–289. Zitiert: *Möhrenschlager*, wistra 1992, S.

MÜLLER-GUGENBERGER, Christian / Bieneck, Klaus: Wirtschaftsstrafrecht – Handbuch des Wirtschaftsstraf- und ordnungswidrigkeitenrechts. 4. Auflage. Köln 2006. Zitiert: *Bearbeiter*-Wirtschaftsstrafrecht, § Rn.

MÜNCHENER KOMMENTAR: Münchener Kommentar zum Strafgesetzbuch Band 3 (§§ 185–262 StGB) München 2003. Zitiert: *Bearbeiter*-MK, § Rn.

NAIM, Moises: Das *Schwarzbuch* des globalisierten Verbrechens. München Zürich 2006. Zitiert: *Naim*, Schwarzbuch, S.

NESTLER, Cornelius: Der *Straftatbestand* der Geldwäsche (§ 261 StGB). In: Felix Herzog, Dieter Mühlhausen: Geldwäschebekämpfung und Gewinnabschöpfung. München 2006. Zitiert: *Nestler*, Straftatbestand in: Herzog / Mühlhausen: Geldwäschebekämpfung und Gewinnabschöpfung, § Rn.

OBERMÜLLER, Manfred: Gewinnaufspürung – Beteiligung der Kreditwirtschaft an der Bekämpfung der Geldwäsche. In: Kriminalistik 1992, S. 361–364. Zitiert: *Obermüller*, Kriminalistik 1992, S.

PIETH, Mark: Die internationale *Entwicklung* der Geldwäschebekämpfung. In: Felix Herzog, Dieter Mühlhausen: Geldwäschebekämpfung und Gewinnabschöpfung. München 2006. Zitiert: *Pieth*, Entwicklung in: Herzog / Mühlhausen: Geldwäschebekämpfung und Gewinnabschöpfung, § Rn.

REICHLING, Tilmann: Der staatliche *Zugriff* auf Bankkundendaten im Strafverfahren. Frankfurt am Main Berlin Bern Wien 2010. Zitiert: *Reichling*, Zugriff, S.

RENGIER, Rudolf: Strafrecht Besonderer Teil I – Vermögensdelikte. 12. Auflage. München 2010. Zitiert: *Rengier*, BT/1, § Rn.

RUDOLPHI, Hans-Joachim / Wolter, Jürgen: Systematischer Kommentar zum Strafgesetzbuch. Neuwied. Zitiert: *Bearbeiter*-SK, § Rn.

SCHERP, Dirk: Internationale Tendenzen in der Geldwäschebekämpfung. In: wistra 1998, S. 81–86. Zitiert: *Scherp*, wistra 1998, S.

SCHERP, Dirk: Gesetze gegen die Geldwäsche und gegen die Finanzierung des Terrorismus – eine stille Verfassungsreform? In: WM 2003, S. 1254–1258. Zitiert: *Scherp*, WM 2003, S.

SCHILY, Otto: Gesetze gegen die Geldwäsche und gegen die Finanzierung des Terrorismus – eine stille Verfassungsreform? In: WM 2003, S. 1249–1253. Zitiert: *Schily*, WM 2003, S.

SCHIMANSKY, Herbert / Lwowski, Hans-Jürgen: Bankrechts-Handbuch. Band I. 3. Auflage. München 2007. Zitiert: *Bearbeiter* in: Schimansky / Bunte / Lwowski, Bankrechts-Handbuch, § Rn.

SCHNEIDER, Friedrich / Dreer, Elisabeth / Riegler, Wolfgang: Geldwäsche – Formen, Akteure, Größenordnung und warum die Politik machtlos ist. Wiesbaden 2006. Zitiert: *Schneider / Dreer / Riegler*, Geldwäsche, S.

SCHÖNKE, Adolf / Lencker, Theodor / Schröder, Horst: Strafgesetzbuch: Kommentar. 28. Auflage. München 2010. Zitiert: *Bearbeiter*-Sch/Sch, § Rn.

SOTIRIADIS, Georgios / Heimerdinger, Dominik: Die Umsetzung der 3. EG-Geldwäscherichtlinie und ihre Bedeutung für die Finanzwirtschaft. In: BKR 2009, S. 234–240. Zitiert: *Sotiriadis / Heimerdinger*, BKR 2009, S.

SPISKE, Wolfgang: *Pecunia* olet? – Der neue Geldwäschetatbestand § 261 StGB im Verhältnis zu den §§ 257, 258, 259 StGB, insbesondere zur straflosen Ersatzhehlerei. Frankfurt am Main 1998. Zitiert: *Spiske*, Pecunia, S.

STRAFRECHTSAUSSCHUSS des DAV: Stellungnahme „Vermögensstrafe". In: AnwBl. 1990, S. 247–250. Zitiert: AnwBl. 1990, S.

SUENDORF, Ulrike: Geldwäsche – Eine kriminologische Untersuchung. Neuwied Kriftel 2001. Zitiert: *Suendorf*, Geldwäsche, S.

VOGEL, Joachim: Geldwäsche – ein europaweit harmonisierter Straftatbestand? In: ZStW 1997, S. 342–356. Zitiert: *Vogel*, ZStW 1997, S.

VOGT, Sabine: Begriff, *Phänomen* und Erscheinungsformen der Geldwäsche. In: Felix Herzog, Dieter Mühlhausen: Geldwäschebekämpfung und Gewinnabschöpfung. München 2006. Zitiert: *Vogt*, Phänomen, in: Herzog / Mühlhausen: Geldwäschebekämpfung und Gewinnabschöpfung, § Rn.

WERNER, Gerhard: *Bekämpfung* der Geldwäsche in der Kreditwirtschaft. Freiburg 1996. Zitiert: *Werner*, Bekämpfung, S.

WESSELS, Johannes / Hillenkamp, Thomas: Strafrecht Besonderer Teil/2 – Straftaten gegen Vermögenswerte. 32. Auflage. Heidelberg 2009. Zitiert: *Wessels / Hillenkamp*, BT 2, Rn.

Kolibri 360 GmbH
Ferdinand-Jühlke-Straße 7
99095 Erfurt, Deutschland
produktsicherheit@kolibri360.de